Müller-Rieger · Westend

Müller-Rieger

WESTEND

Von der Sendlinger Haid'
zum Münchner Stadtteil

Mit Beiträgen von
Günther Gerstenberg, Karin Just, August Kühn,
Wolfgang Läpke, Herbert Schneider

1995

Buchendorfer Verlag

Die Deutsche Bibliothek – CIP-Einheitsaufnahme
Westend: von der Sendlinger Haid' zum Münchner Stadtteil /
Monika Müller-Rieger. Mit Beitr. von Günther Gerstenberg…
– München: Buchendorfer Verl., 1995
ISBN 3-927984-29-9

Produktion: Tillmann Roeder, München
Satz: Uhl + Massopust, Aalen
Reproduktion: PHG, Martinsried
Druck und Bindung: Jos. C. Huber, Dießen
Printed in Germany

ISBN 3-927984-29-9

Inhalt

Vorwort

Das Münchener Westend ist mit seinen 207 ha Fläche einer der kleinsten Stadtteile. Dennoch leben über 20 000 Menschen in diesem Viertel, und vor 50 Jahren waren fast 15 000 Einwohner mehr hier zu Hause.

Das Westend hat eine junge Geschichte, es besaß keinen dörflichen Vorläufer; kein Kloster oder anderweitig Bedeutsames hat vor dem 19. Jahrhundert diesem Flecken die Ehre gegeben. Nur Heide, Sandgruben und karge Felder lagen hier. Eine einzige wichtige Straße, die Verbindung der Stadt nach Westen, ließ das Gebiet am Lauf der Geschichte teilhaben.

Das Westend ist ein Ergebnis der Industrialisierung, die Platz für das neue Verkehrsmittel Eisenbahn brauchte, Raum für Fabriken und Wohnungen für die Arbeiter. Für die Expansion der aufblühenden Stadt lag die wenig fruchtbare Hochebene, die vorwiegend Sendlinger Bauern und Münchner Brauereien gehörte, sehr günstig. Die Brauereien bauten ihre Bierkeller in die Hangkante des alten Isarhochufers, und wenig später errichteten sie auf ihren geräumigen Grundstücken vor der Stadt neue Brauereianlagen, die größer und moderner waren und eine gute Anbindung an die neue Verkehrsader Eisenbahn besaßen.

Die Menschen, die für diese Arbeiten notwendig waren, entstammten zum geringsten Teil der Münchner Bevölkerung. Die meisten waren aus den ländlichen Regionen Bayerns in die Stadt gekommen, die mehr Aussicht auf ein Auskommen bot als die stagnierenden heimatlichen Gewerbe und die Landwirtschaft. Die gemischte Bevölkerung und die Entwicklung Münchens von der Residenz zur Großstadt bilden den Hintergrund für die Geschichte des Münchner Westends.

Die Autorin und die Gastautoren haben versucht, den vielen Zuwanderern, die aus den Fluren der Sendlinger Haid' ihre neue Heimat, die Schwanthalerhöh', gemacht haben, ein Denkmal zu setzen.

Die Lehrmeisterin der Siedler war neben den bekannten Autoritäten vor allem die Not, die sie weniger als Armut erlebten, sondern vielmehr als Mangel, der Geschick und Improvisationstalent förderte. Armut und Reichtum definieren sich nur aneinander. Die Bahnarbeiter, Straßenbahnschaffner, Gummikocher, Ladnerinnen, Flaschenabfüllerinnen, Hausfrauen, Nonnen, Fuhrleute und Handwerker empfanden sich nicht als arm oder reich. Die sozialen Unterschiede zwischen ihnen waren eher gering. Die Bewohner webten die Struktur ihres Viertels selbst und waren aufeinander angewiesen.

Die Verfasserin und die Verfasser haben die Erinnerungen der Menschen in das Netz der Zeit geknüpft und so ein vielfältiges Bild von der Geschichte des Viertels gezeichnet. Wenn sich diese oder jener darin wiederfindet, erfüllt sich unser Anliegen.

Das vorliegende Buch entstand auf Initiative und mit Unterstützung des Kulturladens Westend, der seit 15 Jahren Stadtteilgeschichte sammelt und veröffentlicht. Klaus Eckart und Fritz Vogt sei ganz besonders gedankt. Unterstützung erfuhr das Projekt auch durch das Kulturreferat der Landeshauptstadt.

Kritisch und geduldig unterstützte August Kühn die Erarbeitungen als Zeitzeuge, Schriftsteller und akribischer Historiker, an ihn ganz herzlichen Dank.

Die wesentliche Hilfe leisteten die Bewohner, Institutionen und ehemalige Firmen des Stadtteils selbst, indem sie ihre Erinnerungen zu Protokoll gaben, Fotos und Unterlagen zusammentrugen und zur Verfügung stellten. Allen, die geholfen haben, sei hier ganz herzlich gedankt.

Monika Müller-Rieger

Vor der Stadt

Auf der Sendlinger Haid'

Kein Dorf, kein Kirchspiel war früher dort, wo später das Stadtviertel Westend entstand. Das Münchner Westend hat eine junge Geschichte.

In grauer Vorzeit bekam das Gelände seine Gestalt. Als die mächtigen Gletscher der letzten Eiszeit abschmolzen, flossen große Wassermassen nach Norden. Das Wasser brachte gewaltige Mengen Steine und Schotter aus den Bergen mit. Im heutigen Stadtgroßraum München ging der Strom in die Breite und ließ vieles von seiner »Last aus den Bergen« liegen. Die Geologen gaben der Region deshalb den Namen: Münchner Schotterebene. Dieser Strom aus den Bergen war der Urahne der Isar. Er war ein Riese im Vergleich zum heutigen Fluß. An seinem linken Ufer entstand eine kleine Hochebene, der Millionen Jahre später die Menschen den Namen »Schwanthalerhöh'« gaben.

Diese Hochebene blieb lange Zeit unbesiedelt. Im Süden, im Norden und im Westen entstanden Dörfer, im Osten wuchs die Stadt München. Der Handel und Verkehr nach Landsberg am Lech und Mittelschwaben ließ den Weg über die Hochebene zu einer wichtigen Straße werden. Die Händler, die aus dem Westen und Südwesten kamen, mußten ihre Waren auf diesem Wege in die Stadt bringen. Das bestimmten die bayerischen Zollgesetze, denn die Pasinger Landstraße, so ihr damaliger Name, war eine Zollstraße. Die Handwerksburschen mieden solche Straßen lieber. Wer sich auskannte und zu Fuß unterwegs war, ging gern etwas abseits. Im 18. Jahrhundert fuhr die Postkutsche täglich über diese Straße.

Der Fuhrmann aus Pasing sah, von der Landstraße aus, die Kirchtürme Neuhausens und Untersendlings. Kurz vor dem Abzweig des Sendlinger Wegs, der von Sendling nach Neuhausen führte, lag quer über der Pasinger Landstraße der Schlagbaum. Die Fuhrwerke kamen nicht umhin anzuhalten. Nun mußten die mitgeführten Waren genannt und bisweilen auch ausgepackt werden, sie wurden besichtigt und zum Teil untersucht, die Passanten nach dem Woher und

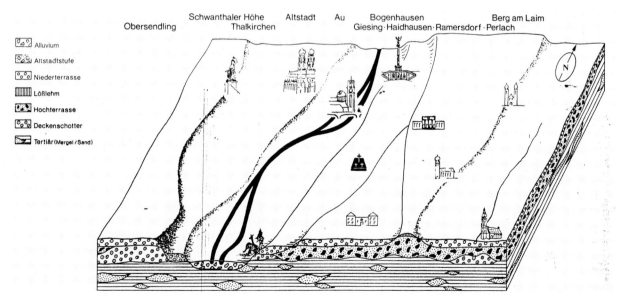

München im geologischen Blockbild

»Auf der Sendlinger Haide«, 1818, Radierung von Wilhelm v. Kobell

Wohin befragt und ebenfalls begutachtet. Dieser Schlagbaum war eine der vielen Mautstationen des Kurfürstentums Bayern.[1] Auch die aus München kommenden Reisenden mußten am Schlagbaum anhalten. In der knappen halben Stunde zwischen Karlstor und Zollstation an der Pasinger Landstraße hatte ihr Fuhrwerk weitgehend freie Flächen passiert, hinter dem Schlagbaum begann der Wald. Er gehörte zu dem kurfürstlichen Wald- und Wildgebiet, das sich von Neuhausen über Laim bis Maria Eich zum Forstenrieder Park erstreckte. Dieser Wald war eingezäunt und wurde bewacht.[2] Gleich neben dem Schlagbaum stand eine »Düll Hütten«, eine einfache Bretterbehausung für den Jagdaufseher, auch »Düll-Hüter« genannt. »Düll« ist eine Bezeichnung für ungesäumte Bretter, aus denen die Einzäunung bestand. Der »Düll-Hüter« hielt den Zaun instand und sollte darüber wachen, daß niemand unbefugt das königliche Gelände betrat.

Der Forstenrieder Park war schon seit dem 14. Jahrhundert ein bevorzugtes Hofjagdgebiet. Der bayerische Hof lud seine Gäste gern zu Schweinehatzen und Pirschen ein.

Die Fluren rechts und links der Pasinger Landstraße, von der Hangkante im Osten bis zum Wald im Westen, gehörten zum Teil den Bauern aus den Dörfern Untersendling und Neuhausen. Die Böden waren nicht sonderlich ertragreich, der Mutterboden lag nur dünn über der mächtigen Kiesschicht. Dieses Gelände war eine Heide, ihrer Zugehörigkeit wegen »Sendlinger Haide« genannt. Das lebensnotwendige Wasser floß tief in der Erde. Die Unfruchtbarkeit und die Trockenheit gaben kaum Anreiz, das Gelände zu besiedeln, und so blieb es bis zu Beginn des 19. Jahrhunderts von wenigen Ausnahmen abgesehen, ein Durchgangsgelände. Einige Grundeigentümer machten, nachweislich seit dem 18. Jahrhundert, mit der eiszeitlichen Kiesschicht ihr Geschäft. Sie verkauften Bausand an Münchner Bauherren.

Der erste, der laut Urkunden, auf der »Haide« wohnte, war der Revierförster. Der »Wildbahnreiter«,

---

[1] vgl. Hans Schmelzle, Das bayerische Zollwesen im 18. Jh., Oberbayerisches Archiv 56, München 1912.
[2] vgl. Auer, Matthias,L., Laimer Chronik, Bd.1, München 1983, S. 61.

10

wie ihn die schriftliche Quelle bezeichnet, war eine wichtige Einrichtung für die jagdfreudigen Potentaten. Er wachte über das Jagdrevier. Sein Verantwortungsbereich lag im Umkreis von fünf Stunden, den er mit dem Dienstpferd durchritt.

Die Nachrichten über die Revierförster reichen bis ins frühe 18. Jahrhundert zurück. 1719 versah ein Johann Adam Werther seinen Dienst »auf der Haide«, 1720 hieß der neue Revierförster Mathias Werther, er wurde als »Überreiter« bezeichnet. »Überreiter« war eine Funktionsbezeichnung für die Gerichtsgehilfen, in diesem Fall vom Gerichtsamt Dachau, zu dem das Gebiet der Sendlinger Haide gehörte und das dort die landesherrlichen Jagdrechte vertrat. In seiner Eigenschaft als Helfer des Gerichtsamtes führte er unter anderen die Delinquenten, Wilderer, Diebe und andere arme Teufel beim Amtsgericht vor. Das alte Zollhaus, das etwa gegenüber der Einmündung der heutigen Holzapfelstraße in die Landsberger Straße lag, war seit 1765 die Wohnung des Revierförsters. Das Zollhaus, ein einstöckiger Bau, hatte zu ebener Erde zwei Zimmer und zwei Kammern, eine »Kuchel« und die »Speißl«, im Dach war lediglich noch ein Verschlag. Im Stall standen zwei Pferde und drei Kühe, neben dem Wurzgarten gehörten zwei Tagwerk Land zum Grundbesitz.[3] Davon mußte nicht nur der Förster und dessen Familie, sondern bisweilen auch noch ein Jagdgehilfe und die Eltern des Waidmannes leben. Das Einkommen war gering. Zu Zeiten marodierender Soldateska konnte der Revierförster der herrschaftlichen Jagd so wenig Wild erhalten, daß die dafür gezahlten Schutzgelder nicht mehr zum Leben reichten. Der letzte Revierförster starb 1823, er hieß Anton Holzapfel und war ein Jägersohn.[4]

1760 war ein einziges, winziges Anwesen auf der Sendlinger Haide steuerpflichtig. Der Grundeigentü-

Das Jägerhäusel um 1843, Lithographie von Jacob Filser

mer dieses Anwesens war das Kastenamt Dachau, die Finanz- und Steuerbehörde des Landgerichts.[5] Seit dem 15. Jahrhundert gehörten die Fluren der Gemeinde Untersendling den Steuern nach zum Rentamt Dachau. Der Bewohner des Anwesens war ein Söldner, das bedeutete, er hatte einen kleinbäuerlichen Betrieb und das Recht, nichtzünftige Arbeiten zu verrichten.

Um 1740 legten mehrere Brauereien oberhalb der Hangkante des alten Isarbettes Städel an.[6] In diesen Gebäuden lagerten die Gersten- und Hopfenvorräte des Probst-, Faber-, Fuchs- und Pollingerbräus. Laut Pfarrbüchern waren die Städel zum Teil bewohnt.

Die geistliche Begleitung der wenigen Bewohner oblag der Pfarrei St. Margaret in Sendling. 1748 wird im Sendlinger Pfarrbuch als erster ein Martin Schmidt erwähnt, er ist Schuster und wohnt »auf der Haydt«. Um 1760 wohnten neben dem Söldner noch einige Leerhäusler in der Gegend. Diese Bewohner hatten keinen Grundbesitz.

In der zweiten Hälfte des 18. Jahrhunderts nahm die Verarmung der Bevölkerung im Lande drastisch zu. Ursache dafür waren die Erbfolgekriege, die restriktive Heiratslizensierung auf dem Lande und Hungersnöte. Gruppen herumziehender Bettler beunruhigten die Öffentlichkeit.[7] Das Gelände »auf der Haide«, karg und unwirtlich, bot manchem Unterschlupf für einige Zeit. So ging der Kaplan von Sendling in seine Filialkirche Neuhausen oft den Umweg über die Stadt, weil es ihm bei den Sandgruben auf der Haide zu unheimlich war.

---

[3] vgl. Pitschi, Andreas, Das Münchner Westend von seinen Anfängen bis zur Gegenwart. Eine ortsgeschichtliche Studie, München 1936, S. 14.

[4] vgl. ebenda, S. 15.

[5] vgl. Pankraz, Fried, Historischer Atlas von Bayern, Teil Altbayern, H. 11/12, München 1958.

[6] vgl. Pitschi, Andreas, a. a. O., S. 12.

[7] vgl. Bauer, R.,(Hg.): Geschichte der Stadt München, München 1992, S. 253.

Das Hochgericht auf dem Marsfeld, 1808 abgebrochen

Hazzi erwähnt in seiner Landesbeschreibung für die Zeit nach 1800 unter der Rubrik »Sendlinger Haide« zwei Häuser und zwei Herdstätten. Die Bewohner waren Leerhäusler.[8] Das Dasein dieser Leerhäusler war sehr dürftig: »Der schlechteste Leerhäusler getraut sich fast kein Ei, keine Milch zu den gewöhnlichen Speisen, viel weniger Butter oder Schmalz zu was Gebackenem zu verwenden. Nach 3 Wochen hat er schon wieder soviel zusammengespart, daß es entweder auf der Schulter, oder mit dem Schubkarren eine neue Lieferung nach München thun kann.«[9]

Die wenigen Bewohner der Sendlinger Haide lebten von dem Handel mit der Stadt. Alles was sie an Nahrung entbehren konnten, verkauften sie dort. Um ihre Waren feilzubieten, gingen sie an den Schrannentagen, an denen das Getreide auf dem Markt gehandelt wurde, zum heutigen Marienplatz. Solch ein Gang zum Markt dauerte gewöhnlich den ganzen Tag.

Er war eine große Abwechslung im Vergleich zu dem wenig ereignisreichen Alltag auf der »Haid'«. Noch viel beliebter, weil auch seltener, waren die Hinrichtungen.

Mehr als 400 Jahre stand am Marsfeld das Hochgericht: der Galgen und das Rad.[10] Der Galgen gab dem Hochufer den Namen Galgenberg. Die Hinrichtungen waren ein öffentliches Schauspiel, zu dem zahlreich schaulustiges Volk erschien. Zur allgemeinen Warnung vor Straftaten und zur Schmach der Täter gehörte das Hängenlassen der Hingerichteten. Der Münchner Magistrat wies 1808 an, die Richtstätte an der offenen Straße abzubrechen und das Gelände der Kultur und Verschönerung zu widmen. Die Bierbrauer kauften den Grund.

[8] vgl. Pitschi, Andreas, a. a. O., S. 9.
[9] vgl. Pitschi, Andreas, a. a. O., S. 13.
[10] vgl. Regent, München in alter Zeit, München 1879, S. 62.

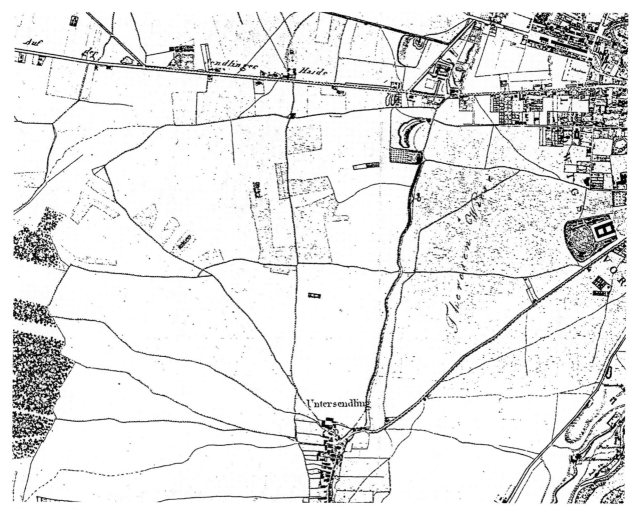

Kartenausschnitt von 1812

Die Bierkeller in der Isarhangkante

Die meisten der unbebauten Flurstücke der Sendlinger Haide befanden sich um 1808 in der Hand Münchner Grundeigentümer. Neben den Brauereifamilien J. Pschorr, J. Hierl (Zengerbräu) und A. Köck waren der Großmetzger J. Ebner und der Privatier D. Kohn Eigentümer vieler Grundstücke.[11] Privatier war zu dieser Zeit eine überaus häufige Standesbezeichnung für Bürger, die von einer privaten Beteiligung an einem Handels-, Bank- oder Mietgeschäft lebten.

Häufig waren das, wie im Falle David Kohn, jüdische Bürger, die in der Vergangenheit von der Ausübung vieler Berufe ausgeschlossen worden waren und deshalb von Geldgeschäften lebten.

Das Interesse der Brauer an Grundstücken nahe der Hangkante lag in der besonderen geographischen Situation begründet. Die Münchner Brauereien nutzten die Hügelterassen östlich und westlich des Isartales zur Anlage von Bierkellern.

Vor der Entwicklung moderner Kühlanlagen war die Lagerung von Bier nur in natürlich kühlen Räumen möglich. Solche Räume waren die Keller in der Isarhangkante. Zwischen Georgi (23. April) und

---

[11] vgl. Pitschi, Andreas, a. a. O., S. 20.

Profil des neuen Märtzen Kellers der Brauerei Pschorr

Michaeli (29.September) herrschte aus Gründen der Verderblichkeit das Sommersudverbot.[12] Mit dem Bau der Bierkeller wurde die Vorratshaltung des Bieres und somit der ganzjährige Ausschank möglich. Über den Kellern entstanden die für München so typischen Sommerbiergärten. Das Areal über dem Keller wurde mit schattenspendenden Kastanien bepflanzt, die in erster Linie das Bier unter der Erde kühlen sollten. Die bald in Scharen herbeiströmenden Biergartenbesucher ahnten den eigentlichen Zweck dieser Bäume nicht, sondern nahmen deren Schatten ganz für sich in Anspruch und genossen die schöne Aussicht auf die Stadt. Der Ausschank an den Bierkellern war seit 1812 erlaubt. Das Verbot der Speisenausgabe war ein Zugeständnis an die Wirte, die heftig protestiert hatten, weil sie in den neuen Sommerwirtschaften eine sehr unwillkommene Konkurrenz sahen. Die Gäste brachten sich ihre Brotzeit selbst mit, und dieser Brauch ist bis heute erhalten geblieben.

Der erste Bierkeller in der »Galgenberg«-Hangkante war der Filserbräukeller an der Bayerstraße 109, der 1804 erbaut wurde. Die Bezeichnung »Galgenberg« kam durch die nahe gelegene Richtstätte. Die Spaten-

brauerei des Gabriel Sedlmayr übernahm 1817 diesen Keller.[13] 1825 begann der Gartenausschank.

Zwischen 1808 und 1812 entstand auf dem Gelände der späteren Pschorrbrauerei der Hirschbräukeller. Seine Zufahrt lag an der Herbststaße, heute Zollstraße. Josef Pschorr ehelichte 1793 Therese Hacker, damit kamen zwei bedeutende Münchner Brauereien in eine Hand. Er erwarb ein großes Grundstück zwischen der heutigen Bayer-, Zoll- und Grasserstraße. Ab 1813 baute er auf diesem Areal den bislang modernsten Lagerkeller Münchens, nahe der Straße nach Pasing. 1823 vollendete er auf dem »Galgenberg« seine neuen, riesigen Lagergebäude. 400.000 Gulden gab der reiche Brauer für diesen Bau aus.[14] Die Anlagen bestanden aus einem zwölf Meter tiefen Keller, Lagerhallen, Remisen und einem Brühhaus.

Die Idee eines Kavallerie-Majors ließ das Gelände unterhalb der Bierkeller weltberühmt werden.

---

[12] Bleek, Stefan, Quartierbildung in der Urbanisierung, München 1971, S. 104.

[13] vgl. Megele, Max, Baugeschichtlicher Atlas der Landeshauptstadt München, München 1951, S. 34.

Das erste Pferderennen auf der Theresienwiese, Ölbild von Wilhelm v. Kobell

Bierlieferung mit dem Fuhrwerk, 1862, Federzeichnung

Bierkeller auf der Thersienhöhe, vormals Wagnerkeller später Bavariakeller, das Bild ist zurückdatiert

Andreas von Dall'Armi bat 1810 den König um Erlaubnis, anläßlich der Vermählung des Kronprinzen Ludwig mit der Prinzessin Therese von Sachsen-Hildburghausen, auf der Wiese unterhalb der Sendlinger Haide ein Pferderennen ausrichten zu dürfen. Das Rennen war ein Volksfest mit großem Erfolg, und die Wiese wurde zu Ehren der Braut als »Theresienwiese« benannt.[15] Mit diesem ersten Pferderennen begann die Zählung der Oktoberfeste.

1812, zwei Jahre nach dem ersten Volksfest auf der Theresienwiese, erbauten die Wirtsleute Seidel den Wagnerkeller, einen Lagerkeller. Drei Jahre später erwies König Max I. Joseph den Wirtsleuten seine Ehre und nahm am Oktoberfestsonntag mit seinem Gefolge im Wagnerkeller das Frühstück ein. 1865 kaufte der Kommerzienrat Georg Pschorr den Wagnerkeller und gab ihm den Namen »Bavariakeller«.

Zwischen 1826 und 1833 wurde der Pollinger Keller, der spätere Hackerkeller, auf der Theresienhöhe erbaut.[16] Etwa um 1830 begann hier der Sommerausschank. Auf dem riesigen Areal hinter dem Hackerkeller befand sich ein See mit einer kleinen Insel. In den nächsten 20 Jahren wurde das Gelände aufwendig kultiviert. Der Charakter der Anlage war von der romantischen Auffassung des Biedermeiers geprägt. Ein großer Springbrunnen und eine Wandelhalle waren die bestimmenden Elemente der romantischen Parkanlage.

Die drei Bierkeller, der Spaten-, der Hacker- und der Bavariakeller waren neben der Schießstätte bis in die achtziger Jahre des 19. Jahrhunderts die einzigen und natürlich auch sehr bestimmenden Baumassen an der Hangkante.

Der letzte Bierkeller, der auf der Sendlinger Höhe 1828 erbaut wurde, war der Butlerkeller, Lagerkeller der Hartlbrauerei. Er befand sich zwischen Pasinger Landstraße und Haderer Weg auf dem Gelände der heutigen Augustiner Brauerei.

[14] vgl.: Hacker-Pschorr Bräu München, München 1992, S. 10.
[15] vgl. Köhle, Sieglinde, Kleine Münchner Stadt-Geschichte, München 1991.
[16] vgl. Megele, Max, a. a. O., S. 33.

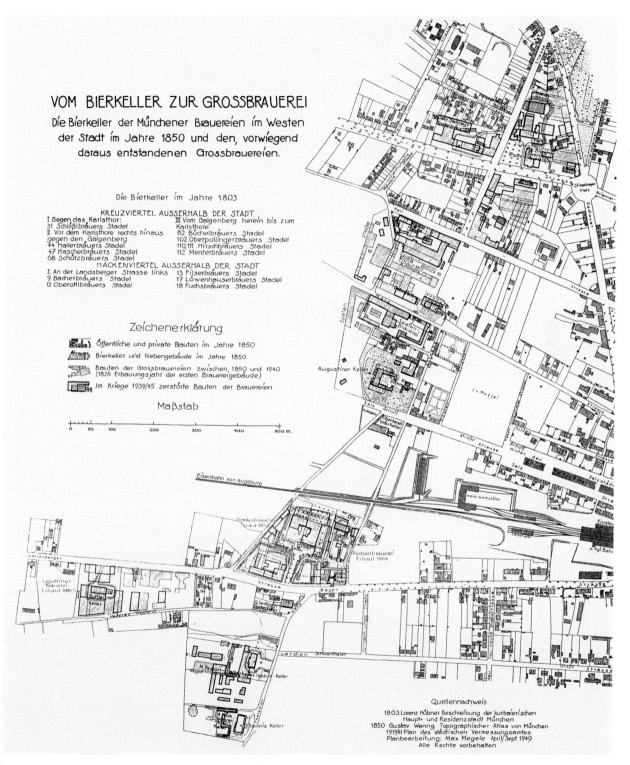

VOM BIERKELLER ZUR GROSSBRAUEREI

Die Bierkeller der Münchener Brauereien im Westen
der Stadt im Jahre 1850 und den, vorwiegend
daraus entstandenen Grossbrauereien.

Die Bierkeller im Jahre 1803

KREUZVIERTEL AUSSERHALB DER STADT.

I. Gegen das Karlsthor:
31 Schloßlbräuers Stadel
II. Vor dem Karlsthore rechts hinaus
gegen den Galgenberg
44 Hallerbräuers Stadel
47 Hasgerbräuers Stadel
68 Schützbräuers Stadel

III Vom Galgenberg herein bis zum
Karlsthore
82 Büchelbräuers Stadel
102 Oberpollingerbräuers Stadel
110,111 Hirschbräuers Stadel
112 Menterbräuers Stadel

HACKENVIERTEL AUSSERHALB DER STADT

I. An der Landsberger Strasse links
9 Bacherbräuers Stadel
12 Oberottlbräuers Stadel

13 Filserbräuers Stadel
17 Löwenhauserbräuers Stadel
18 Fuchsbräuers Stadel

Zeichenerklärung

Öffentliche und private Bauten im Jahre 1850

Bierkeller und Nebengebäude im Jahre 1850

Bauten der Grossbrauereien zwischen 1850 und 1940
(1826 Erbauungsjahr der ersten Brauereigebäude)

Im Kriege 1939/45 zerstörte Bauten der Brauereien

Maßstab

0   50   100   200   300   400   500 m.

Quellennachweis

1803 Lorenz Hübner Beschreibung der kurbaierischen
Haupt- und Residenzstadt München
1850 Gustav Wenng Topographischer Atlas von München
1919/41 Plan des städtischen Vermessungsamtes
Planbearbeitung: Max Megele April/Sept. 1949
Alle Rechte vorbehalten

Bavaria-, Hacker- und Spaten-Keller mit Augustiner-Brauerei, Hackerbrauerei und Pschorrbrauerei

Wirtschaft »Rebergarten«, 1819 eröffnet an der heutigen Landsberger Straße

Durch die Biergärten und Bierkeller bekam die heutige Landsberger Straße eine neue Bedeutung als Verkehrsweg zur Residenzstadt. Das drückte sich unter anderem in der beiderseitigen Bepflanzung mit Alleebäumen aus. Jetzt fuhren die honorigen Münchner auf der schattigen Allee aus der Stadt hinaus, um einen Sommerbiergarten oder ein Pferderennen zu besuchen. Sie amüsierten sich bei schönem Wetter gern auf dem nahe gelegenen Gelände.

Auch der königliche Hof benutzte die Straße für seine Fahrten nach Nymphenburg und in den königlichen Hirschgarten, der seit 1790 existierte.

An der Pasinger Landstraße, etwa da, wo heute die Barthstraße einmündet, legte der Kunst- und Handelsgärtner Josef Reber 1817 eine Obstbaumschule an. Reber war ein geschäftstüchtiger Mensch, dem die Obstbaumschule allein nicht genügte. Der Reise- und Fuhrwerksverkehr auf der vielbefahrenen Landstraße brachte ihn auf den Gedanken, eine Wirtschaft einzurichten. 1819 bekam er die Genehmigung zum Ausschank.[17] Gäste erhoffte sich der »Gärtnerswirt« nicht nur aus dem Kreis der von und nach München Reisenden, für die er auch Herberge bot. Besonders die Bewohner der auf der anderen Straßenseite neu entstandenen Ortschaft Friedenheim, lagen ihm im Sinn. Klagten die ersten Ansiedler doch: »Wir müssen zu jeder Jahreszeit und in dem schlimmsten Wetter unser tägliches Getränke mehr als eine halbe Stunde aus dem entfernten München, oder aus dem eben so weit entfernten Neuhausen holen. Aus dem königlichen Thiergarten können wir ohnedieß nichts beziehen.«[18]

---

[17] vgl. Pitschi, Andreas, a. a. O., S. 24.
[18] vgl. ebenda, S. 24.

Dabei mußten die Friedenheimer gar nicht bis zum Karlstor laufen, denn die nächste Schankgelegenheit war beim Revierförster im alten Zollhaus. Friedenheim, das waren sechs Häuser mit etwa dreißig Einwohnern, die sich an der heutigen Landsberger Straße, etwa auf Höhe des Hauptzollamtes, befanden.[19]

13 Jahre später eröffnete eine weitere Wirtschaft, 200 Meter stadteinwärts auf der gleichen Straßenseite gelegen, ihre Pforten. Das Etablissement »Zum Goldenen Adler« war die erste Kaffeewirtschaft auf der Sendlinger Haide. Um 1840 erwarb der Gastwirt Alois Vorleitner die komfortable Wirtschaft, die seit der Eröffnung der Bahnlinie immer wieder Schaulustige zur Besichtigung der »Dampfrosse« anzog. Der geschäftstüchtige Wirt veranstaltete, als die Zeit der Gewöhnung an das neue Verkehrsmittel einsetzte, Sacklaufen, Eierklauben, Hakenschlagen und Hunderennen als neue Attraktionen. 1858 endete die Konzession und wurde nicht mehr neu vergeben.

Ein »Bodenschatz« gewinnt an Interesse

Neben vereinzelten Anwesen mit winzigen landwirtschaftlichen Nutzflächen entstanden nach 1820 zwischen Sendlinger Höhe und der Straße nach Pasing vor allem Sandgruben, aus denen die Stadt ihren Baukies bezog. In bescheidenem Umfang war das Gelände schon früher zur Kiesgewinnung genutzt worden. So soll der Baukies für die Heiliggeistkirche, erbaut 1723, von der Sendlinger Höhe stammen. Eine bedeutende wirtschaftliche Nutzung dieses Vorkommens gab es aber erst im 19. Jahrhundert. Ludwig I. beförderte nach seinem Regierungsantritt 1825 eine vorher kaum dagewesene Bautätigkeit in der Stadt: »Ich will aus München eine Stadt machen, die Teutschland so zur Ehre gereichen soll, daß keiner Teutschland kennt, wenn er nicht München gesehen

hat.«[20] Von diesem Ehrgeiz profitierten die Grundbesitzer, die auf der Haide etwas von dem kargen Land besaßen.

Gegenüber dem Pollingerkeller lag das große Grundstück des Anton Alex Zenger. Er erwarb mit dem Sandgrubenbetrieb ein Vermögen. Das Gelände zwischen heutiger Westend- und Holzapfelstraße, oberhalb des damaligen Hackergartens, war ein halbes Jahrhundert in Zennerschem Besitz. Damals ging die heutige Schwanthalerstraße noch nicht über die Hangkante. Bis um 1860 hieß das Gelände Zennerviertel und der Abhang zur Stadt hin »Zennerbergl«. Das Viertel war eingezäunt und wurde abends und an Sonntagen verschlossen gehalten. Als der Kies ausgebeutet war, eröffnete die Zennerfamilie eine neue Grube westlich des Hackergartens, die zeitweise bis zur heutigen Ganghoferstraße hinauf reichte. Die Einfahrt zur Grube war etwa dort, wo heute die Parkstraße in die Schwanthalerstraße mündet.[21]

Nach Westen zu lagen zahlreiche kleine Sandgruben. Das Besitzveränderungsbuch verzeichnete z.B. 1839 den Verkauf des Wohnhauses Nr. 28 nebst Hausgärtchen auf der »Sendlingerhaide« im Distrikte Untersendling. Das Anwesen lag an der Sandgrube nahe der Pasinger Straße und gehörte einem Haager Lederfabrikanten, der in München ansässig war. Er verkaufte es an »Georg Urban Laborant bey dem Sedelmayr Parfümerie Fabrikant in München.« Weil es offensichtlich nicht bezahlt wurde, erschien es zwei Monate später wieder, diesmal kaufte es ein Simon Hafenrieder, Ökonomiebesitzer in Icking.

Die Bebauung beginnt

Die Erschließung und Besiedlung der Sendlinger Haide beförderten die neuen Bierkeller der Münchner Brauerein ebenso wie der Kiesabbau. Zwischen 1820 und 1850 gab es 46 bebaute Anwesen zwischen Landsberger Straße und Hadererweg, heute Westendstraße.[22] Es waren kleine, zumeist einstöckige Häuser mit Vor- und Nutzgärten, die von einfachen Leuten bewohnt wurden. Die Eigentümer und Bewohner der kleinen Parzellen waren Milchmänner und Milchweiber, Tagelöhner, Gärtner, Dienstgehil-

[19] vgl. ebenda, S. 25.
[20] Köhle, Sieglinde, a. a. O., S. 74.
[21] vgl. Pitschi, Andreas, a. a. O., S. 29.
[22] vgl. Bleek, Stefan, a. a. O., S. 104.

Das Haus der Hebamme Danner am Haderer Weg, heute Westendstraße

fen, Maurergesellen, Zimmerer, Fuhrleute, Schuhmacher, Kistler, Kalkbrenner, Streckenbauer sowie Bahnangestellte, Braugehilfen und Stadelführer.[23] Mit Ausnahme der Milchweiber, die als selbständige Anwohner geführt wurden, sind die Frauen in die Wirtschaftsgemeinschaft Ehe eingebunden und in den Überlieferungen nicht gesondert erwähnt. Eine Lokalberühmtheit war die verwitwete Hebamme Danner. Sie wohnte im Haderer Weg, heute Westendstraße, und half vielen neuankommenden Erdenbürgern auf der Sendlinger Haide ans Licht der Welt.

Die Häuser auf der Sendlinger Haide waren noch nicht nach irgendeiner Straßenseite ausgerichtet, sie waren armselig und »wirkten wie hingestreut«. Die Sandgewinnung behinderte und verteuerte später oft die Bebauung. Häufig trugen die nur locker verfüllten Gruben die Fundamente nicht.[24]

Die neuen Ansiedelungen gingen zu einem nicht geringen Teil auf Zuwanderungen zurück. Wer in der Stadt wohnen wollte, mußte beim Stadtmagistrat ein Gesuch auf Ansässigmachung stellen. Das Bleiberecht war auch Vorraussetzung für eine Eheschließung. Die Gesuche wurden vom Magistrat aus Furcht vor steigenden Sozialausgaben meist abschlägig beantwortet. Außerdem hatten die Antragsteller oft nicht das nötige Geld, denn solch ein Gesuch kostete Gebühren. Den

[23] vgl. Pitschi, Andreas, a. a. O., S. 89-91.
[24] vgl. ebenda, S. 89-91.

Glücksrittern, die wegen der Liebe, der Aussicht auf ein Auskommen, einer nicht erhaltenen Heiratslizenz im Heimatdorf oder anderer Schicksalsumstände nach München gezogen waren, blieb gar keine andere Wahl, als vor der Stadt zu siedeln. Ein Landrichter namens Kuttner äußerte sich in richterlicher Strenge 1836 zur Bevölkerungszuwanderung: »Es herrschte namentlich von 1825 – 1831 eine ganz außerordentliche, vielleicht beispiellose Sucht, die nächste Umgebung Münchens zu bevölkern. Man glaubte, es werde das Erweitern der Vorstädte und das Bauen unzähliger Häuser kein Ende nehmen und man könne nicht genug Menschen und Familien als Maurer, Zimmerleute, Taglöhner, Gewerbegenossen aller Art ... aufnehmen und heiraten lassen und jeder erhält, was er nur wollte. ... Viele konnten kaum noch die Trauungskosten bezahlen. Der Bauplatz wurde zurückgenommen. Andere fingen zwar zu bauen an, prellten aber die Ziegelmeister, indem sie die Hälfte der Steine wieder verkauften, um mit dem Erlös die Arbeiter zahlen zu können. Statt der Ausführung schöner Baupläne wurden rückwärts angebliche Nebengebäude aufgeführt, diese aber in Wohnungen verwandelt oder überhaupt leer gelassen. ... Mit der Vollendung der Gebäude war meist die Überschuldung fertig und das Hypothekengesetz hat einen großen Teil der Hausbesitzer wieder von ihrem Anwesen vertrieben; wenngleich sie als Taglöhner oder Gewerbetreibende irgendwelcher Art im Bezirk verblieben sind.«[25]

Ein Gesetzespaket von 1825 hatte jedem bayerischen Einwohner das Recht auf Heimat in einer Gemeinde garantiert.[26] Wer daheim einen abschlägigen Bescheid bekommen hatte, suchte sein Glück in der Fremde.

---

[25] vgl. ebenda, S. 27.
[26] Bauer, R., (Hg.), a. a. O., S. 279.
[27] vgl. Toussaint, Angela, Der Münchner Hauptbahnhof, Dachau 1991.
[28] vgl. Auer, Matthias L., Laimer Chronik, München 1983.

Die Eisenbahn – der »eiserne Rahmen«

Im Februar 1838 begann der Bau der ersten Münchner Bahnstrecke.[27]

Die Eisenbahn war für die Entwicklung Deutschlands ein wichtiger Meilenstein. In dem wirtschaftlich und politisch zersplitterten Land war sie der Schritt zu einem überregionalen und verbindenden Verkehrsmittel. Sie gab einen ganz entscheidenden Impuls zur Industrialisierung. Im europäischen Eisenbahnnetz, das in den folgenden Jahrzehnten entstand, wurde München Knotenpunkt der Nord-Südstrecke und der Verbindung Bukarest via Wien nach Paris (Orientexpress). Die Stadt entwickelte sich mit Hilfe der Bahn zum Hauptwarenumschlagplatz für Getreide, Holz, Vieh, Obst und Gemüse in Süddeutschland.

Für die Entstehung des Westends war die Eisenbahn in mehrfacher Hinsicht bestimmend. Die Gleisanlagen gaben dem Viertel eine enge räumliche Begrenzung. Sie umrahmten das Areal an drei Seiten. Die Strecke München–Augsburg, parallel zur Landsberger Straße, wurde zur nördlichen Grenze, und die Bahnlinie nach Salzburg schlug einen Bogen von West nach Süd. Innerhalb der Bahnlinien entwickelte sich in den folgenden Jahrzehnten die Vorstadt. Der Eisenbahnbau erforderte große Gebietsveränderungen. Im Gegensatz zu den Landstraßen, die über Berg und Tal gingen und sich an Flußläufen entlangschlängelten, brauchte die Eisenbahn eine Trasse, die möglichst gerade und eben verlaufen mußte.

Der Hirschgarten gehörte zu dieser Zeit noch zu einem geschlossenen Waldgebiet, das sich über die Landsberger Straße bis zum Großhaderner Wald erstreckte. Die Eisenbahn durchbrach dieses Gebiet. Später, beim Bau des Rangier- und Güterbahnhofs, gingen große Teile des Hirschgartenareals darin auf.[28]

Das neue Verkehrsmittel führte zu einer vorher nicht dagewesenen Mobilität. Viele Leute kamen in die Stadt. Die Entfernungen wurden im Gefühl der Menschen geringer, das Lebenstempo schneller. Wer noch nie seinen Geburtsort verlassen hatte, fuhr nun mit der Eisenbahn nach München.

Für die meisten Menschen war die neue Eisenbahn ein sehr gefährliches Verkehrsmittel, »Eisenbahnszene bei München« 1842, Johann Adam Klein

Der Bau der Eisenbahn, der Bedarf an Material und Arbeitskräften bewirkte einen Wirtschaftsaufschwung, in dessen Folge Fabriken entstanden, die für viele Jahrzehnte dem Viertel ihr Gepräge gaben.

Am 1. September 1839 eröffneten die Honoratioren der Stadt die Eisenbahnteilstrecke München – Lochhausen. Die Bahnlinie gehörte der von Freiherr von Eichthal und Josef Anton Ritter von Maffei gegründeten Aktiengesellschaft und war somit eine private Bahn. Im Oktober 1840 wurde die Strecke bis Augsburg fertiggestellt.

Zu dieser Zeit verstaatlichte Bayern die Eisenbahngesellschaft. Für die Gründer war das kein Verlust, sie erhielten die getätigten Investitionen zurück, zuzüglich des zu erwartenden Gewinns. In Zukunft mußten sie sich nicht mehr mit den Grundeigentümern über die Gebietsabtretungen streiten.

Der erste Münchner Bahnhof stand etwa im Bereich der heutigen Hackerbrücke. Der einfache Holzbau, der verbretterte Außenfronten hatte, glich einer Scheune.

Eröffnung der Eisenbahnlinie München – Augsburg am 1. 9. 1839, sie führte zunächst bis nach Lochhausen

Der erste Münchner Bahnhof, ein armseliges Bretterhaus

Kartenausschnitt von 1856 mit der alten Bahnlinie

24

Über das Aussehen des Baues erzählt folgendes Spottlied eines bayerischen Grenzaufsehers:

> »Am Galgenberg beim Marsfeld draus
> steht a großes Bretterhaus.
> I hab die Hütten a net kennt.
> Die Leut, die haben's Bahnhof
> g'nennt«[29]

Am Ostersonntag, den 4. April 1847, brannte das Bahnhofsprovisorium ab. Mit Ausnahme einer großen Getreidemenge wurde nichts von dem beklagt, was da verschwunden war. Schon seit 1845 arbeiteten Architekten und Ingenieure der königlichen Haupt- und Residenzstadt an den Plänen eines repräsentativen, steinernen Bahnhofgebäudes. Das Unglück beschleunigte die Planungen, kostenaufwendige Provisorien sollten vermieden werden. Als neuer Standort wurde das Gelände der alten königlichen Schießstätte auserkoren. Damit zog der Bahnhof ganz in Stadtnähe, weg von der Sendlinger Höhe. Im Gegenzug wurde die Schießstätte vor die Stadt verlegt. Noch heute zeugt der Name »Schießstättstraße« im Westend von diesem Ortswechsel.

Friedrich Bürklein entwarf den »Gare de Munich«. Er hatte bei Friedrich von Gärtner in München studiert und praktische Erfahrungen in Nürnberg, Frankreich und Belgien gesammelt. Am 1. Oktober 1849 wurde der Münchner Zentralbahnhof eröffnet, schon 1857 erhielt er Erweiterungsbauten. 1879 bekam die Perronhalle als erste Deutschlands elektrische Beleuchtung. Der Münchner Zentralbahnhof war zu dieser Zeit einer der größten Bahnhöfe Deutschlands.

Ab 1854 baute der Staat eine zweite Bahnlinie. Zur Beförderung der Wirtschaft und der Finanzen sollte das neue Verkehrsmittel Ostbayern besser an die Hauptstadt anbinden. Die Königlich-Bayerische Ostbahn bog in Höhe der heutigen Schrenkstraße von der München-Augsburger Linie ab und verlief über die Heide in Richtung Untersendling, Mittersendling, Obersendling nach Holzkirchen. Auf dem Areal der

heutigen Augustinerbrauerei stand das Bahnwärterhäuschen mit seinem Wurzgarten. Die Strecke war eingleisig gebaut. In den ersten Jahren konnte man nur bis Großhesselohe fahren. Der Schienenbogen, den die Abzweigung dort schlug, war so eng, daß er bald mit den schnelleren Lokomotiven nicht mehr befahren werden konnte. Eine Verlegung der Gleise nach Westen wurde nötig. Um 1870 wurde die Bahnstrecke quer über die Sendlinger Haide aufgelassen. Die neue Streckenführung der Verbindung München – Salzburg um das Westend herum entspricht noch den heutigen Bahnanlagen. Die Eröffnung der Bahn nach Salzburg wurde zu einem prächtig gefeierten Ereignis; diese Verbindung war die zweite grenzüberschreitende Bahn Bayerns. Die erste ausländische Bahnlinie existierte seit 1854 zum Königreich Württemberg in Verlängerung der Linie München – Augsburg.

Die größte Frau Münchens

Kronprinz Ludwig, der 1825 die Thronfolge antrat, hatte sich zum Ziel gesetzt, aus München eine Stadt von europäischem Ruf zu machen. Während seiner Regierungszeit entstanden die Ludwigstraße, Ludwigskirche, Feldherrnhalle, Staatsbibliothek, Hofgartenarkaden, Königsbau der Residenz, Universität, Siegestor, Alte und Neue Pinakothek, Ludwigsbrücke, Allerheiligen-Hofkirche, Mariahilf-Kirche, Wittelsbacher Palais, Königsplatz und die Ruhmeshalle mit der Bavaria.[30]

Der König interessierte sich für die Anhöhe oberhalb der Theresienwiese. Hier sah man die Stadt von erhobener Position. Der Ort gab einen Eindruck von Weite, die sich dennoch nicht im Unendlichen verlor. Die Hochebene war noch dünn besiedelt. Neben den Bierkellern mit ihren beliebten Gärten und einigen Gebäuden nahe der heutigen Landsberger Straße bestimmten Sandgruben, Brachland und Wiesen das Bild. Ludwig I. ließ einige Wiesen kaufen, zusammen 18 Tagwerk, und 1823 einen Park mit dem Namen Theresienhain pflanzen.[31] Er trug sich mit dem Gedanken, in dem Eichenhain ein Palais für seine Gemahlin zu errichten. Doch die in Mode gekom-

[29] vgl. Toussaint, Angela, a. a. O., S. 8.
[30] vgl. Köhle, Sieglinde, a. a. O., S. 75.
[31] vgl. Spengler, Karl, Münchner Lesebuch, München.

mene Antike ließ die Sehnsucht nach neuen Heiligtümern erwachen und veränderte diese Pläne. Der Ort schien geeignet für eine bayerische Ruhmeshalle. Nach dem Entwurf von Leo von Klenze, der sich ganz am klassisch-griechischen Vorbild orientierte, wurde die Ruhmeshalle nahe an der Hangkante und weithin sichtbar gebaut.

Später, als die Bavaria hier Platz genommen hatte, bekam der noch verbliebene Teil des Parks den Namen Bavariapark. Das angrenzende Gelände wurde per Entschließung von einer weiteren Bebauung ausgeschlossen, eine Ausnahme machten die Stadtväter nur für die neue Schießstätte. Erst 1873 hob die Oberste Baubehörde dieses Verbot auf, um an der Hangkante Villen zu errichten.[32]

Schöpfer der Bavaria war der Bildhauer Ludwig von Schwanthaler. Die Bavaria gehört bis heute zu den größten Denkmälern der Welt und war mit ihren 18 Metern Höhe die größte Kolossalfigur seit der Antike.

Ludwig I. sah sich durch dieses gewaltige Denkmal in einer Reihe mit den antiken Herrschern.[34]

Vier Jahre modellierte Schwanthaler an dieser Figur, bevor unter der Leitung der Erzgießer Johann Baptist Stiglmaier und Ferdinand von Miller die Arbeit am Bronzeguß beginnen konnte. Das Gipsmodell stand in einem hohen Bretterturm neben der Erzgießerei, an der Nymphenburger Straße, vor den Toren der Stadt.

Das Interesse der Zeitgenossen richtete sich ganz und gar auf den außergewöhnlich großen Bronzeguß, währenddessen die Ruhmeshalle ganz ohne besonderes öffentliches Interesse errichtet wurde. Der Guß der Statue erfolgte in mehreren Teilen. Ferdinand von Miller hatte mittlerweile den Betrieb von seinem verstorbenen Onkel Stiglmaier übernommen. Dutzende türkische Beutekanonen aus dem Zeughaus schmolzen die Gießer ein. Nach mündlicher Überlieferung sollen außerdem dreißig lebensgroße Figuren, z. T. bedeutende Plastiken der Münchner Bronzekunst des Barock, den Erzbedarf der Bavaria geopfert worden sein.[35]

Der Guß forderte das Können der Erzgießer bis aufs äußerste heraus. Die riesigen Mengen Erz, die geschmolzen wurden, haben beim Guß des Oberkörpers zum Brand im Dachstuhl der Gießerei geführt.

Die riesigen Gußteile der Bavaria in der Erzgießerei

Der Gießmeister ließ ihn nicht löschen, als er sah, daß der Guß gelang. Die 1848er Revolution unterbrach die Entstehung der Bavaria. König Ludwig I. übertrug die Regierungsgeschäfte dem Kronprinzen Maximilian, sorgte aber für die weitere Finanzierung und Fertigstellung der Bavaria.

Der Transport des Denkmals von Neuhausen zur Sendlinger Höhe und die Aufstellung waren, wie die gesamte Entstehungsgeschichte dieser ungewöhnlich großen Figur, eine technisch schwierige Aufgabe. Auf einem eigens dazu konstruierten Wagen wurden in einem Zeitraum von drei Wochen die Gußteile mit Pferde- und Menschenkraft an Ort und Stelle gebracht. Am 9. Oktober 1850, anläßlich des Oktoberfestes, wurde die Bavaria feierlich enthüllt.[36]

Die Bewohner der Höhe wuchsen mit »ihrer Bavaria« auf. Als Kinder spielten sie zu ihren Füßen und die Jugend liebte den Platz, besonders in der Dämmerung. Der Pfarrer Peter Widmann von St. Rupert, selbst ein Hüne, pflegte zu sagen: »Ich bin der größte Pfarrer von München und in meiner Pfarrei wohnt die größte Frau der Stadt – die Bavaria.«

[32] vgl. Bleek, Stefan, a. a. O., S. 119.
[33] vgl. Rattelmüller, Paul Ernst, Die Bavaria, München 1977.
[34] vgl. Fischer, F. Manfred, Ruhmeshalle und Bavaria, München 1972.
[35] vgl. Huse, Norbert, Kleine Kunstgeschichte Münchens, München 1990, S. 43.
[36] vgl. Rattelmüller, Paul Ernst, a. a. O.

Die Bavaria 1922

Die neue Schießstätte

Die alte Schießstätte der Kgl. Privilegierten Hauptschützengesellschaft (gegr. 1406) lag vor dem Neuhauser- oder Karlstor. Sie war ein traditionsreicher Ort und beliebtes Ausflugsziel der Münchner. Sie mußte dem Neubau des Zentralbahnhofs weichen. Die Schützengesellschaft bekam ein anderes Grundstück auf der Theresienhöhe. Diese Grundstücksentscheidung war heiß umstritten, da nach Meinung ihrer Gegner der Platz zu abgelegen und im Winter kaum

zugänglich war. König Ludwig I., der den Platz auf der Sendlinger Höhe favorisierte, ließ sich dennoch nicht von seiner Entscheidung abbringen. Georg Pschorr stellte das Grundstück zur Verfügung, den sogenannten Pschorr-Anger. Er war, wie der Grundeigentümer Holzapfel, an der Schießstätte sehr interessiert, weil er sich davon eine Standortverbesserung versprach, die den weiter westlich gelegenen neuen Fabrikgründungen entgegenwirkte.[37]

Friedrich Bürklein entwarf die Pläne für das neue Haus. Der Architekt Bürklein prägte wesentlich den »Maximilianstil«. Er war der maßgebliche Baumeister unter Max II. Zu seinen bedeutendsten architektonischen Leistungen gehört die Maximilianstraße mit

---

[37] vgl. Pitschi, Andreas, a. a. O., S. 36 f.

Neue Schießstätte, erbaut 1852

dem Prospekt des Maximilianeums. Die nahe Verwandtschaft zum Bahnhof sah man der Fassade der neuen Schießstätte an. 1852 war der Bau fertig, und die Schützenbrüder wurden mit einem prächtigen Schützensaal und der schönen Aussicht auf die Stadt und zuweilen die Berge ausgesöhnt. Bis 1893 blieb die Schießstätte auf der Theresienhöhe, dann bezog sie ein neues Domizil in Obersendling. Das Gebäude auf der Theresienhöhe ging in den Besitz des landwirtschaftlichen Vereins über und entwickelte sich im Laufe der Zeit zu einem sehr beliebten Ausflugslokal.[38]

Ein Luftangriff 1944 zerstörte das Gebäude sehr stark, die Reste der Ruine wurden abgetragen.

---

[38] vgl. Pitschi, Andreas, a. a. O., S. 37f.

Vorstadt

Die Brauereien ziehen vor die Stadt

Technische Erfindungen, neue Maschinen und die Steigerung der Braumengen bedeuteten für die Brauer, wenn sie konkurrenzfähig bleiben wollten, immer neue Um- und Ausbauten ihrer Sud-, Gär- und Lagergebäude. Im Zuge dieser Entwicklungen wurden ihre alten Etablissements in der Stadt zu klein. Deshalb zogen zwischen 1825 und 1860 gleich mehrere Brauereien nacheinander vor die Stadt.

Auf ihren ausgedehnten Grundbesitzungen, die sie zur Anlage ihrer Bierkeller bereits genutzt hatten, bauten sie neue und moderne Brauanlagen.

Die beiden Söhne des Erbauers des größten Lagerkellers Münchens, Joseph Pschorr, teilten sich nach dessen Tod 1841 den Besitz.

Georg Pschorr übernahm als väterliches Erbe den zur Zollstraße gelegenen Geländeteil und baute 1864/65 eine neue Brauerei. Sein Bruder Matthias Pschorr erbte, durch das Los entschieden, den mütterlichen Teil und lagerte im Gelände zur Grasserstraße Hackerbier. Zwischen 1857-59 ließ er ein Dampfkessel- und ein Malzhaus bauen. 1863 erweiterte er die Hackerbrauerei und rückte jetzt Brandmauer an Brandmauer zum Pschorr-Bräu. Die neue Hacker Brauerei war 1865 soweit ausgebaut, daß der Betrieb in der Sendlinger-/Hackenstraße eingestellt wurde.

Nach dem Tode von Georg Pschorr »Senior« 1867 wurde dessen Sohn, Georg Pschorr junior, der Eigentümer der Pschorr Brauerei. In den kommenden zwei Jahrzehnten baute er die Brauerei zwischen Bahnanlage und Bayerstraße zu einem Großunternehmen

Hackerbrauerei um 1855, Ölbild, links die Gebäude der Spatenbrauerei.

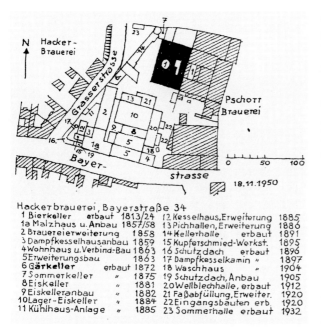

Hackerbrauerei, Bayerstraße 34
1 Bierkeller erbaut 1813/24   12 Kesselhaus,Erweiterung 1885
1a Malzhaus u.Anbau 1857/58   13 Pichhallen,Erweiterung 1886
2 Brauereierweiterung 1858   14 Kellerhalle   erbaut 1891
3 Dampfkesselhausanbau 1859   15 Kupferschmied-Werkst. 1895
4 Wohnhaus u.Verbind-Bau 1863 16 Schutzdach   erbaut 1896
5 Erweiterungsbau 1863   17 Dampfkesselkamin " 1897
6 Gärkeller   erbaut 1872 18 Waschhaus   " 1904
7 Sommerkeller   " 1875   19 Schutzdach,Anbau   1905
8 Eiskeller   " 1881   20 Wellblechhalle, erbaut 1912
9 Eiskelleranbau   " 1882   21 Faßabfüllung,Erweiter. 1920
10 Lager-Eiskeller " 1884   22 Eingangsbauten erb. 1920
11 Kühlhaus-Anlage " 1885   23 Sommerhalle erbaut 1932

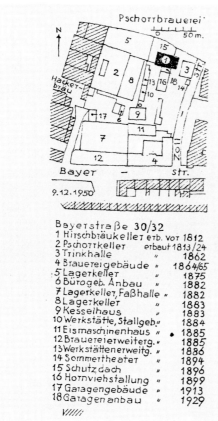

Bayerstraße 30/32
1 Hirschbräukeller erb. vor 1812
2 Pschorrkeller   erbaut 1813/24
3 Trinkhalle   " 1862
4 Brauereigebäude   " 1864/65
5 Lagerkeller   " 1875
6 Bürogeb. Anbau   " 1882
7 Lagerkeller,Faßhalle " 1882
8 Lagerkeller   " 1883
9 Kesselhaus   " 1883
10 Werkstätte,Stallgeb." 1884
11 Eismaschinenhaus   " 1885
12 Brauereierweiterg. " 1885
13 Werkstättenerweit. " 1886
14 Sommertheater   " 1894
15 Schutzdach   " 1896
16 Hornviehstallung   " 1899
17 Garagengebäude   " 1913
18 Garagenanbau   " 1929

Grundriß der Hackerbrauerei und der Pschorrbrauerei

30

aus. Nach einem Entwurf der Architekten Heilmann & Littmann wurde die Brauerei 1885/86 erweitert und bekam ihre charakteristische Fassade, die im Volksmund als »Bierfestung« bezeichnet wurde.

Die Spatenbrauerei verteilte ihre Produktion vorerst auf mehrere Grundstücke. Sie hatte hinter ihrem Bierkeller auf der Sendlinger Hangkante ausgedehnte Pferdestallungen. Ihre neuen Brauanlagen entstanden in Neuhausen.

Die Brauereien waren wichtige Arbeitgeber. In den »Bierfabriken« des 19. Jahrhunderts, die auf der Schwanthalerhöh' neu erbaut waren, arbeiteten neben den gelernten und ungelernten Arbeitern viele Saisonkräfte. Das Brauen war vor der Einführung der Lagerbierhaltung ein Saisongewerbe. Die Verbesserung der Kühlmethoden führte im Verlauf des 19. Jahrhunderts zum ganzjährigen Betrieb. Für das Mälzen wie für das Eiseinbringen in die Lagerkeller wurden bis zu Beginn des 20. Jahrhunderts nur saisonbedingt Arbeiter gebraucht.

Alle großen Brauereien hatten Schlafgelegenheiten. Die Saisonkräfte »lebten« in der Brauerei, alle 14 Tage hatten sie sonntags drei Stunden für den Kirchgang frei.[1] Fachkräfte, im Sinne gelernter Arbeiter und Handwerker, waren die Brauer, Mälzer, Schäffler, Maschinisten und Schmiede. Daneben arbeiteten in den Brauereien in der Mehrzahl angelernte und ungelernte Arbeitskräfte, wie die Fuhrleute, Mitfahrer, Stallknechte und nach Einführung des Flaschenbieres die Abfüllerinnen, Etikettiererinnen und Verpackerinnen.[2] Die Einführung des Flaschenbieres begann Ende des 19. Jahrhunderts. Das Flaschenbier veränderte den Bierhandel nachhaltig, bis zu diesem Zeitpunkt war der Biervertrieb ausschließlich den Wirtschaften vorbehalten. In der Flaschenbierproduktion waren viele Frauen beschäftigt.

Die Arbeit in der Brauerei war körperlich schwer und ungesund. Der Staub auf der Trockendarre, wo die Gerste gewendet wurde, legte sich schnell auf die

[1] vgl. Schuckall, Walther, Die Entwicklung der Arbeits- u. Lohnverhältnisse in der Löwenbräubrauerei, 1875-1914, in: Arbeit ist das halbe Leben, München 1992, S. 73 ff.

[2] vgl. Heckhorn, Evelin, Wiehr, Hartmut, München und sein Bier, München 1989, S. 63.

Die Bierbrauerei des Georg Pschorr Junior, um 1925

Atemwege. Bis zur Jahrhundertwende wurden nur an den hohen Feiertagen Weihnachten, Ostern und Pfingsten die Sudwerke abgestellt. 1884 hatte ein Arbeitstag für die Brauer immer noch 14 Stunden. Zwischen drei und vier Uhr morgens begann die Arbeit, die erst um 17 oder 18 Uhr zu Ende war. Den Maßkrug am Henkel und die »Schlegelhaube« auf dem Kopf kamen die Brauer, ausgerüstet mit dem »Schlaftrunk«, von der Arbeit heim. Erst 1905 bekamen sie einen Tarifvertrag, der zwischen mehreren Vereinen der Brauereiarbeiter und -gesellen und dem Ortsverband der Münchner Brauereien abgeschlossen wurde. Er garantierte den Arbeitern der Münchner Brauereien gleiche Arbeitszeit, Bezahlung und freie Tage.[3]

Die Brauerein zogen, wie alle großen Industrien, Zulieferer nach sich. Johann Drexler gründete 1862 eine Faßfabrik. 1890 verlegte er seine Fabrik in die Westendstraße 95. Er erwies sich als überaus geschickter Geschäftsmann, seine Firma wurde der größte Faßhersteller in Süddeutschland. Die Pechgerüche der Faßfabrik Drexler gehörten fortan zum »Flair« der aufstrebenden Vorstadt. Nach der Jahrhundertwende hat die Drexlersche Fabrik sogar das Straßenareal für ihre Zwecke in Anspruch genommen und die ehemalige Geroldstraße in Höhe der Westendstraße unterbrochen. Das Reststück der Geroldstraße bis vor zur Landsberger Straße wurde in Fäustlestraße umbenannt. Die Gaststätte »Zum Geroldstein« zeugt noch von dieser Geschichte.

---

[3] vgl. Schuckall, Walther, a. a. O., S. 73 ff.

Frauen in der Flaschenabfüllerei, Pschorrbrauerei um 1905

Stempel der Faßfabrik Drexler

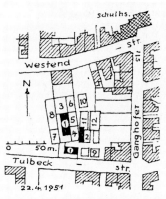

Faßfabrik Johann Drexler
Westendstraße 95

1 Faßfabrik um das Jahr 1890   7 Kesselhaus   „ 1923
2 Schutzdach   erbaut 1903   8 Fabrikerweiterung „ 1924
3 Werkstätte 4 Werkhalle „ 1904   9 Faßhalle   „ 1937
5 Faßdämpfethalle   „ 1905   10 Gefolgschaftshaus „ 1938
6 Expeditionshalle   „ 1912   11 Werkst. erv. 1894 12 Schupp. 1918

Grundriß der Faßfabrik Drexler

Fabrikhalle bei Drexler, um 1925

Der Nase nach – die ersten Fabriken

Die Nähe zur Eisenbahn, die Verkehrsanbindung an die von Ost nach West verlaufende Landsberger Straße und die noch günstigen Bodenpreise machten das Gelände der Sendlinger Haide für Fabrikansiedlungen interessant. Zwischen 1840 und 1880 zogen zahlreiche Unternehmen auf das Gelände. Zu den ersten gehörte die Schwefelsäurefabrik Bucher, die auf Grund ihrer umweltbelastenden Produktion schnell ein weit beachtetes Ärgernis wurde. Schwefelsäure war in der Frühzeit der industriellen Entwicklung ein wichtiger Ausgangsstoff für Farbstoffe und Kunstdünger. Sie wurde als Grundprodukt verkauft. Die Herstellungsmenge war ein Indikator für den Industrialisierungsgrad eines Landes. Das Produktionsverfahren, bei dem Erze geröstet wurden, erwies sich auf Grund frei werdender Schwermetallsalze als hochgiftig. Durch den Säurenebel starben die Alleebäume auf der Landsberger Straße ab, das Grundwasser galt als gefährdet, und die Arbeiter erlitten schwere gesundheitliche Schäden. Auf Anordnung der Bezirksinspektion, die eine Grundwasserverseuchung fürchtete, schloß der Betrieb 1873.[4]

Die Typhus-Cholera-Epidemie 1872/73 in München hatte zu einer erhöhten Aufmerksamkeit gegenüber der Wasserverschmutzung geführt. Sie hatte innerhalb von zwei Jahren viele Todesopfer gefordert. Durch die von Max v. Pettenkofer geleiteten Untersuchungen wurde der unmittelbare Zusammenhang zwischen Wasserverschmutzung und Cholerainfektionen nachgewiesen.

Auch andere Hersteller geruchsintensiver Produkte fühlten sich vom Standort angezogen. Die Teer- und Dachpappenfabrik von Josef Beck begann ihre Produktion an der Landsberger Straße, die Fabrik erstreckte sich zwischen Trappentreu- und Bergmannstraße. Die Fabrikanlagen reichten bis zur Westendstraße.

Es gab drei Leimfabriken. Die Lack- und Firnisfabrik von Josef Gläsgen befand sich ebenfalls an der Landsbergers Straße. Die »Häuteindustrie« von Ludwig Karl Buchner und Benedikt Kahn lag an der Kreuzung Westend- und Bergmannstraße. Der Verwesungsgeruch ihrer Fabrikation mischte sich auf eine unangenehme Weise mit den Gerüchen des »Teerbecks«. Die Teer- und Dachpappenfabrik war das größte Unternehmen unter den aufgezählten.

Josef Holzapfel betrieb von 1865-75 eine Essig- und Spritfabrik und nahm sich ab 1875 der städtischen Latrinenreinigung an. Bis 1900 waren seine Fuhrwerke überall in der Stadt zu riechen.[5]

Vom Unternehmen des Josef Holzapfel lebte auch der Schmied Seitz, der 1876 in der Landsberger Straße Nummer 3, eine Huf- und Wagenschmiede gegründet hatte. Das Hufebeschlagen war eine immer wiederkehrende Prozedur, die die Rösser, je nach Mentalität, gelassen bis sehr ungeduldig über sich ergehen ließen. Besonders die festen Stadtstraßen ließen den Beschlag schnell erneuerungsbedürftig werden. Der Schmied hatte Gesellen und Lehrbuben, denn der Andrang bei ihm war sehr groß. Die städtische Müllabfuhr, die ihre Ställe etwa gegenüber der Einmündung der Holzapfelstraße in die Landsberger Straße hatte, war Großkunde beim Seitz. Auch die Brauereipferde wurden manchmal bei ihm beschlagen. Die schweren belgischen Falben- und Rotschimmelhengste der Hackerbrauerei standen in den Ställen hinter dem Hackerkeller. Die Brauereien hatten eigene Schmiede, dennoch kam es vor, daß ein Bierfahrer zum Seitz kam, weil der Brauschmied gerade keine Zeit hatte. Die vielen Fuhrwerke der Ladnerinnung, die bahnamtlichen Rollfuhrwerke, die Firmen Schenker und Wetsch gehörten ebenfalls zur Kundschaft des Schmieds.

1898 wurde das einstöckige Wohnhaus des Schmieds durch ein mehrstöckiges Mietshaus ersetzt. Der Flachbau der Huf- und Wagenschmiede blieb unverändert im Hof. Er existierte bis in die 80er Jahre unseres Jahrhunderts.[6]

Als der Kommerzienrat Metzeler 1886 ein Baugesuch für den Neubau seiner Gummifabrik auf einem Grundstück an der Westendstraße einreichte, wurde

---

[4] vgl. Bleek, Stefan, Quartierbildung in der Urbanisierung, München 1991, S. 106.

[5] vgl. Pitschi, Andreas, Das Münchner Westend von seinen Anfängen bis zur Gegenwart. Eine ortsgeschichtliche Studie, München 1936, S. 41.

[6] vgl. Wahler, Johannes, Beim Schmied Seitz, in: Kalender des Kulturladens Westend, München o.J.

im Magistrat grundsätzlich über die Ansiedlung von Fabriken im Westen der Stadt gesprochen.[7] Da westliche Winde vorherrschend sind, kam dem Standort bei der Stadtplanung besondere Bedeutung zu. Um den Zustrom gesunder Frischluft zur Stadt zu sichern, sollte keinen großen Baumassen und keinen giftigen Dämpfen mehr Raum gegeben werden. Östliche und südliche Standorte wurden als Ausweichmöglichkeit empfohlen. Diese weitsichtige Ansicht fand keine Mehrheit. In anderen Städten, wie beispielsweise London, Berlin und Frankfurt wurden die Industrieansiedlungen aus den oben genannten Gründen von Beginn an im Osten der Stadt errichtet. Das Londoner und Frankfurter Westend waren, wie in den meisten europäischen Städten, »die Viertel der Reichen«.

Der Kommerzienrat Metzeler zerstreute die Bedenken der Stadtväter gegen seine Fabrikation und begann 1887 mit den Bauarbeiten.

Holz- und Kohlenhandlungen gehörten als Material- und Energieträger untrennbar zur Industrialisierung im 19. Jahrhundert. Sie kauften ihre Anwesen entlang der Bahnanlagen. Ihre ausgedehnten Lager parallel zu den Gleisen bestimmten jahrzehntelang den Charakter der Landsberger Straße. Große Kohlenhandlungen waren F.S.Kustermann, D. J. Kayser, W. Lodter und G. Schneider. Zu den ältesten Holzhandlungen gehörten seit 1875 Klöpfer und Königer, 1880 Degginger und Heß und 1883 Gebr. Hörsch. Die beiden Faßfabriken Drexler und Strobel, die in der Vorstadt ihre Fabriken aufgebaut hatten, waren Großabnehmer bei den Holzhandlungen.

Zur Miete wohnen – eine neue Lebensform

Die Fabriken, Brauerein und die Eisenbahn brauchten Arbeiter und Arbeiterinnen, die sich in der Nähe eine Wohnung suchten. In den Jahren zwischen 1840 und 1870 entstand die Vorstadt. In dieser Zeit wurde die Gegend zwischen Landsberger-, Westend- und Holzapfelstraße mit Wohnhäusern bebaut. Die zwischen 1850 und 1875 errichteten Neubauten waren häufig noch ebenerdige Einzelhäuser, erst später wurde das mehrstöckige Mietshaus typisch. Der Bauboom führte zu einer sprunghaften Zunahme der Einwohnerzahl, aber auch zu Spekulation und Preiswucher.

Das erste Mietshaus im Westend baute bereits 1845 der Bankier Josef v. Hirsch, Aktionär der München-Augsburger Eisenbahngesellschaft, an der Ecke Landsberger/Grasserstraße für Bahnarbeiter.[8] Nur besser gestellte, d. h. höhere Beamte der Bahn kamen in den Genuß dieser geräumigen und repräsentativen Wohnungen.

Von 1865 bis 1870 bauten Kleinspekulanten weitere Mietshäuser am Hadererweg, heute Westendstraße.[9]

Mietshäuser wurden in Deutschland erst seit dem 19. Jahrhundert in größerem Umfang gebaut. Sie waren eine Begleiterscheinung der Fabrikarbeit, die den Arbeits- vom Wohnort trennte. Die Möglichkeit, durch Mietwohnungen Kapital zu gewinnen, ließ die Häuser von Beginn an zu Spekulationsobjekten werden.

Der Boden im Bereich Landsberger- und Westendstraße war kleinzellig parzelliert. Parzellen von 200-300 Quadratmetern waren keine Seltenheit. Häufig kaufte ein Bauunternehmer solch eine Parzelle, baute ein Mietshaus darauf, um es alsbald gewinnbringend zu verkaufen. Mehr als zehnmaliger Besitzerwechsel in kurzer Zeit ist für zahlreiche Häuser nachweisbar, bevor ein im Viertel ansässiger Besitzer, Handwerker, Krämer, Gastwirt das Gebäude erwarb und behielt.[10] Diese Praxis führte zu einer Umzugshäufigkeit der Mieter, die heute kaum noch vorstellbar ist. Ein Fünftel aller Wohnungen war nicht länger als fünf Monate bewohnt, die Hälfte nicht länger als zwei Jahre. Gerade bei billigen Wohnungen war der Mieterwechsel besonders häufig. Die Gründe dafür lagen im wirtschaftlichen Bereich, z. B. im sogenannten »Trockenwohnen«. Das »Trockenwohnen« war die Erstvermietung von Wohnungen zu billigen Preisen, bis der Putz und die Farbe ausgetrocknet waren. Dann folgte ein Mieterwechsel mit Mieterhöhung. Für viele arme Mieter wurde so die ständige Suche nach einer

---

[7] vgl. Bleek, Stefan, a. a. O., S. 107.
[8] vgl. ebenda, S. 109.
[9] vgl. ebenda, S. 109 ff.
[10] vgl. ebenda, S. 111.

Herbststraßenbrücke um 1870, Vorläufer der heutigen Hackerbrücke

billigen Wohnung zur zwingenden Notwendigkeit und zum Anlaß für einen häufigen Wohnungswechsel.[11]

Neben den Fabriken an der Landsberger- und Westendstraße beeinflußte auch die wirtschaftliche Entwicklung Neuhausens entlang der Bahnlinie den weiteren Ausbau des Viertels. Die neue Zentralwerkstätte der Eisenbahn in Neuhausen, errichtet 1872-75, beschäftigte auch Arbeitskräfte von der Schwanthalerhöh'. Die Zentralwerkstätte war ein großer Arbeitgeber, dort arbeiteten an die tausend Personen.

Andere Arbeiter gingen über die Gleise in die Kraus'sche Maschinenfabik an der Arnulf-/Maillingerstraße.

Die Kraus'schen Arbeiter bauten Lokomotiven und Kleinbahnen, wie die Dampftrambahn, die von Nymphenburg nach München verkehrte.

Seit 1870 bestand eine neue Verkehrsverbindung zwischen der ehemaligen Sendlinger Haide und Neuhausen: die »Herbststraßenbrücke«, die Vorgängerin

der 1883/84 erbauten Hackerbrücke. Sie erübrigte das lebensgefährliche und unbequeme Überschreiten der Gleisanlagen. Seit 1875 gab es einen zweiten Gleisübergang, den Vorgänger der Donnersberger Brücke, einen eisernen Steg, nur für Fußgänger.

Das schnelle Wachstum

Nach 1871 war in Folge der Einigung des deutschen Reiches und des Sieges Deutschlands im deutsch-französischen Krieg im gesamten Land ein wirtschaftlicher Aufschwung spürbar. Das Geld der französischen Reparationszahlungen, das neue Eisenbahnnetz und die stürmische technisch-industrielle Entwicklung ließen die Wirtschaft boomen. Die soge-

---

[11] vgl. Fisch, Stefan, Stadtplanung im 19. Jahrhundert, München 1988.

Hackerbrücke im Bau, erbaut 1883/84

nannten Gründerjahre waren gekennzeichnet von Firmen-, Bank- und Vereinsgründungen. Die aufstrebende Industrie vergrößerte die Städte. Verträumte Plätze wurden in atemberaubendem Tempo zu Industriestandorten.

Auch die junge Vorstadt im Münchner Westen wurde von dieser Entwicklung mitgerissen. Gleich einem sehr schnell wachsenden Baum schlug die Vorstadt Wurzeln, wurde fruchtbar und griff Raum. Die Mangelerscheinungen des zu schnellen und einseitigen Wachsens zeigten sich in der fehlenden Infrastruktur. Vorerst wurden nur Wohnungen gebaut. 1880 wohnten 7500 Einwohner hier, Kirche, Schule, Postamt und andere öffentliche Einrichtungen fehlten immer noch.

Die Bevölkerung, die sich einmietete, stammte nur selten aus München. In der Mehrzahl waren es junge Männer und Frauen aus dem ländlichen Bayern, besonders aus Niederbayern und der Oberpfalz,

einige kamen auch aus Franken und Schwaben. Sie waren froh, eine Arbeit zu finden, brauchten wenig Wohnraum, d. h. die Wohnungen wurden, auch der Bezahlbarkeit wegen, geteilt, geviertelt, geachtelt und untervermietet. Wer nur ganz wenig hatte, mietete sich stundenweise ein Bett, diese Mieter hießen »Schlafgänger«. Die Kinder der Bewohner waren oft noch auf dem Land verblieben, bei Verwandten oder sogenannten Zieheltern. Die Zieheltern waren Nachbarn im Dorf, die gegen ein Kostgeld den fremden Nachwuchs aufzogen. Auf diese Weise ließen sich auch uneheliche Kinder verheimlichen. Wurde doch früher eine Frau auf dem Land, die ein uneheliches Kind bekam, geächtet und moralisch verurteilt. Sie mußte mit der »Schande« leben. Jetzt konnte sie in die Stadt gehen, ihr Kind irgendwo unterbringen und für das nötige Geld arbeiten. Ein Grund, warum die Bevölkerung, die auf dem Land blieb, die Stadt für ein »Sündenbabel« hielt.

Viele Frauen aus der westlichen Vorstadt fanden in der Tabakindustrie Arbeit. Bei »Friedrich Erb«, »Austria«, »Phillips Witwe« und »Zuban« wurden sie angelernt. Zwölf Stunden standen sie täglich in der Fabrik an den Schneidetischen. Manche nahmen die Arbeit mit nach Hause und wurden Heimarbeiterinnen. In ihren Küchen standen sie am »Wickelbrett« und rollten Zigarren zwischen Hausarbeit und Kinderbetreuung.

1875 beschloß der Stadtrat auf Antrag des Grundbesitzers David Kohn, der Grundstücke in der Gegend besaß, die Verlängerung der Schwanthalerstraße zur Schwanthaler Höhe. Zwischen heutiger Sonnenstraße und Bavariaring gab es die Schwanthalerstraße schon lange. Die Verlängerung ging jetzt über die Hangkante an der Theresienhöhe bis zur heutigen Ganghoferstraße. Für den Grundbesitzer Kohn war die Straße Vorraussetzung für seine Bebauungspläne. Für Straßenanlagen mußten die betreffenden Grundeigentümer kostenlos Boden zur Verfügung stellen. In der Regel brachte ihnen solch eine »Spende« eine gewaltige Standortverbesserung.[12] Die neue Schwanthalerstraße beschleunigte die weitere Bebauung. Im gleichen Jahr begann ein rasanter mehrstöckiger Miethausbau. Nach der neuen Straße nannten viele der Bewohner ihre neue Heimat, die »Schwanthalerhöh'«. Dieser Name wurde den Menschen hier draußen wichtiger als die nahe bildhauerische Schöpfung, wegen der Schwanthalers Name zum Straßennamen wurde. Wer sich noch nicht umstellen wollte, nannte seinen Wohnort die »äußere Ludwigsvorstadt«, wobei es wirklich das äußerste Ende war, denn zwischen Ludwigsvorstadt und den Häusern westlich der Hangkante lag groß und breit die Theresienwiese.

Die Benediktiner kommen

1850 gründeten Mönche die Pfarrei St. Bonifaz aus Parzellen der Pfarrei Sendling, der Filiale Neuhausen, der Metropolitan-Pfarrei zu U.L. Frau und der Stadtpfarrei St. Peter. Die Geistlichen hatten umfangreiche Aufgaben zu bewältigen. Sie wollten die Zugezogenen in ihre Gemeinde aufnehmen, was bei den vorwiegend jungen Bewohnern nicht leicht war. Die katholische Kirche war mit den Begleiterscheinungen und Folgen der rasanten Industrialisierung konfrontiert. Für diese völlig neue Situation hatte sie noch keine Handlungsmuster. Sie betrachtete die Entwicklung mit Skepsis und Vorurteilen.

Die Zuwanderer waren fremd in der neuen Heimat. Sie hatten die traditionellen Bindungen ihrer Familien verlassen, zum Teil entflohen sie ihnen. Die Wertmaßstäbe der Gesellschaft gerieten ins Wanken, für Lebenskrisen mußten oft neue Lösungen gefunden werden. Für die Seelsorger kam die große Entfernung zwischen der Abtei und dem Gelände auf der Höhe erschwerend hinzu. Seit etwa 1870 betrieb Pfarrvikar P. Magnus Sattler die Initiative für einen Kirchenneubau auf der Schwanthalerhöh'.[13] Das Erzbischöfliche Ordinariat erwarb an der Schrenkstraße 1876 vom Königlichen Eisenbahnärar 2,3 Tagwerk des Geländes der ehemaligen Bahnlinie zum Preis von 7481 Gulden (12 785 Mark). Im Jahre 1878 legte Abt Benedikt Zenetti den Grundstein zur ersten Kirche des Viertels, St. Benedikt, im Volksmund bald das »Schrenkkircherl« genannt. Der Bau hatte prominente Geldgeber. Der Bierbrauer Gabriel Sedlmayr vom Spatenbräu streckte erst einmal 35 000 Mark unverzinslich vor, Graf von Törring-Jettenbach schenkte einen großen Teil des Bauholzes. Den Löwenanteil aber gab der Bierbrauer Johann Baptist Trappentreu vom Sterneckerbräu' im Tal: 9000 Gulden (15 389,64 Mark) vom Erlös eines ursprünglich für die Kirche vorgesehenen Grundstücks an der Kreuzung Holzapfelstraße/Westendstraße, 100 000 Ziegelsteine, Kupfer für Dach und Turm, drei Glocken und eine Apanage für den Lebensunterhalt des Klerus. Das neoromanische Gebäude wurde 1881 konsekriert. Nun hatten die Mönche eine eigene Wirkungsstätte in der Vorstadt und die Bewohner ihr erstes Gotteshaus in der neuen Heimat.

Die Schrenkstraße existiert seit 1878, benannt nach einem berühmten Münchner Patriziergeschlecht.

Die meisten der neu entstehenden Straßen beka-

---

12 vgl. Bleek, Stefan, a. a. O., S. 112.

13 Kath. Pfarramt St. Benedikt, Kath. Pfarramt St. Ruppert, Evang. -Luth. Pfarramt Auferstehungskirche München (Hg.), Festschrift zum Jubiläum 1981, München 1981, S. 7 ff.

Schrenkkirche, erbaut 1878–1880 im neoromanischen Stil

men Namen honoriger Stadtväter, wie etwa Tulbeck, Gollier und Ligsalz. Vielleicht nach der Überzeugung »Nomen est omen« oder wegen der Ehrfurcht? Benennungen waren seit alters ein magischer Akt.

Die neuen Bauzustände mit ihren Auswüchsen und Unwägbarkeiten sollten wohl damit gebannt werden.

Die Hälfte der Anwesen in der Schrenkstraße gehörte dem Rentier Alois Rückerl. Für die neuen Bewohner des Westends ließ ein Rentier oft mit Hilfe von Bankhypotheken Rentenhäuser errichten, von deren Rente, wie man die Miete auch nannte, er die Hypotheken zurückzahlen und im besten Falle auch gut leben konnte. Ein Rentier bezeichnete sich auch als Privatier, und wenn er sein Geld recht zusammenhielt und sich »notig« aufführte, so wurde er vor allem von den Schenkkellnern und den Bedienungen in den

Wirtshäusern gern »Dreiquartelprivatier« genannt. Ließ er doch, wenn er jemanden mit einem deckelbewehrten Bierseidel in die nächste Wirtschaft losschickte, ein Bier zu holen, statt einer Maß nur drei Quartel bestellen. Das war billiger, und es ergab doch meistens fast einen Liter.[14]

Die Schrenkschule – die erste Schule

Die Kirchenstiftung St. Bonifaz verkaufte 1880 ihren nicht mehr benötigten Baugrund Schrenkstraße Ecke Westendstraße an die Stadt. Die Kommune baute auf diesem Gelände 1881/82 eine Schule. Bislang mußten die Kinder in die Luisen- und Kreuzschule oder sogar bis nach Sendling gehen. Seit 1873 konnten katholische Kinder die bereits sehr überfüllte neue Schwanthaler Schule an der Schwanthalerstraße besuchen.

1882 wurde die neue Schrenkschule eröffnet. Bis 1900 hieß sie Benediktusschule. Ein Entschluß des Stadtmagistrats, alle Volksschulen nach den Namen der Straßen und Plätze zu benennen, an denen sie lagen, bewirkte die Namensänderung in Schrenkschule. 1886 bekam die Schule bereits ihren ersten Erweiterungsbau. 1888/89 wurden an der Schrenkschule 2000 Schüler unterrichtet.

Schrenkschule, erbaut 1882

---

[14] vgl. G. Gerstenberg, Stadtteilspaziergang, M.S.

Schrenkschule Klasse 3b, 1909

Die Benediktusanstalt

Der Vinzenz Verein, 1833 in Paris gegründet, hatte sich die Armenhilfe zum Ziel gesetzt. Diese Bewegung der christlichen Nächstenliebe war ein neues Instrument katholisch engagierter Gläubiger in der sich wandelnden Gesellschaft. 1844 wurde der erste Vinzenz Verein in München in der St. Ludwigs-Pfarrei ins Leben gerufen, weitere Zweigvereine, Konferenzen genannt, folgten. Der Verein gründete Kinderheime, Krankenhäuser und Altersheime. Er wurde zum zweitgrößten privaten Wohltätigkeitsverein in München.[15]

Die Betreuung der Kinder auf der Schwanthalerhöh' wurde durch die rasche Zunahme der berufstätigen Bevölkerung sehr bald ein großes Problem. In den meisten Familien mußten die Mütter dazu verdienen, um den Lebensunterhalt zu bestreiten. Die Bewohner waren in der Mehrzahl junge Menschen, die Anzahl der Kinder war groß, der ehelichen wie der unehelichen. Ende des 19. Jahrhunderts war die Geburtenrate im Westend doppelt so hoch wie im Münchner Gesamtdurchschnitt.

Die Vinzenzkonferenz Bonifaz II, gegründet 1881, wurde mit der Einrichtung einer Kinderbetreuungsanstalt und fürsorglicher Betreuung armer und hilfsbedürftiger Menschen auf der Schwanthalerhöh' betraut. Die Laienvereinigung unter Vorsitz des Rechtsanwaltes A. Freytag bekam von der Kirchen-

---

[15] vgl. Krauss, M., Prinz, F.,(Hg.), München, Musenstadt mit Hinterhöfen, München 1988.

Benediktusanstalt mit Kinderkrippe, Kindergarten und Hort

stiftung St. Bonifaz in unmittelbarer Nachbarschaft zum Pfarramt ein Areal abgetreten. Am 8. September 1882 legte der Abt Zenetti den Grundstein für die Benediktusanstalt. Schon im Juni 1883 konnte das Haus geweiht und eröffnet werden. Die Benediktusanstalt war ein Ort für Kinder. Küche, Kleiderkammer, Aufenthaltsräume und eine Nähschule für die größeren Mädchen boten den Franziskanerinnen aus Mallersdorf, die die Betreuung übernahmen, eine Basis für ihre Arbeit. Die Schwestern begannen ihre

Arbeit mit 200 Kindern, bereits zwei Jahre später waren es 300 Kinder, die täglich kamen. In den nächsten Jahren stiegen die Zahlen auf das Doppelte, wobei viele Kinder nur stundenweise betreut wurden. Zu Kinderkrippe und Kindergarten kam bald auch ein Kinderhort. 1885 begannen vier Schwestern mit der ambulanten Krankenpflege im Viertel.[16]

Die Post geht ab

Bis etwa 1760 ging »die Post« über die ehemalige Pasinger Landstraße nach Augsburg und Mittelschwaben. Von 1760 bis 1804 war die heutige Dachauer Straße die Poststraße. Ab 1804 ging die Post einmal täglich wieder über die Landsberger Straße. Die ehemalige Gaststätte »Postfranzl« erinnerte noch an diese Verbindung. Die Wirtschaft wurde 1820 erstmals erwähnt, damals unter dem Namen »Zur Stadt Landshut«. Der Postfranzl soll ein besonders treuer und trinkfester Postillion und Stammgast gewesen sein, nach dem die Wirtschaft um 1870/71 umbenannt wurde.

Nach 1840 kam die Post »auf die Schiene« und wurde per Eisenbahn befördert. Die Landsberger Straße bekam jedoch bald wieder »Postbedeutung«. Am 16.1.1885 zog die erste Postexpediton mit der Postbezirksnummer Zwölf ins Viertel. Sie errichtete ihr Büro in der Landsberger Straße 35, allerdings nur für 8 Monate, dann brauchte die Augustiner Brauerei die Räume wieder. Daraufhin zog die Post mit ihrem Kontor in die Schrenkstraße 5, dort blieb sie 22 Jahre lang.

Neben dem Postamt, früher Hausnummer 3, befand sich der Gasthof »Zur Schrenkpost«. Um die Postverteilung zu beschleunigen und den immer größer werdenden Umfang besser zu bewältigen, führte die Post 1898 das Fahrrad ein.

Für das Dienstrad gab es eine Dienstanweisung zur Benutzung und Instandhaltung: »... Das Abspringen hat in der Regel vom Bügel (Aufstieg) aus zu geschehen. Das Abspringen von den Pedalen, namentlich bei schweren Personen, ist dem Rade nachteilig und hat zu unterbleiben. Das sog. Einspringen in das Rad ist strengstens untersagt. ...«[17]

[16] vgl. Kath. Pfarramt St. Benedikt, Kath. Pfarramt St. Ruppert, Evang.Luth. Pfarramt Auferstehungkirche München (Hg.), Festschrift zum Jubiläum 1981, München 1981, S. 20 f.

[17] vgl. Johannes Wahler u.a., Kleine Postgeschichte des Westends, M.S., S. 6.

Die Post in der Ganghoferstraße um 1910 mit drei Postschaffnern

Die Kinder verdienten sich vor der Post oft ein Guatl. Das ging so:« Mit einem Lappen in der Hand warteten wir da auf Kundschaft. Es konnte doch möglich sein, daß gleich auch ›mit putzen‹ gewünscht wurde. Sobald dann ein Radler Richtung Post einschwenkte, belagerten wir sofort das Fahrrad: ›Bitt' schön, derf i aufpassen?‹ Oft hielten wir zu zweit oder dritt ein Rad fest. Manchmal kamen zu gleicher Zeit auch ein paar Radler, das war dann sehr gut, dann hatte jeder seine eigene ›Kundschaft‹. Der Tarif lag so bei 5 bis 10 Pfennig, ohne putzen. Ein Geschäft wurde es dennoch selten, mit: ›Jesses jetzt hab' i grad kein Kleingeld,‹ oder: ›ich hab's euch doch nicht angeschafft,‹ gingen wir oft leer aus«.[18]

Im März 1907 zog die Post in die Ganghoferstraße. Die Räume in der Schrenkstraße waren zu klein geworden. Das Postamt war in der Ganghoferstraße Ecke Tulbeckstraße im Parterre, die Häuser kamen später in den Besitz der Baugenossenschaft »Rupertusheim«. »Postschaffner«, wie die Angestellten damals hießen, waren Respekts-, weil Amtspersonen. Bisweilen bekam der Paketverkehr großen Aufschwung. Dazu August Kühn: »Das wird so im Ersten Weltkrieg gewesen sein. Da haben sich die Leut', wie es ihnen schlecht gegangen ist, in der Stadt wieder erinnert, daß [sie] am Land Verwandte haben. Da haben's ihnen geschrieben, daß in der Stadt nix zum Fressen gibt. Dann haben die Sachen geschickt. Aber allzu freigiebig waren die bayerischen Landbewohner auch nicht.«[19]

18 Interview d.V.
19 Kühn, August, Vor'm Postamt Nr. 12, in: Kalender des Kulturladens Westend, München 1984.

Das Westend um 1895, ein »Neubaugebiet«, als erstes wurde das Straßennetz angelegt

Auf nach München

Die Bautätigkeit auf der Schwanthalerhöh' erreichte um 1885 ihren absoluten Höhepunkt. Über 250 Häuser wurden in den nächsten fünf Jahren fertiggestellt. Die Neubauten hatten drei bis vier Stockwerke und bestanden aus zahlreichen Mietwohnungen. Ursache dieses Wachstums war ein allgemeiner wirtschaftlicher Aufschwung, der sich in vielen Betriebsneugründungen und einer neuen Zuwanderungswelle äußerte.

Das Gebiet um die Parkstraße, Schwanthalerstraße im Norden, Schießstättstraße im Osten, Gollierstraße im Süden und Ganghoferstraße im Westen wurde etwa ab 1885 vom Bankier Ruederer im Stil der später gegründeten Terraingesellschaften erschlossen. Es wurden kleinere Grundstücke zu einem geschlossenen Areal aufgekauft und durch Straßenanlagen struk-

turiert. Dazu mußten Straßentrassen aufgeschüttet werden, und entlang dieser Trassen wuchsen die Häuser, Ziegelreihe für Ziegelreihe, aus den Baugruben. Die Bauarbeiten gaben vielen Menschen Arbeit, den Maurern, Mörtelweibern, Steinträgern, Zimmerleuten und Dachdeckern.

Die neue Bebauung sollte sich von der kleinparzellierten dichten Bebauung der Vorgründerzeit absetzen. Die Blöcke waren großzügig geschnitten und in halboffener Bauweise errichtet, d.h. es gab Mindestabstände zwischen den Häusern. Die Planung orentierte sich nicht an dem Bedarf der hier lebenden und evtuell zu erwartenden Bevölkerung, sondern an dem Wunsch, die entsprechenden Mieter zu finden. Die Geschichte richtete sich nicht nach diesen Wünschen. Deshalb wurden die Wohnungen getrennt und geteilt, bis sie auf ein für die Bewohner bezahlbares Maß

Hochzeit des Kilian K., ein Zuwanderer im Westend

Mietshaus der Franzsika G. in der Landsberger Straße, Zuwanderer, seit 1895 im Westend

zusammengestrichen waren. Das gräumige Block-innere bauten Gewerbetreibende und Kleinunternehmer mit Gartenhäusern und Werkstätten gänzlich zu.

Der Prozeß der Industrialisierung, der um 1850 einsetzte, war von zyklischen Wanderbewegungen der Bevölkerung begleitet. Die Menschen haben zu allen Zeiten ihr Glück auch in der Fremde gesucht. Folgten im Mittelalter die Risikofreudigen und Landlosen den Silberfunden, so ließen sich Handwerker im 17. und 18. Jahrhundert von Startkapital und Steuererleichterungen in strukturarme Gebiete locken. Zu allen Zeiten flohen Andersdenkende und Andersgläubige vor der Verfolgung aus ihrer Heimat. Zwischen 1840 und 1882 nahm im Land Bayern die Bevölkerung um 22,4 Prozent zu. Dieser Zuwachs konzentrierte sich hauptsächlich in den Städten. So stieg in München die Bevölkerungszahl um 104%.[20] Damit wird deutlich, warum sich die Stadt auch flächenmäßig so sehr vergrößerte. Ein Prozeß der Umverteilung der Bevölkerung vom Land in die Stadt ging vor sich. Ganze Höfe und kleinere Dörfer verwaisten. Den Anstoß zum Ortswechsel und Verlassen der Heimat gab oft auch der Niedergang eines heimatlichen Gewerbes. Im Zuge der Industrialisierung der Produktion gingen viele traditionelle Handwerke zugrunde, wie zum Beispiel die Glasbläserei sowie die Schiefertafel- und Griffelmacherei in der Oberpfalz.

---

[20] vgl. Franzke, Jürgen, Bevölkerungsmobilität, in: Leben und Arbeiten im Industriezeitalter, Nürnberg 1985, S. 136.

44

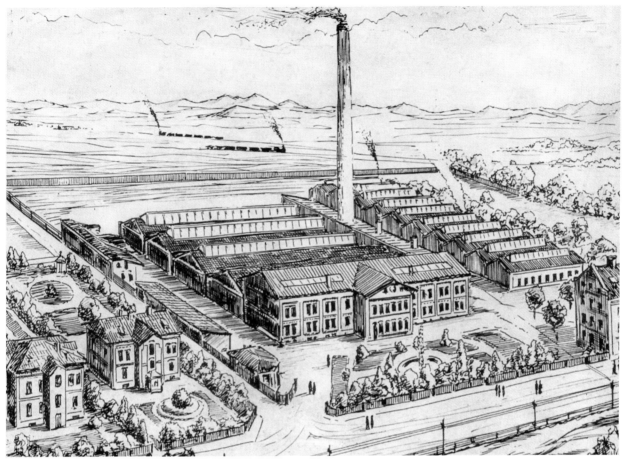

Gummifabrik Metzeler um 1890, an der Westendstraße 129–133

Manchmal zogen auch verlockende Stellenange-bote die Menschen ins Münchner Westend. So kam Kilian M. 1883 vom Main an die Isar. Er war ein gelernter Schäffler aus der Gegend von Miltenberg, Unterfranken, der im Rheinland auf der Walz eine Anstellung bei der berühmten Binding Brauerei in Frankfurt gefunden hatte. Die Münchner Hacker-brauerei suchte damals geschickte Schäffler und hatte sich deswegen auch an die Frankfurter Brauer ge-wandt.

Der 27jährige ledige Kilian entschloß sich, sein Glück in München zu versuchen und trat die Anstel-lung bei der Hackerbrauerei an. Er wurde dort Mei-

ster und war so erfolgreich, daß er 1890 ein Mietshaus in der Tulbeckstraße kaufte. Mit diesem Kauf sicherte er sich seine Altersversorgung, denn eine Rente gab es noch nicht.[21]

Auch Franziska G. kam nach München um ihr Glück zu suchen. Sie stammte aus dem Württem-bergischen und hatte bereits ein lediges Kind. Gemeinsam mit ihren zwei Schwestern und ihrem Bruder suchte sie eine neue Existenz. Zuerst wohnten sie in Schwabing zur Miete. Wenig später konnten sie mit Hilfe einer Hypothek ein Mietshaus an der Pasin-ger Landstraße erwerben und die Gastwirtschaft »Zur Benedictenwand« eröffnen. Nun wollte auch der Kindsvater nach München übersiedeln, doch ein Herzinfarkt beendete sein Leben, und aus der geplan-

[21] Interview d. V.

Fabrikhof der Firma Metzeler

ten Hochzeit wurde eine Beerdigung.[22] Franziska überwand ihren Schmerz und zog ihren Buben gemeinsam mit den Schwestern groß. Die Geschwister G. führten ihre Wirtschaft mit Erfolg. Das Lokal wurde gut besucht. Sie bekamen alle vier das Bürgerrecht und blieben in München.

Die Zuwanderer durften erst nach fünf Jahren um das Bürgerrecht »nachsuchen«. Gegen eine Gebühr und Vorlage eines Führungszeugnisses aus der Heimatgemeinde stellten die Fremden einen entsprechenden Antrag bei der Stadt.

---

[22] Interview d. V.

46

Gummiwaren & Guttapercha

Am 14.4.1863 hatte Robert F. Metzeler ein Geschäft in der Knödelgasse 2, jetzige Hartmannstraße, eröffnet. In der Geschäftsanzeige hieß es: »Gummi-, Guttapercha- & Gummi elastische Waren«.

1868 wurde das Geschäft in die zentralere Kaufingerstraße verlegt, und 1871 erwarb der Besitzer ein Grundstück in der Schwanthalerstraße, um eine Fabrik zur Herstellung von Gummiwaren zu errichten. Dem Erwerb waren zahlreiche Diskurse mit Stadtverwaltung und Sachverständigen vorausgegangen. Die Grundstücksnachbarn hatten ihre Befürchtungen hinsichtlich weiterer Geruchsbelästigungen

Blick in die neuen Fabrikräume an der Westendstraße, Frauen fertigen chirurgische Gummiartikel bei Metzeler

geltend gemacht. In einem Protestschreiben beklagten sich die Anwohner: »...daß die Schwanthalerstraße als Zufahrt zur Theresienwiese besonders häufig von Fremden benutzt werde, die die Bavaria besichtigen oder am Oktoberfest teilnehmen. Man fühle sich, so heißt es dort weiter, ohnedies durch den Rauch der Lokomotiven von der nahegelegenen Eisenbahn, durch die Eisengußfabrikation an der Bayerstraße und durch die Schwefelsäuredämpfe aus der Landsberger Straße – zumindest und gelinde gesagt – belästigt.«[23] Metzeler gelang es, diese Befürchtungen auszuräu-

men, obwohl die Stadt Auskünfte bei den Behörden in Hannover, Mannheim, Nürnberg und Berlin über vergleichbare Fabrikationen eingeholt hatte.

Ende 1871 begann der Bau der Fabrikanlagen, 1874 erwarb Metzeler das Nachbargrundstück und verlegte auch seine Büros von der Kaufinger- in die Schwanthalerstraße. Am 26. Juni 1874 wurde dem 41 Jahre alten Fabrikanten der Titel »königlich bayerischer Hoffabrikant für Gummi- und Guttaperchawaren« verliehen. Diese begehrte Ehrung förderte den Ruhm und das Ansehen der Firma sehr.

Dem weiteren Ausbau der Firma kam ein »Gewerbeprivilegium« im Sinne des heutigen Patents entgegen das Metzeler im Mai 1877 auf ein Verfahren zur

---

[23] Gert von Klass, Metzeler Aktiengesellschaft, München 1964, S. 22.

Herstellung von Luftkissen und unlösbaren Gummiverbindungen anmelden konnte. 1883 ließ er in seiner Fabrik die Asbestspinnerei aufnehmen. Durch die Vermengung von Asbest mit Gummi war ein neuer Grundstoff, das Metzelerit entstanden, das durch seine Zähigkeit und Unempfindlichkeit gegen Säuren, Zuckerlösungen und Öle ein hochwertiges Dichtungsmaterial darstellte.

Die ständige Vergrößerung und Erweiterung der Fabrikation erforderte bald ein größeres Gelände. 1887 erwarb R.F. Metzeler ein Grundstück an der Westendstraße. Hier baute die Firma ihre bislang größte Fabrikanlage. Metzeler entwickelte sich zu einem der größten Arbeitgeber des Viertels. Er eröffnete seine neue Fabrik mit über 200 Arbeitsplätzen.

Neue Betriebe entstehen

Inmitten von Kastanien stand an der Landsberger Straße 31-35 der 1828 errichtete Butlerkeller als Lagerkeller der Hartlbrauerei, dem späteren Mathäserbräu. 1857 kaufte Therese Wagner, Besitzerin des Augustiner Bräus, vom Hofbankier Josef von Hirsch den Butlerkeller. Das Augustiner Bräu war bis zur Säkularisation 1803 Teil des gleichnamigen Klosters. Nachdem einige Jahre Pächter die Brauerei betrieben

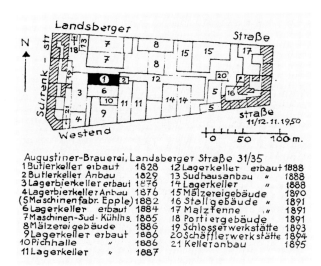

Geländer der Augustinerbrauerei an der Landsberger Straße

hatten, kaufte 1829 Anton Wagner alle Gebäude nebst Braurecht und Innenausstattung. Seine Witwe Therese vererbte 1858 die gesamten Anwesen ihrem Sohn Josef Wagner. Er baute auf dem ehemaligen Butlerkeller große neue Lagerkeller. 1884 begann unter seiner Firmenleitung die Errichtung eines neuen Sudhauses an der Landsberger Straße, das den Anfang der neuen modernen Brauanlagen bildete, die in den nächsten sechs Jahren hier in der Vorstadt errichtet wurden. Der Betrieb bekam modernste technische Anlagen, in Gestalt seiner Gär- und Lagerkeller, Maschinenanlagen, des Kühlhauses und der großen Mälzerei mit 9000 qm Tennenfläche. 1884 zog die Augustiner Brauerei in die jetzt noch existierenden Gebäude um. Der Betrieb in der Innenstadt wurde eingestellt.[24] Damit war ein weiterer Arbeitgeber ins Viertel gekommen. Augustiner beschäftigte anfangs nur Männer.

Zwei weitere neue Brauereien entstanden in dieser Zeit in der Vorstadt. In der Westendstraße 76 wurde 1881 die Benediktusbrauerei erbaut, die bis 1898 in Betrieb war.[25] Die Benediktusbrauerei war eine Weißbierbrauerei, sie gehörte zum Wagnerbräu. Ihr Betrieb mußte eingestellt werden, weil das Wasser, durch den ein Stück stadtauswärts gelegenen Teerbeck, verdorben war. Nach Aufgabe des Braubetriebs diente sie noch lange als Lager für Augustiner Bräu.

In der Landsberger Straße 70/72 eröffnete die Bavariabrauerei von Leminger und Walch 1883 ihren Betrieb. Sie hatte zur Bahnseite hin einen Biergarten, in dem am Wochenende zum Tanz aufgespielt wurde. Auch ihr war keine lange Existenz beschieden. 1895 wurde diese Brauerei in eine Dampfmolkerei umfunktioniert. Damit teilte sie das Schicksal der meisten Brauereineugründungen dieser Jahre. Von 1879/80 bis 1891/92 entstanden in München 25 neue Brauereien, von denen nur zwei den harten Konkurrenzkampf mit den alteingesessenen Riesen überlebten.[26] Als Dampfmolkerei hatte der Betrieb bessere

[24] vgl. o.V., Die Geschichte des Augustiner-Klosters und der Augustiner-Brauerei zu München, München o.J.

[25] vgl. Megele, Max, Baugeschichtlicher Atlas der Landeshauptstadt München, München 1951, S. 24.

[26] vgl. Heckhorn, Evelin, Wiehr, Hartmut, München und sein Bier, München 1989, S. 53.

Augustinerbrauerei an der Landsberger Straße, um 1900

Überlebenschancen. Milch und Milchprodukte wurden durch die immer noch steigenden Einwohnerzahlen reichlich gebraucht.

An der Landsberger Straße 80, etwa gegenüber der Einmündung in die Fäustlestraße, bestand seit dem frühen 19. Jahrhundert die Orgelbauanstalt Max Maerz & Sohn. Die Fabrikanlagen erstreckten sich bis zu den Gleisen. Im großen Orgelsaal wurden die neuen Instrumente eingestimmt. Das kleine Wohnhaus der Besitzer stand an der Landsberger Straße. Die Orgelbauanstalt war ein traditionsreicher Familienbetrieb. 1756 war der Oberpfälzer Conrad Maerz nach mehrjähriger Wanderschaft nach München gekommen und hatte als Hofklavierstimmer und Orgelbaumeister das Unternehmen begründet. Er baute 130 Orgeln und erlangte den Titel »Königlicher Hoforgelbaumeister«. Sein Sohn Max Maerz über-

nahm 1844 den Familienbetrieb und brachte sein Lebenswerk auf 134 Orgeln. Seine Ehe mit Maria Maerz war kinderlos geblieben. Als der Halbwaise Franz Borgias Nothwinkler, mit dessen Mutter die Ehefrau Maria befreundet war, im Alter von 3 Jahren seine Mutter verlor, nahmen sich die Eheleute Maerz des Buben an. Sie adoptierten ihn, und zogen ihn auf wie ein leibliches Kind. Er wurde in der Firma des Max Maerz zu dessen Nachfolger herangebildet.

Franz Borgias Maerz übernahm die Orgelanstalt am 1. Mai 1879. Er vergrößerte im Verlauf seines Wirkens das Unternehmen. Unter seiner Leitung wurden 373 Orgeln gebaut, 9 davon versah die Firma, z.T. nachträglich, mit elektrischem Antrieb. Franz Borgias Maerz baute Orgeln in Deutschland, Rumänien und Amerika. Nach seinem Tod im März 1910 übernahm ein Herr Schönle, der bei ihm ausgebildet worden

Belegschaft der Augustinerbrauerei um 1894, ob Mütze oder Hut und deren Form symbolisierte die Berufszugehörigkeit und Rangordnung

war, den Betrieb. Die Orgelbauanstalt bestand bis 1934. Die Orgeln von St. Benedikt (1882) und St. Rupertus (1905) wurden von Franz Borgias Maerz gebaut. Die Fabrikanlagen zerstörte 1944 ein Luftangriff restlos.[27]

Die Vorstadt war durchmischt mit Fabriken, Handelsniederlassungen und kleinen Handwerksbetrieben. Adolf Schulmberger war Inhaber der Fabrik C. Stiefenhofer in der Landsberger Straße 79. Das Unternehmen stellte Chirurgische Instrumente, Einrichtungsgegenstände für Krankenhäuser und Arztpraxen sowie Prothesen her. Metzeler war ein Zulieferer für diese Fabrik.

Die Fabrik C. Stiefenhofer gab es seit 1873, sie hatte ihre Räume zuerst am Karlsplatz. Der gute Fortgang

der Geschäfte brachte schnell den Wunsch nach Vergrößerung, und die bot das Grundstück in der Landsberger Straße. Die Verkaufsräume blieben am Karlsplatz, und die Produktion zog samt Handelsvertrieb in die Landsberger Straße 79.

Vergnügungen

Die drei großen Bierkeller auf der Theresienhöhe, die Spaten-, Hacker- und Bavariakeller, sie galten den Münchnern als beliebte Ausflugsorte.

27 Interview d. V. und Franz Borgias Maerz, Orgelbauanstalt Max Maerz & Sohn, München o.J.

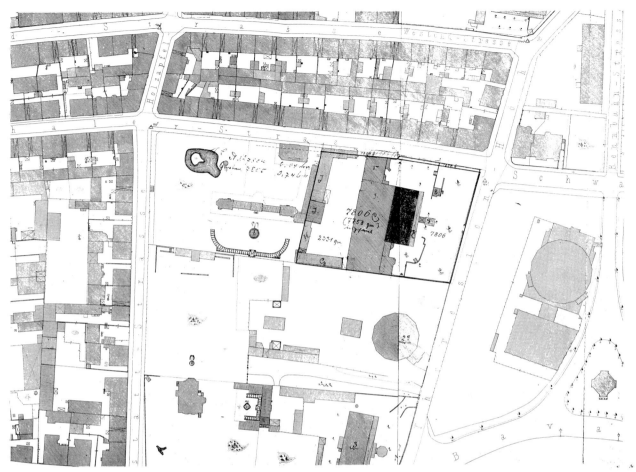

Hackerkeller mit Panorma und Circus Bavaria

Solange es das Wetter zuließ, saßen die Gäste im Schatten der Kastanien im Biergarten, und während die Eltern sich das Bier schmecken ließen, gab es für die Kinder ein »Springerle«, eine Limonade vom Faß.

Bis 1906 gab es den Zirkus Bavaria, der auf der sogenannten kleinen Zirkuswiese, unterhalb des Hakkerkellers lag. Kunstreiten, Artistik, Bären, und Elefantendressuren gehörten zu den Attraktionen im Programm. Besondere Höhepunkte waren die Ringkämpfe, Antonio Pierri, der schreckliche Grieche und Karl Abs, der stärkste Mann der Welt rangen hier mehrmals um die Weltmeisterschaft. Davis Niederhofer, der später als skrupelloser Mörder erkannt und abgeurteilt wurde, war der nicht sonderlich geschätzte Zirkusdirektor.

Eislaufen auf dem Bavariaring war eine beliebte winterliche Vergnügung, nicht nur bei den Kindern. Die Bürger hatten sich in verschiedenen Eislaufvereinen in München organisiert. Später betrieb einer von diesen Vereinen unter dem Protektorat des Prinzen Rupprecht die Anlage einer Eisbahn im Ausstellungsgelände, die spätere Arena-Eisbahn. Sie machte die Eispartien auf der Theresienwiese zunehmend uninteressant.

Das Gelände südlich der Bierkeller, Richtung Bavaria, lud zum Spazieren und Flanieren ein. Bei der Schießstätte hatten sich seit 1870 Gärtner angesiedelt, es gab sechs kleinere Anwesen, die am Gärtnerweg aufgereiht waren. Ihre Gärtnereien wurden später Teil des Ausstellungsparks.

Der Bavariakeller auf der Theresienhöhe um 1900

Der Biergarten des Bavariakeller an der Thersienhöhe, um 1900.

Der Hackerbräukeller auf der Theresienhöhe, um 1920

Der Zirkus Bavaria, 1906 abgebrochen

Auf der Theresienwiese stand im Sommer das Gras hoch, von Georgi (23.April) bis zur Grummeternte (Heuernte) war das Betreten der Wiese verboten. Darüber wachte ein Flurwächter, der mit seinen Hunden um das Gelände streifte. Dennoch zog es die Kinder des Viertels unwiderstehlich dorthin, z. B. um Grillen zu fangen.[28]

J.G. Böhmler, ein Münchner Kaufmann, pachtete von der Pschorrbrauerei auf der Theresienhöhe ein Grundstück zwischen dem Hacker- und Bavariakeller. Dort eröffnete er 1887 ein Panorama, es war das dritte seiner Art in München, die beiden schon bestehenden Panoramen befanden sich in der Goethestraße und in der Thersienstraße. Die Panoramen erfreuten sich schon seit einigen Jahren in verschiedenen Großstäd-

---

[28] vgl. Pitschi, Andreas, a. a. O., S. 44.

Blick vom Hackerkeller in die Schwanthalerstraße, 1905

ten Europas zunehmender Beliebtheit. In diesen nahezu runden Gebäuden wurde durch Malerei und Staffage für den Betrachter eine Illusion von Schlachten, biblischen Szenen oder fernen Ländern erzeugt. Nirgends konnte man so etwas sonst sehen. Das Kino war noch nicht erfunden, und Bilder gab es nur in begrenzten Größen, die in ihren Ausmaßen nicht das Format eines Panoramas erreichten. Das Panorama auf der Theresienhöhe eröffnete seine Schau mit einer Schlachtszene aus dem Deutsch-Französischen Krieg, die Schlacht von Gravelotte. Zwei Jahre später wurde die Szene gewechselt durch ein Panorama aus den deutschen Kolonien. In der Regel wechselten die Szenen, wenn der Publikumszulauf nachließ. Nach einer allgemeinen Flaute der Panoramen zu Beginn der Neunziger Jahre, der eines der Münchner Häuser zum Opfer fiel, brachte das Theresienhöhenpanorama von 1895 bis 1915 in fast ununterbrochener Folge

Schlachtenbilder wie die Schlacht von Orléans, Bazeilles, Lützen, Spicheren, Villiers, Champigny. Das Panorama lockte die Besucher in Scharen an, für die Popularität sorgte hauptsächlich die Presse mit ausführlicher Werbung für jedes neue Bild. Feierliche Eröffnungsveranstaltungen unter Einbeziehung der städtischen und landesherrlichen Honoratioren unterstützten die Veranstalter bei der Absicht, die Ansicht über historische Ereignisse und Stätten auf ihre Art zu verbreiten.

Am 31. Mai 1905 wurde im Panorama auf der Theresienhöhe ein Rundbild eröffnet, das erstmals eine Begebenheit aus der Ortsgeschichte zum Thema hatte. Es zeigte die Sendlinger Bauernschlacht von 1705, auch unter dem Namen Mordweihnacht bekannt geworden. Das Panorama gehörte zu den Höhepunkten der groß angelegten Zweihundertjahrfeiern.

Eislaufen auf dem Bavariaring, 1903

1915 zog ein Brand das Panorama so stark in Mitleidenschaft, daß ein Abbruch unumgänglich wurde.[29]

Wirtshäuser

Die Wirtschaften waren ein wichtiges Element im Leben der Vorstadt. Die Wirtshäuser waren von Beginn an da, während Kirchen, Schulen, Postamt und Geschäfte noch lange Zeit auf sich warten ließen. Ihre Anzahl vermehrte sich, ähnlich wie die Bevölkerungszahlen.

Das Wirtshaus war ein Mittelpunkt des Vorstadtlebens, vor allem für die Männer. Die Bewohner muß-

ten für ihre Kommunikation, Information und Unterhaltung selbst sorgen. Fern der gewachsenen Bindungen von Dorf- oder Heimatstadt mußten die Fremden neue Beziehungsstrukturen aufbauen. Die Wohnungen waren viel zu beengt und häufig auch nur vorübergehend vorhanden, ungemütlich, kalt, bar jeden Komforts und damit kein geeigneter Ort für Geselligkeit. Diesen Platz füllten die Wirtshäuser und Vereine. Für die Vereine wiederum war der Stammtisch oder das Vereinszimmer in der Wirtschaft eine unentbehrliche Existenzbasis.

Der »Postfranzl« in der Landsberger Straße 39 war ein beliebter Treff der Arbeiter der umliegenden Fabriken wie Teerbeck und Augustiner. Das Gebäude wurde 1993 abgerissen.

Zu den frühen Wirtschaften zählte der »Friedenheimer Garten«. 1867 erhielt Ludwig Sedlmayer von der

---

[29] Elisabeth Obereisenbucher-Ruhland, Die Münchner Panoramenmalerei im 19. Jahrhundert, München 1980, M.S.

Gaststätte »Zum Postfranzl«, Landsberger Straße 39, um 1938

Friedenheimer Garten, Landsberger Straße 96, um 1950

Restaurant »König Ludwig« in der Tulbeckstraße 9, 1907, die Gesellschaft feiert ein Familienfest

Gemeinde Neuhausen die Konzession, eine Wirtschaft in der Landsberger Straße 96 zu eröffnen. Zum »Friedenheimer Garten« gehörte ein Biergarten. Am Wochende waren immer Tanzveranstaltungen.

Der »Ligsalzhof«, in der Ligsalzstraße 23, ist eine Gründung von 1878/79, er war Eigentum der Unions-, später Löwenbrauerei.

Die »Schwalbe« in der Schwanthaler Straße 149 hat schon 1883 bestanden und existiert heute noch.

Die Kellnerinnen erhielten von den Wirten keinen festen Lohn und waren deshalb dringend auf die ohnehin kleinen und kleinsten Trinkgelder angewiesen. Kellnerin war ein wenig geachteter Beruf, die Wirte besaßen gegenüber ihrem Personal das Züchtigungsrecht.

Im Gasthaus »Trompeter von Säckingen«, in der Trappentreustraße 23, verkehrten die Arbeiter der nahe gelegenen Gummifabik Metzeler.

Das Gasthaus »Schaftlacher Hof« in der Ligsalzstraße 34 gab es seit 1912. Der Inhaber Willi Hofmann betrieb neben dem Wirtshaus auch eine Metzgerei, das war eine übliche Verbindung. Das Wirtshaus hat bis 1926 existiert.

Ein Chronist der Schwanthalerhöh' schreibt, daß es rings um die Kreuzung Westend-/Holzapfelstraße im Umkreis von 200 Metern einst 16 Wirtshäuser gab, von denen manche eigene Schlachthäuser hatten. Die Wirtshäuser hießen »Bischofshof«, »Zum Pferdebahnhof«, »Bernrieder Hof«, »Oberpfälzer Hof«, »Drei Hirschen« und »Zum Holzapfel«.[30]

Hochzeiten, Kindstaufen, Leichenschmäuse – fast alle Geselligkeiten fanden im Wirtshaus statt. Am Wochenende spielten die Musiker zum Tanz auf.

[30] Spengler, Karl, Die seltsame Rass' auf der Schwanthalerhöh', in: Schönes altes München, München 1965, S. 74.

Gasthaus »Schwalbe« in der Schwanthaler Straße 149, um 1900

Volkssänger sangen ihre Couplets, die Musiker und Sänger verdienten sich auf diese Weise etwas hinzu, nur wenige lebten ausschließlich von solchen Auftritten.

So mancher Eisendreher oder Bierausfahrer holte am Freitagabend sein Bandoneon hervor und »ging auf Schub«, wie das Umherwandern der Musiker durch die Wirtshäuser unter den Zeitgenossen hieß. Bis nach Großhesselohe, in die Waldwirtschaft, reichte das Einzugsgebiet der Musiker aus der westlichen Vorstadt. Ein Couplet von dem Volkssänger S. F. Holzapfel ist erhalten geblieben und erzählt von der rauhen Wirklichkeit jener Zeit:

»Hab'n s' a Idee von der Schwanthalerhöh'!

Die Münchener Vorstädt sind interessant,
Deshalb sind sie überall auch bekannt,
Von der Au und von Giesing sehr vieles man spricht,
Aber nur eines, das paßt mir halt nicht,
Daß man vom Westend so selten was hört,
D' Schwanthalerhöh' i's do a no was wert,
Darum sing ich jetzt ein neues Couplet,
Hams a Idee, von der Schwanthalerhöh!

Schaut man sich ein' von der Schwanthalerhöh,
Einmal so recht genau an von der Näh,
Hat meiner Seel man daran seine Freud,

Gasthaus »Schaftlacher Hof« in der Ligsalzstraße 34, 1912   *Gasthaus »Adlerhorst«, Landsberger Straße 115, um 1910*

A solches Gwachs, so a Urwüchsigkeit!
Und erst die schöne Sprach, in München West!
War ja nix a hast g'hört, also verschtest!
Mach koane Espes, du Linkstock, tu geh! –
Hams a Idee, von der Schwanthalerhöh !

Dort war es öfters als einmal schon da,
Daß einer mit fünfzehn Jahr wird Papa,
D' Mäderl, natürlich, die bleib'n a net zrück,
Denen blüht sehr oft – Familienglück!
Mit achtzehn Jahr hat fast jede was kleins,
Wird eine zwanzig, hat immer noch kein's
Die macht Gewissensbiß' sich dann o je -
Hams a Idee, von der Schwanthalerhöh !

In einer Wirtschaft war kürzlich ich dort,
Da ham's schlecht eingschenkt, ich sagte sofort,
Sie bitte tun sie da mehrer hinein!
Der sagt drauf: S'nächste mal, tritt i dirs ein!
Jetzt hast fei Zeit, daß Di, gschwindi verlierst
Sunst mach i Brat aus Dir, na kimmst in d'Würst!
Du fader Komiker, tu nur grad geh'!
Ham's a Idee von der Schwanthalerhöh !

A Liebeserklärung, zu hören dies i's nett!
A Schwanthalerhöher, der weiß wie ma redt!
Du windige Schäsen, hau di zum Gewäsch!
I bin der Schorsche, bei mir da ists fesch!
Mach koane Tanz, weil man mi net derbleckt

59

Gasthaus »Trompeter von Säckingen«, Trappentreustraße 23, 1911

Balst mi net magst, werd dir's Hausdach zudeckt,
Tu mir nix schnabeln, dös andere woaßt eh !
Hams a Idee, von der Schwanthalerhöh!«[31]

In welcher Wirtschaft man verkehrte, war abhängig
von der Wohnlage und der Vereins- oder Parteizuge-
hörigkeit. In der Regel benutzten die Bewohner die
»Boazn«, die in »ihrem Stock« lag, d. h. die nächste
Eck- oder Straßenwirtschaft. Wer Bier wollte, mußte
in die Wirtschaft gehen. Die Wirte lebten vom Ausschank des Faßbieres. Der Banzn, der auf Böcken
hinter dem Schanktisch lag, gab der Gaststätte die
Milieubezeichnung: »Boazn«. Frisches Essen gehörte
zur Selbstverständlichkeit der »Boazn«. Das Flaschenbier gewann erst viel später an Bedeutung. In der
»Gassenschenke«, einem kleinen Ausschankfenster
der Wirtschaft, das zum Hausgang lag, holten die
Kinder mit dem Keferloher, dem Maßkrug, die Drei-
quartel für den Vater.

Das Westend – ein Villenvorort?

Die westlichen Vororte und Stadtteile der meisten
europäischen Städte sind aus klimatischen Gründen
grüne Viertel. Eine solche Entwicklung wurde für das
Westend schon sehr früh anders entschieden. Die
Fabrikansiedlungen zwischen Landsberger und Westendstraße zogen Mietshäuser einfachster Art nach
sich, an drei Seiten hielt die Eisenbahn das Viertel »im
Arm«. Dennoch blieb gegen Sonnenaufgang lange
Zeit ein Hoffnungsstreifen für Hausbesitzer und Vil-
lenbewohner, der zum Feigenblatt wurde. Dieser
Streifen war das Gelände der Theresienhöhe. Hier
oben thronten der Hacker- und Bavariabierkeller, die
neue Schießstätte nebst der Dame Bavaria mit Ruhmeshalle und ließen kaum ahnen, wie anders das
Leben hinter ihren Rücken aussah.

---

[31] Der Volkssänger Nr. 2, 2. Jg, 1. 2. 1910.

Luftaufnahme Bavariapark und Schießstättgelände um 1905, links hinten das Panorma-Atelier

1874, nach Aufhebung des Bauverbotes auf der Theresienhöhe, unterbreitete der Hofgartendirektor Effner einen Bebauungsplan, der hinter der Schießstätte zwischen heutiger Kazmair- und Heimeranstaße eine Villensiedlung vorsah.

Der Rechtsanwalt Kohl sprach das Problem direkt an: »Baut's halt a Palais und schenkt es an Prinzen, nacha werd aus der Schwanthalerhöh' a wos.«[32]

Die Vorstellungen Effners griff der Architekt Georg Hauberrisser 1878 auf und entwarf ebenfalls ein Projekt für Villen auf der Theresienhöhe. Jakob Heilmann, Bauingenieur und -unternehmer befürwortete begeistert diese Pläne.

Die Bebauungsrichtlinien der Stadt beschränkten sich allerdings nur auf die Hangkante. Damit wurde

den hochfliegenden Plänen der Architekten der Boden entzogen. Der Brauereibesitzer Pschorr, der große Grundstücke auf der Höhe besaß, ließ Mietzinskasernen bauen. Das Gelände zwischen Schießstätt-/Parkstraße und Kazmair-/Gollierstraße gehörte 1895 trotz sogenannter offener Bauweise, d. h. die Mietshauser hatten vorgeschriebene Mindestabstände, zu den am dichtesten bewohnten Straßen Münchens.[33]

Die Haltung der Stadtverwaltung zu dieser baulichen Entwicklung, ihr mangelndes Durchsetzungs- und Strukturvermögen wurde immer wieder der Kritik unterworfen, allerdings mit wenig Erfolg. Als die Mietshäuser von Norden und Westen immer mehr in Richtung Bavariapark und Schießstätte wuchsen, entstand Handlungsdruck. Seine Königliche Hoheit Prinz Ludwig von Bayern gebot höchstpersönlich, eine Entwicklung zu verhindern, bei der irgendwann die Ruhmeshalle von Mietshäusern überschattet wird.[34]

---

[32] Spengler, Karl, a. a. O., S. 74.
[33] vgl. Bleek, Stefan, a. a. O., S. 118 f.
[34] vgl. Bleek, Stefan, a. a. O., S. 121 f.

Seit 1872 war der Bavariapark hinter der Ruhmeshalle der Öffentlichkeit zugänglich. 1897 verkaufte Matthias Pschorr zwei an den Bavariapark angrenzende Grundstücke an die Stadt München. Der Kaufpreis wurde in einer Stiftung »Matthias Pschorr'sche Bavariastiftung Monachia« angelegt.

Zwischen 1903 und 1905 gab es eine kleine Attraktion neben dem Parkgelände in Richtung Sendling. Dort befand sich das Atelier der Künstler Anton Hofmann und Fritz Naumann, in Form eines provisorischen Panoramas. Dieses Panorama wurde für die Herstellung des Bildes zur Sendlinger Mordweihnacht errichtet.

Der Anschluß ans Trambahnnetz

Die erste Trambahn fuhr nur an die Schwanthalerhöh'. Es war die Pferdebahnstrecke, die vom Hauptbahnhof durch die Bayerstraße bis zum »Fuße der Theresienhöhe« seit 1876 fuhr. Die Einrichtung galt den Besuchern des Oktoberfestes.

1884 wurde die Strecke bis zur Bergmannstraße gebaut, und erst 1888 konnte die Strecke bis zur Barthstraße in Betrieb genommen werden. Die Tram fuhr durch die heutige Landsberger Straße.

Wegen Schwierigkeiten mit der Gemeinde Neuhausen war die Strecke ab Höhe Bergmannstraße nur eingleisig ausgebaut.

1886 erwarb die Stadt an der Barthstraße ein großes Grundstück vom Sterneckerbräubesitzer. Auf diesem Gelände, zwischen Westend und Guldeinstraße, die beide noch nicht bebaut waren, errichtete zwischen 1888 und 1889 die Trambahn AG ein Straßenbahndepot. Das Betriebsgebäude besaß eine Hufschmiede, Aufenthaltsräume für die Kutscher und Kondukteure, eine Halle für 60 Wagen, Pferdeställe für 60 Tiere und ein Heu- und Strohmagazin. Im Obergeschoß befanden sich Dienstwohnungen. Ab 1889 war hier der dritte Betriebshof der Münchner Tram in Betrieb. Die Strecke von der Barthstraße zum Hauptbahnhof kostete 20 Pfennig. Für die meisten Westendbewohner war das zu teuer, sie gingen zu Fuß. Den Gewerbetreibenden und Geschäftsleuten des Viertels bedeutete die Tram eine gewaltige Verbesserung.[35]

Ab 17. Juli 1895 wurde die »grüne Linie« von der Landsberger Chaussee, heute Landsberger Straße, bis zum Südportal des Schwabinger Nordfriedhofes, auf einer Länge von 7580 Metern gefahren. Ein Teil der Strecke war elektrifiziert.

Ab 19. Februar 1900 fuhr die erste elektrische »grüne Linie« von der Landsberger Chaussee-/Barthstraße bis zum »Großen Wirt« in Schwabing.[36] Als Anhänger fungierten noch die Pferdebahnwagen. Das Depot an der Barthstraße baute man im Zuge der Umstellung der Antriebskraft als Betriebswerkstätte für Motorwagen um. Die Tram hatte hier bis 1934 eine »Unterkunft«, dann wurde die Werkstatt zur Lastwagenreparaturwerkstätte. Das moderne neue Depot an der Westend-/ Zschokkestraße hatte seinen Betrieb aufgenommen.

Für die »Elektrische« gab es einen neuen Einheitstarifplan, nachdem sich die Fahrt zum Bahnhof verbilligt hatte. Sie kostete nunmehr nur noch 10 Pfennige.

Am 2.9.1907 wurde die Strecke Max-Weber-Platz / Lucile-Grahn-Straße und Martin-Greif-Straße / Kazmair-Astallerstraße eröffnet. Mit Inbetriebnahme dieser Linie bezog ein ständiger Weichensteller am Hackerberger'l seinen Posten. In eine Nische der Pschorr-Bräuhausmauer zwängte sich ein Holzhäuschen, das dem Posten Unterschlupf bot. Zu Zeiten der Pferdebahn stand unten am »Hackerberg'l« ein zweites Pferd bereit, das mit eingespannt wurde, um die Tram »auf die Höhe« zu ziehen.

Zum Betrieb der Tram gehörten die »Schienenweiblen«. Schon in den frühen Morgenstunden begannen diese Frauen ihre Arbeit. Ihr Werkzeug bestand aus einem Zweiradwagen, auf dem sie eine große Gießkanne, einen Hydrantenschlüssel, einen Schienenbesen und eine Ritzenschaufel mitführten. Sie reinigten und warteten das gesamte Schienennetz der Trambahn. Trambahnritzenreinigerin war neben Kellnerin, Ladenhelferin und Mörtelweib einer der angelernten Frauenberufe.

Nach dem Abschluß des Innennetzes begann der Aufbau eines Straßenbahnaußennetzes. Am 28.1.1908

[35] vgl. Wahler, J., Die Trambahngeschichte im Westend, München o.J., M.S.

[36] vgl. Wasil, Heinrich, Münchner Tram, Düsseldorf 1976.

Elektrische Linie 29, um 1920

schloß die Stadt München einen Garantievertrag mit der Nachbarstadt Pasing ab. Pasing war wegen seiner Bäder an der Würm, Gartenwirtschaften und nahen Waldwegen ein vielbesuchter Ausflugsort.

Die neue Strecke führte durch das Westend über die Landsberger Straße hinaus zum Marienplatz nach Pasing.[37] 1930 wurde sie als Erste und Einzige zur Eillinie ausgebaut.

Kindheit in der Vorstadt

Kinder gab es auf der Schwanthalerhöh' immer mehr als genug, acht oder zehn pro Familie waren keine Ausnahme. In einer Arbeiterfamilie, die in der Regel zwei bis drei Zimmer bewohnte, lagen die Kinder zu zweit oder zu dritt in einem Bett, anders ging das nicht. Die Wohnungen waren teuer und das Einkommen der Arbeiter gering, auch wenn die Frau mitar-

beitete, reichte es kaum zum Leben. Schuhe gab es allenfalls im Winter, ganz selten waren sie neu. Die Kinder, die da aufwuchsen, kannten keine anderen Verhältnisse, sie spielten draußen »Schussern und Drallern« (Kugel- und Kreiselspiel) auf Gehsteig und Straße, wie alle Kinder jener Zeit. Das draußen Spielen war kein Merkmal der Armut, allerdings waren die Kinder der Ärmsten fast nur auf der Straße. Die Straßen, Wege und Plätze des Viertels gehörten noch den Kindern. Autos kannten sie nicht, dem Fuhrwerk liefen sie hinterher, und wenn sich die Straßenbahn den Anstieg zum Barthstraßendepot hinaufquälte, war es größtes Kinderglück, ein Stück hintenauf mitzufahren. Wenn der Eiswagen kam, der regelmäßig das »Kühlaggregat« für den Eisschrank lieferte, hofften die Kinder immer auf ein Stück, an dem sie dann genüßlich »suzzelten«. Der Eisitaliener »Scarlatti«, der in den 20er Jahren das Speiseeis verkaufte, war da noch nicht bekannt. Zwischen Ganghofer- und Barthstraße gab es noch viele Wiesen, in der heutigen Kazmairstraße weideten die Schafe.

---

[37] vgl. Wasil, Heinrich, a. a. O.

Die Familie Spindler aus der Guldeinstraße mit ihren 10 Kindern um 1935.

Dennoch war es keine Idylle, die Kinder waren selten satt, immer mangelte es am Geld.

In der schulfreien Zeit des Sommers begannen, besonders für die Buben, die großen »Kämpfe« mit den »umwohnenden Völkern«. Das waren die »Stadterer« aus der Ludwigsvorstadt, die Neuhauser und die Kapuzinerstraßler. Einige Geschichten erzählen davon, daß »gefangene Sendlinger« mehrere Tage lang in Verstecken auf der Schwanthalerhöh' festgehalten wurden.

Zwischen Ganghoferstraße und Bavariapark lag die sogenannte »Lechnergrube«, eine ehemalige Sandgrube, auf deren Grund ein Wassertümpel verschiedenen Tieren Lebensraum bot. Die Kinder sammelten dort Kaulquappen, Frösche und Eidechsen. Bisweilen gab es »Besitzerkämpfe« zwischen den Sendlingern und den Schwanthalerhöhlern um diese Schätze. Die Reste der Sandgruben waren ein Kinderparadies. Die Gruben lagen etwa parallel zum Südbogen der Bahn zwischen Westend- und Ganghoferstraße. Die größte Sandgrube, die der Stadt gehörte, grenzte an die spätere Kazmairwiese. Im Sommer schwammen die Kinder auf ausrangierten Brettern auf den Tümpeln herum und spielten »Floßfahrt«. Im Winter wurden die »Schraubendampfer« an die Schuhe montiert, um den vielfältigen Vergnügungen auf dem Eis beizuwohnen.[38]

Zum Alltag der meisten Kinder gehörte der »Gang in die Anstalt«. Wenn die Eltern bei der Arbeit waren und die großen Geschwister in der Schule, konnten die Kleinen nur schwer daheim unbeaufsichtigt bleiben. Nachbarn und Verwandte teilten sich in die Betreuung so gut sie konnten, sicherer und geregelter war aber der Tag bei den Schwestern in der Bewahranstalt.

---

[38] vgl. Pitschi, Andreas, a. a. O., S. 45.

64

Stadtteil

Das Westend – ein neuer Stadtbezirk

Seit 1. Januar 1877 gehörten die Fluren der Sendlinger Haide, die Teile der Landgemeinde Sendling waren, zur Stadt München. Im Zuge dieser Eingemeindung wurde der Hadererweg in Westendstraße umbenannt. Ab 1890 gab es das »Westend« als selbständigen Stadtbezirk. Zum neu entstandenen XX. Münchner Stadtbezirk kamen auch die Grundstücke der Gemeinde Neuhausen, von den Bewohnern auch Friedenheim genannt. Westend meinte noch das westliche Ende der Stadt. Die ansässige Bevölkerung begriff sich, von der Hangkante bis zur Ganghoferstraße, als »Schwanthalerhöh'ler«, der westlichere Teil wurde, besonders von den Kindern, als »Astaller«, nach der dortigen Straße, oder mit »hinten im Westend« bezeichnet. »Westend« war lange eine Benennung, die lediglich auf öffentlicher- und Verwaltungsebene üblich war. Das Westend ist der einzige Münchner Stadtbezirk, der nicht nach einem alten Flur- oder Ortsnamen benannt wurde.[1]

Zwischen 1880 und 1890 verdoppelte sich die Bevölkerung, der neue Stadtbezirk Westend hatte 22 000 Einwohner. Das Viertel wuchs baulich nicht nur in Länge, Breite und Höhe, auch innerhalb der Häuser nahm die Zahl der Bewohner zu. Diese Zunahme war aber nicht etwa nur auf eine Geburtensteigerung zurückzuführen, sondern auf das »Zusammenrücken« der Mieter aus finanziellen Gründen. So wurden 1885 in der Gollierstaße pro Anwesen 85,5 Einwohner gezählt. Die Gollierstraße war die am dichtesten bewohnte Straße im Westend. Am Randbereich der Theresienhöhe, der eher hochherrschaftlich bewohnt war, wurden dagegen nur 14 Einwohner pro Anwesen gezählt.[2] Die Kazmair- und die Gollierstraße zählten seit 1890 zu den fünf am dichtesten bewohnten Straßen Münchens. Dabei hatten die meisten Wohnungen nur ein beheizbares Zimmer. Karl Spengler schreibt: »Die Wohnungen in den Mietshäusern waren Kleinsthöhlen von zwei Zimmern, ohne Vorplatz oder Gang fiel man vom Treppenhaus in die Stube, Wasser- und Klosettanlagen, die sich die Mieter teilen mußten, befanden sich außerhalb der Wohnungen.«[3]

Solche Zustände herrschten auch in anderen deutschen Städten. Die Bewohner kannten aus ihrer ländlichen Heimat kein Badezimmer, und das Klo war da »über den Hof«. Soweit waren sie die Verhältnisse gewohnt. Auch das Schlafen zu viert oder fünft in einem Bett und die nicht vorhandenen Sommerschuhe waren nichts Neues. Neu aber war die Hoffnung, die Hoffnung auf eine selbst gegründete Existenz, die sie sich hier in der Stadt erarbeiten wollten. Der Umgang damit war so verschieden wie die Menschen selbst.

Die Entwicklung des Westends trat nach 1890 in eine Phase der Konsolidierung. Der Aufbau der Infrastruktur hatte begonnen. Das Viertel entwickelte ein eigenes Gepräge. Es war ohne Zweifel ein Arbeiterviertel.[4]

Die Bergmannschule – das zweite Schulhaus

Bereits wenige Jahre nach Eröffnung der Schrenkschule im Jahre 1882 war der Bedarf an Schulplätzen so groß, daß nur ein Neubau Abhilfe schaffen konnte. Durch die Bodenspekulationen beim Ausbau des Viertels waren die Grundstückspreise in die Höhe geschnellt. Die Stadtverwaltung war nicht mehr in der

---

[1] vgl. Bleek, Stefan, Quartierbildung in der Urbanisierung, München 1991, S. 127.

[2] vgl. Ebenda, S. 118.

[3] Igerl, Franz, 100 Jahre Bergmannschule München 1991, S. 16.

[4] vgl. Bleek, a. a. O., S. 132 f.

Die Klasse 2 a vor der Bergmannschule, 1919

Lage, die umfangreichen Mittel für ein Grundstück aufzubringen. Nur mit Hilfe einer Spende des Besitzers der Spatenbrauerei, Kommerzienrat Gabriel Sedlmayr, konnte die Stadt das Grundstück für die zukünftige Bergmannschule erwerben. Sedlmayr hatte der Stadt, in Anbetracht des gemeinnützigen Zweckes, den Boden für 10 Pfennig pro Quadratfuß verkauft.

Friedrich Löwel, Architekt des städtischen Hochbauamts, entwarf die ersten Pläne für den Neubau. Löwel projektierte von 1887 bis 1890 sieben Volksschulen in München. Wegen Löwels Überlastung führte der Architekt Carl Hocheder das Projekt weiter. Im Herbst 1889 begann der Bau der Schule. 1891 bezogen 1300 Schüler, getrennt nach Mädchen und Buben, die neue Schule. Die Klassen waren nach heutigen Vorstellungen riesig. Jedes Schulzimmer

hatte Platz für 72 Kinder. Es gab noch keine mehrzügigen Klassenstufen. Jede Münchner Volksschule hatte sieben Knaben und sieben Mädchenklassen. Seit 1856 galt in Bayern die siebenjährige Schulpflicht. Bis zu diesem Zeitpunkt war der Besuch der Schule nur fünf Jahre Pflicht gewesen. Die praktische Durchsetzung der längeren Schulzeit hat, nicht zuletzt mangels ausreichender Örtlichkeiten, viel länger gedauert. In München zählte der Jahresbericht der Schulen von 1869/70 nur drei siebente Klassen für Knaben und vier für Mädchen. 1894 waren es dann schon 28 Knaben- und 31 Mädchenklassen, die eine siebenjährige Volksschulzeit absolviert hatten.[5]

[5] vgl. Gebele, Joseph, Das Schulwesen der kgl. bayr. Haupt- und Residenzstadt München, München 1896, S. 201.

Schulhaus an der Bergmannstraße, erbaut 1891

Die Bergmannschule wurde von ihrem ersten Schulleiter, dem Oberlehrer Joseph Gebele, als Musterbau bezeichnet. Das gründerzeitliche Gebäude war großzügig angelegt und bot Platz für 30 Schulzimmer, 2 Turnsäle, ein Brausebad im Keller und diverse Nebenräume nebst Suppenküche mit Speisesaal für die Armen. Das Haus hatte Gasbeleuchtung. Die Schule setzte Maßstäbe für die damaligen Vorstellungen von Größe und Komfort einer solchen Institution. Die neuen größenverstellbaren Schulbänke stellten eine Attraktion dar. Jeweils am Jahresanfang wurden die Kinder gemessen und die Bänke auf unterschiedliche Höheneinstellungen gebracht. Auf einer Schulbank saßen vier Kinder.[6]

Die Bergmannschule stand zunächst noch auf der »grünen Wiese«, der Bau der Rupertuskirche wurde erst 1903 fertiggestellt.[7] Die nächsten Baumassen waren die Fabrikgebäude der Firma Metzeler.

Sechs Jahre nach Bauvollendung der Bergmannschule, 1897, wurde der Gollierplatz angelegt.

[6] Gebele, Joseph, a. a. O., S. 195 f.
[7] vgl. Igerl, Franz, a. a. O., S. 20 ff.
[8] vgl. Klass, Gert von, Metzeler, München 1964, S. 30.

Metzeler erobert die Luft

Die Firma Metzeler hatte zum Luftraum zwei recht unterschiedliche Beziehungen. Zum einen war Metzeler mit der Entwicklung der Luftfahrt aufs Engste verbunden. Durch diesen neuen Zweig der Industrie und Verkehrstechnik konnte die Firma ihre Produktion entscheidend ausbauen. Aus dem ehemals kleinen Unternehmen für Gummiwaren und Guttapercha wurde nach 1890 ein weltbekannter Hersteller.

Zum anderen war die Produktion des Betriebes nicht nur mit fortwährender Luftverschmutzung, sondern auch mit regelmäßigen Bränden verbunden, deren Rußausstoß oft tagelang das Viertel einhüllte. Die »Münchner Neuesten Nachrichten« berichteten am 3. Januar 1889 über den Brand bei Metzeler am Vortag: Nachdem die über 250 beschäftigten Arbeiter dem Feuer nicht mehr Herr werden konnten, wurde um 3.44 Uhr Großfeuer auf dem Frauenturme angeschlagen. Als erstes kam die Feuerwehr der Zentralwerkstätte, dann die Neuhauser Feuerwehr und die ständige Feuerwehr. Vier Hydranten spendeten Wasser, auch der im Pferdebahndepot Barthstraße befindliche Hydrant war angeschlossen. Die Löscharbeiten dauerten die Nacht hindurch. Die betroffenen Räume wurden schwer beschädigt, aber es war gelungen, eine totale Ausbreitung des Feuers auf die Fabrik zu verhindern, nun mußten lediglich 50 bis 60 Arbeiter für einige Zeit die Arbeit liegen lassen.[8] Brände waren in dieser Fabrik so häufig, daß sich die Anwohner schnell an das begleitende Spektakel gewöhnten.

Die Entwicklung der Luftfahrt in Deutschland begann mit dem Freiballon in den achtziger Jahren des 19. Jahrhunderts. Den ersten flugtüchtigen Ballon erfand Montgolfier bereits im 18. Jahrhundert in Frankreich. Doch erst zu Ende des 19. Jahrhunderts gewannen die Luftfahrzeuge für militärische, wissenschaftliche und sportliche Zwecke an Bedeutung. Die Aufgabe bestand vor allem in der Erfindung eines Materials, das gasdicht, leicht, zusammenlegbar, spannfähig und nicht zu teuer war. Metzeler entwickelte 1890 als erste Fabrik der Welt ein Verfahren, Gewebe aus Baumwolle und Leinen vielschichtig zu gummieren. Der Erfolg dieser Erfindung veranlaßte die Firma später, eine eigene Ballonfertigung einzurichten.

Die Erfindung des metallisierten Ballonstoffes mit Aluminiumüberzug, ließ sich die Firma in Deutschland, Frankreich, England, Spanien, Belgien, Italien und Japan patentieren. Dieser Ballonstoff war auch für den Bau der Luftschiffe, der seit 1900 forciert wurde, bis hin zum Zeppelin von großer Bedeutung.

Das Zeitalter der Flugzeuge begann 1903 mit den ersten gesteuerten Motorfliegern. Von der ersten »Internationalen Luftschiffahrtausstellung«, in Frankfurt a.M. 1909, erhielt der Bau von Luftapparaten in Deutschland entscheidende Impulse. Für die Bespannung der Tragflächen, der Höhen- und Seitenruder benutzten die Hersteller der Flugapparate Metzeler-Fliegerstoff. Die Entwicklung der Flugtechnik erhielt ihre entscheidenden Impulse immer wieder durch die Rüstung. So bestellte beispielsweise 1912 das Bayerische Kriegsministerium 6 Ballone bei Metzeler.

Bereits seit den 90er Jahren des 19. Jahrhunderts hatte Metzeler Anteil an einer anderen neuen technischen Erfindung, an der Bereifung. Die Entwicklung des Fahrrades, die vor allem in England technisch vervollkommnet wurde, führte zu einer »Fahrradbegeisterung«, die 1869 ihren ersten Höhepunkt erlebte. Die ständig wachsende Nachfrage begünstigte die industrielle Fertigung. Um 1890 stellten die bis dahin auf Hochräder spezialisierten Hersteller ihre Produktion auf Niedrigräder um. Die Durchsetzung des Niederrades beförderte die Verbreitung des Fahrrads vom anfänglichen Luxusgerät zum Verkehrsmittel enorm.

Das Fahrrad war lange Zeit ein Gegenstand, der nur von sehr »betuchten« Leuten erworben wurde. Ein solcher Kauf dokumentierte besondere Innovationsfreude und Weltgewandtheit. Zu dieser Zeit war in Amerika das Radfahren schon sehr in Mode gekommen. 1881 mußten die Kunden in München für ein Fahrrad noch 400 Goldmark bezahlen. 1883 entstand die »Erste Münchner Veloziped-Fabrik« des Jean Strobel. Seine Familie kaufte 40 Jahre später für ihr Unternehmen ein Grundstück im Westend. Jean Strobel war ein Erfinder, Lebenskünstler und Unternehmer, der typisch war für die neuen Persönlichkeiten der jungen Industrie im deutschen Kaiserreich. Wenn er mit seiner Frau auf dem Hochradtandem durch Münchens Straßen strampelte, gab es Menschenauf-

läufe. Als gar die Kinder auf den neumodischen fahrbaren Untersatz gesetzt wurden, schrien die Passanten den Radlern nach: »Rabenvata! Rabenmuatta! Wia ma nur sei eigns Fleisch und Bluat a so schindn ko!«[9]

Es soll wenig später die finstere Prophezeiung gegeben haben: »So weit kummt's no, daß d' Kinder in d' Schul radeln!«[10]

Nach der Jahrhundertwende wurde das Radfahren in bürgerlichen Kreisen »chic«. Ein Fahrrad war nun auch für einen gut bezahlten Angestellten erschwinglich, und das Fahren wurde ein Sport, ähnlich wie Skilauf und Schwimmen, der den neuen Zeitgeist ausdrückte.

Das Fahrrad wurde für Metzeler ein neuer und einträglicher Produktionszweig. Die Pneumatiks, wie die Reifen damals hießen, ließ Metzeler erstmals 1892 patentieren als »Gummireifen mit gewölbeartigem Querschnitt und Lappen an den Enden für Fahrräder«.[11] 1893 brachte die Firma ihren patentgeschützten Bavaria Fahrradreifen auf den Markt. Diese Reifen hatten noch keinen Schlauch und kein Ventil, sondern mehrere luftgefüllte Kammern, so daß beim Platzen einer oder zweier Kammern mit dem Reifen weiter gefahren werden konnte. Zu dieser Zeit ließen sich die Damen noch mit großem Ernst das Radfahren von einem Radlehrer beibringen. Zur Freude der Kinder des Viertels waren solche »Attraktionen« hin und wieder auf dem Bavariaring zu beobachten.

1895 war die Entwicklung des Reifens mit Luftschlauch soweit ausgereift, daß Metzeler Gebrauchsmusterschutz anmeldete. Die Herstellung der »Metzeler's Pneumatiks«, wurde ein erfolgreiches Geschäft. Seit 1898 befaßte man sich bei Metzeler mit Auto-Pneus. Auch beim Autoreifen vollzog sich die Entwicklung von Reifen mit und ohne Luftschlauch gleichzeitig. Der Schlauchreifen setzte sich erst nach dem ersten Weltkrieg durch. Noch waren die Straßen und Chauseen für Pferdefuhrwerke gebaut, die Schotterdecken bedeuteten eine schwere Belastungsprobe für die Fahrzeugreifen.

---

[9] Strobel, O., Strobel, A., Heiss, W., Wiechmann, K., 75 Jahre Strobel, München 1958, S. 6.
[10] ebenda, S. 6.
[11] vgl. Klass, Gert von, a. a. O., S. 52.

Metzeler's Münchener Pneumatik

darf als eine unserer besten und, ihrem äussern dauernd w e i s s e n Aussehen nach, entschieden als die eleganteste Bereifung angesehen werden. Zahlreiche unbefangene Urteile stimmen mit der auf Grund praktischer Erprobung beruhenden Anschauung des Verfassers vollständig überein, dass das Metzeler'sche Fabrikat, das nur in der einen Art (glatt und non slipping) hergestellt wird, besonders auf den schlechten und holprigen Strassen Bayerns, sowie auf den Gebirgsstrassen allen Anforderungen genügte, welche ein Fahrer bei rücksichtslosester und strengster Benützung an dasselbe stellen muss. Als T o u r e n r e i f steht die Metzeler'sche Pneumatik rühmlich auf der Höhe technischer Vollendung. Zum Beleg — aus zahlreichen — möge hier angedeutet werden, dass der Meisterschaftsfahrer des S. R.-B. K u r t W a l d - Leipzig auf ein und derselben M e t z e l e r - Garnitur ab 1. März 1895 bis 1. Januar 1896 über 22,300 km gefahren hat.

Werbung der Firma Metzeler

Werbung der Firma Metzeler

Das Unternehmen Metzeler zählte vor dem ersten Weltkrieg zu den acht größten des deutschen Reiches und hatte 1000 Arbeitsplätze.[12]

Die Gummiarbeiter und -arbeiterinnen gehörten lange nicht zu den Käufern der Fahrräder, sie verrichteten die kräfteschindende Akkordarbeit. Eine Versammlung 1897 im »Bürgerhof«, die die Beschäftigten zum Beitritt in einen Gewerkschaftsverein aufruft, beschreibt die Arbeitsbedingungen: Für die schlechten Akkordsysteme gab es einen erbärmlichen Lohn. Arbeiterinnen bekamen 70 bis 80 Pf. täglich für zehnstündige Arbeit, Männer 80 Pf bis zu einer Mark!

Ein rigoroses Strafsystem verschärfte die Bedingungen, für zwei Minuten Zuspätkommen wurde eine Stunde abgezogen. Schwätzen wurde mit 50 Pf bestraft und Fehler bei der Arbeit mit einem halben Monatslohn. Die Arbeitsbedingungen schätzte die Versammlung als sehr gesundheitsschädigend ein. »Eine der ungesündesten Werkstätten sei u.a. die Vulkanisiererei; hier dürfe nicht gelüftet werden, weil die Masse und das Material Schaden erleiden würde; daß aber die Gesundheit des Arbeiters am ärgsten Schaden leidet sei scheinbar Nebensache; wenn aber der Fabrikinspektor den Fabrikhof betrete, werden flugs überall die Fenster aufgerissen, so daß derselbe zu Beanstandungen meist keinen Anlaß habe. Wie ungesund das Vulkanisieren sei, beweist, daß ... bereits vier Arbeiter geistesgestört wurden.«[13] Die

---

[12] vgl. Klass, Gert von, a. a. O.
[13] Vogt, Fritz, Droben auf der Schwathalerhöh' und hinten im Westend, München 1987, S. 32.

Fahrradreifen-Abteilung in der Hofgummiwarenfabrik Metzeler & Komp., um 1906

nahezu unerträglichen Bedingungen formierten den Protest.

Am 14. November 1905 traten 34 Arbeiter und zwei Arbeiterinnen in den Streik. Nach 14tägigem Ausstand erreichten sie eine 33 1/3 % Lohnerhöhung und eine Arbeitszeitverkürzung von einer halben Stunde. Der Verband der Fabrikarbeiter Deutschlands schloß 1912 einen Tarifvertrag mit der A.-G. Metzeler & Cie., der durch den Krieg, bereits zwei Jahre später, wieder aufgehoben wurde. Der Arbeitstag in der Fabrik betrug laut Vertrag neuneinhalb Stunden, nach 6jähriger Dienstzeit bekamen die Arbeiter 3 Tage Urlaub. Für die Reifen-, Kocherei- und Walzarbeiter wurden 5 Minuten fürs Händewaschen mittags und zum Feierabend ausgehandelt. Die Frauen und Männer, die mit Säure hantierten, bekamen von der Firma eine Schürze gestellt. Auch zur Entlohnung, den Überstunden und der Kündigung wurden verbindliche Vereinbarungen getroffen. Für viele brachten diese neuen Regelungen keine Veränderungen. Gewerkschaftstarife galten in der Regel nur für Facharbeiter, die Ungelernten bekamen weiterhin keine angemessene Bezahlung.

Metzeler war für die Bewohner des Viertels ein typischer Geruch. Kein Wohlgeruch, sondern ein brenzliger Gestank ging von der Fabrik aus und hüllte die Gegend ein. Wenn die Dampfpfeife zum Feierabend um halb sechs ertönte, öffneten die umliegenden Lebensmittelhändler ihre Ladentür. Es war keine Empfangsgeste für die zum Einkauf eilenden Arbeiterinnen, sondern der Wunsch, den Gestank, den jene mitbrachten, etwas zu verdünnen.

Der Reifenbauer Heinrich Kochseder, in der Hofgummiwarenfabrik Metzeler & Komp., um 1906

Wohnverhältnisse auf der Schwanthalerhöh'

Im Westen wurde weiter gebaut, neue Mietshäuser entstanden am Rande des Viertels. Viele der Neubauten waren Rückgebäude. Die Rückgebäude, meist reine Arbeiterwohnhäuser, stellten die unterste Stufe der Wohungsqualität im Westend dar. An die Verhältnisse in einer solchen Hinterhauswohung in der Schwanthalerstraße erinnert sich ein Zeitgenosse. Er stammt aus einer Arbeiterfamilie, der Vater ging als Eisendreher zur Firma Hurt und die Mutter hatte

eine Anstellung als Zählerin der Druckbögen beim Bruckmann Verlag. »Die Wohnung im zweiten Stock war ca. 30 qm groß, sie bestand aus einem kleinen Gang, ca. 2 x 1 m, einem kleinen Kücherl, einem Schlafzimmer und einem Wohnzimmer, da lebten wir zu fünft. Zu mir hat mein Vater gesagt: also du bist ein »Hineingefallener«, wenn das nicht passiert wäre, hätte ich auch meine Frau nicht geheiratet. Die zweite Tochter war ein geplatzter Pariser und das Dritte war auch ein »hineingefallenes« Kind. Das Schlafzimmer von meinen Eltern, da war drin: ein Kleiderkasten, die zwei Betten, dann a Bettstatt für das dritte Kind, die Emmi und a Waschkommod'. Mei' Schwester und ich, wir waren in der Küche, da war'n so Sesselherde (stufenförmiger Herd, d.V.) drin und da haben nur die zwei Betten Platz gehabt und ein Kasten. Im Wohnzimmer, das hatte so 12 qm, da war auch wieder so a Sesselherd.

In jedem Stockwerk lebten drei Parteien, die Wohnungen waren ungefähr gleich groß. Diese drei Parteien hatten nur eine Wasserstelle, die im Zwischenstock war. Rechts und links von dieser Wasserstelle war ein Klo. Das rechte Klo benutze die rechte und mittlere Partei und die linke Partei hatte ein eigenes Klo. Die Benutzung der entsprechenden Klo's war ein ungeschriebenes Gesetz. Geheizt wurde mit Kohlen. Im Keller wars Waschhaus. Das Waschen war eine Prozedur, bei der das Familienoberhaupt mitwirken mußte. Einen Tag vor Beginn der Wäsche wurde der Waschkessel hergerichtet und das Wasser eingelassen. In der Früh um vier sind die Eltern aufgestanden, die Wäsche war schwer, die mußte raus gehoben werden, schwenken, nochmal schwenken und so weiter, es war eine Prozedur von mindestens zwei Tagen. Einen Speicher haben wir gehabt, da wurde die Wäsche aufgehangen. Der Keller war natürlich ganz primitiv mit Backsteinen ausgelegt, nur dunkle, ganz dunkle Löcher, es war kein Licht unten, es wurde mit Kerzen gearbeitet. Die Miete hat ungefähr 29 Mark gekostet. Im Vorderhaus war's ein bißchen teurer, da waren die Wohnungen auch ein bißchen schöner und die haben Wasser in den Wohnungen gehabt.«[14]

Die meisten Wohnungen im Westend hatten kein Bad. Die Einrichtung öffentlicher Badeanstalten, der sogenannten »Tröpferlbäder« kam diesem Umstand

---

[14] Interview d.V.

Die Schwanthalerstraße um 1905

Wochenende, vor allem am Samstag, war Hochbetrieb.[15] Die Kinder bekamen ein Fuchzger'l in die Hand gedrückt, mit der Aufforderung: »geht's euch baden«, sie trollten sich und kamen spätestens nach einer Stunde mit glänzenden Nasen frisch gewaschen nach Hause.

Ein Jahr später eröffnete im Rückgebäude der Parkstraße 23 das Theresienbad, auch ein Brausebad, seinen Betrieb.[16]

Ein weiteres »Tröpferlbad« war im Keller der Bergmannschule. Alle 14 Tage mußten die Schüler ins Brausebad. Besonders beliebt war das Baden nicht, das lag nicht zuletzt an der düsteren Atmosphäre des Kellers und der spartanischen Art des Duschens. In Gruppen stellten sich die Kinder in die niedrigen Wannen, dann kam eine erste kurze Dusche, nach dem Einseifen wurde nochmals eine dosierte Wassermenge abgeregnet, nach dem »Wegtreten zum Abtrocknen« kam die nächste Gruppe zum »naß machen«. Die Badevorschrift besagte: »Die gesamte Badezeit für eine Badegruppe beträgt im Durchschnitt 22 Minuten, nämlich 10 Minuten für Auskleiden, 2 Minuten unter der Brause, 10 Minuten für Ankleiden.«[17] Gewaschen wurde sich in Badesachen, nicht nackt, die Haare blieben dabei trocken, bei langen Haaren trugen die Mädchen eine wasserdichte Kopfbedeckung. Trotz der widrigen Umstände war es für die meisten Kinder der einzige Badetag. Die Gepflogenheit des samstäglichen Wasch- und Badetages in der Wohnung wurde erst in den 20er Jahren populär. Die Zinkbadewanne als »Volkswanne– und mobiles Bad« patentierte ein gewisser Herr Krauss erst 1895, bis zu ihrer massenhaften Verbreitung dauerte es noch mehr als ein Jahrzehnt.

entgegen und lag im öffenlichen Interesse. 1889 hatte die Stadt in der Eduard Schmid-Straße das erste »Tröpferlbad« errichtet. Um 1900 gab es in München neben dem Karl Müller'schen Volksbad bereits neun Brause- und Wannenbäder. Im Vergleich mit dem Volksbrausebad am Bavariaring 5 aus dem Jahr 1894 oder dem Brausen- und Wannenbad in der Pilgersheimerstraße von 1905 nahm sich das städtische Wannen- und Brausebad in der Westendstraße sehr bescheiden aus. Es wurde im November 1899 in der Westendstraße eröffnet. Die Badeanstalt besaß sieben Wannen für Männer und sieben für Frauen, zudem 10 Brausen für Männer. Im Obergeschoß, war eine Wohnung für den Badewärter und eine Mietwohnung. Am

[15] vgl. Gerstenberg, G., Spaziergang durch's Westend, o.J., M.S.

[16] vgl. Die Baugenossenschaft München West, in: Luitpold Feidl, 75 Jahre Wohnungsgenossenschaft München West, Wohnungsgenossenschaft München Weste.G. (Hg.), München 1986, S. 24.

[17] Gebele, Joseph, a. a. O., S. 199.

»Gehts raus Leit, schöne Kartoffe hama heit«

Ausrufer, Ausfahrer, Bänkelsänger, Scherenschleifer und Topfflicker gehörten zum Alltag auf der Schwantahlerhöh'. Mit: »Gehts raus Leit, schöne Kartoffe hama heit« machten die Ausrufer auf sich aufmerksam. Die Kartoffelhandlung Greiff in der Schwanthalerstraße verkaufte das ganze Jahr über Kartoffeln, aber bequemer, und auch manchmal billiger, kaufte man sie bei den Hausierern.

Das Stadtviertel hatte ein ganz dichtes Netz an Geschäften, Handwerksbetrieben und kleinen Gewerben. Nach dem Motto »leben und leben lassen« fanden sie alle ihr Brot bei der vorwiegend armen aber zahlreichen Bevölkerung. Die Ladner selbst kauften reihum ein, um sich's mit der Kundschaft nicht zu verderben. Die meisten Kunden mußten anschreiben lassen und kauften, da noch alles lose gehandelt wurde, nur sehr kleine Mengen ein. Ludwig B. erinnert sich: »Das Einkaufen in der Schwanthalerhöh' das war so: durch des, daß wir so arm waren also da hat mer zum Beispiel nur a halb's Pfund Zucker kaufen könn', nur a Zehntel Salz kaufen könn' und die Wurscht auch nur a' Zehntel.

Wir ham unten an Laden gehabt das war so ein Tante Emma Laden. Das waren zwei Schwestern, Krämer ham die geheißen, und da hat's das Notwendigste gegeben. In der Ligsalzstraße vorn war a Roßmetzger, da hat d' Mutter auch manchmal g'sagt, geh' und kauf a Paar Wiener. Hier heraußen hat's seinerzeit den Unterschied nicht gegeben, weil ja alle so arm waren, da waren wir nicht die Einzigen. Das Pferdefleisch ham viele gekauft.«[18]

Die Handwerker und Gewerbetreibenden waren keine reichen Leute. Sie hatten ihr Auskommen und mußten hart dafür arbeiten.

An die Wagnerei Göppel in der Schießstättstraße erinnert sich die Tochter des Wagnermeisters, Magarete H.: »Meine Mutter hat immer im Geschäft meines Vaters mitgeholfen, z.B. um die großen Stämme, die 6 bis 7 Meter lang waren, in die Bandsäge hineinzuschieben. Bis 1918 haben meine Eltern keine

---

[18] Interview d.V.

Die Anglerstraße Nummer 1 um 1910, das Haus Anglerstraße 1 hatten Hans und Mari Semmler 1900 erworben und ihre Metzgerei eröffnet

Ausfahrer im Westend, belieferten die Geschäfte

Wagnermeister Göppel aus der Schießstättstraße mit seiner Frau, um 1930

Schießstättstraße 5, im Hof befand sich bis 1944 die Wagnerei Göppel

elektrische Beleuchtung gehabt. Wenn's dunkel war, wurde bei Petroleumbeleuchtung gearbeitet, in der Regel bis 22.00 Uhr. Mein Vater hat Kutschen repariert und mei Mama hat mit der Kerze in der Kutsche gesessen und geleuchtet.

Mein Vater ist mit mir jeden Sonntag in die Michaelskirche gegangen, weil da ein schönes Amt war das man gesungen hat. Anschließend sind wir rüber in die Pschorrhalle gegangen und haben gewartet bis der Grüß Gott-Sager gekommen ist, daß der gewußt hat, daß der Herr Göppel auch da war. Häufig sind wir anschließend noch ins Nationalmuseum gegangen.

Der Vater hat sehr an seinem Gewerbe gehangen. Von der Schwanthalerhöh' sind viele mit kleinen Reparaturen gekommen, dann sagte er immer: jetzt

hab ich schon wieder so a Christkindlarbeit, er hat viel umsonst gemacht.«[19]

Die Lebensmittelgeschäfte unterschieden sich in die Kramerläden, die Kolonialwarengeschäfte und die Feinkost- und Delikatessengeschäfte. Jedes hatte seinen eigenen Geruch. Bei den Kramern wurde der durch Zichori, Maggi, Essig, Kernseife und Petroleum bestimmt.[20] Das Petroleum brachten die Tankwagen der »Deutsch-Amerikanischen-Petroleumgesellschaft«. Die Kundschaft holte es in blechernen Kannen. Bisweilen kam es zu argen Verteuerungen dieser

---

[19] Interview d.V.
[20] Wahler, J., Der Geruch der Schwanthaler Hochebene, in: Westendnachrichten Nr. 5, München o.J. M.S.

Deiglmayr & Knecht, Geschäft für Farben, Lacke und Maschinenöle, Landsberger-/Ecke Fäustlestraße

Ware, und während des Ersten Weltkrieges blieb sie dann ganz aus, weshalb die Umstellung auf Elektrizität in den folgenden Jahren von den Leuten sehr begrüßt wurde.

Doch zurück zu den Gerüchen. In den Kolonialwarengeschäften roch es intensiv nach Kaffee und Tee. Am feinsten und anregensten roch es in den Delikatessengeschäften. Die Salami, Servelatwürste und Schinken, die »Schillerlocken, Essiggurken, Camemberts und Ochsenmaulsalate zauberten eine Atmosphäre, daß einem »das Wasser im Munde zusammenlief«. Magarete H. erinnert sich: »Im Delikatessengeschäft Schmerbeck, Ecke Westend-/ und Holzapfelstraße, hat meine Mutter regelmäßig eingekauft. Die Frau Schmerbeck war eine große stattliche Frau, die

immer eine weiße gestärkte Schürze trug, mit schönen Spitzen. Wenn die den Emmenthaler runter geschnitten hat, des war eine Zeremonie. Er, der Herr Schmerbeck, war einen Kopf kleiner und hat nur einpapierln und kassieren dürfen. Sie hat alle Kunden tituliert. Damals hat mer noch gefragt: wie gehts dem Kind usw.. Mei Mama hat immer nur ein Zehntel Wurscht gekauft, mei Vater hat alles Geld in das Holz seiner Wagnerei investieren müssen. Zu unserer Kundschaft gehörte die Pschorr Brauerei und die Räder für die Bierwagen die hatten 7 cm breite Felgen und das mußte ein Eichenholz oder ein Eschenholz sein, was sieben Jahre gelagert war. Wenn wir von der Pschorr Brauerei die große Rechnung gekriegt haben, ist mein Vater in die Holzhandlung gegangen und hat

Auskochgeschäft Guggenberger, Westendstraße 11   *Bäckerei und Milchgeschäft in der Ligsalzstraße*

wieder neues Holz gekauft. Wir haben so bescheiden leben müssen, wie heute schwer vorstellbar. . . . Visavis dem Delikatessengeschäft Schmerbeck gab es einen Kolonialwarenladen, der hatte Bohnenkaffee. Man hat prinzipell nur im Viertel eingekauft.

In der Schwanthalerstraße ganz hinten am letzten Haus hat man angestanden und da gab's Bierhefe, die wurde in einem Haferl geholt. Die Bierhefe nahm man zum Backen, die kam von der Augustiner-brauerei.«[21]

Visavis vom »Hozapfelkarle« an der Kreuzung Schwanthaler-/ Holzapfelstraße war der Baader Wölfel. Der hat Zähne gezogen, Hühneraugen geschnitten, frisiert, rasiert und Blutegel gesetzt. Magarete H. erinnert sich: »Unser Hausherr hat alle viertel Jahre Blutegel gesetzt bekommen und da ham wir als Kinder

allweil schon gewartet, wann der gekommen ist, denn der hat's dann in die Toilette getragen und da ham wir die Blutegel sehn woll'n.«[22]

Eine wichtige Rolle spielten die Auskochgeschäfte. Sie waren die Cafés für die armen Leute und boten neben dem Schmalzgebackenen auch eine warme Suppe an. Bereits früh um sechs Uhr waren der Malzkaffee und die Ausgezogenen fertig. Ludwig B. erinnert sich: »Neben uns war ein kleiner Laden, a Auskochgeschäfterl, das müssen Sie sich so vorstellen: da warn a paar Tisch' und a paar Bänke drin und da gab's um 10 Pfennig eine Tasse Kaffee, um 10 Pfennig eine Ausgezogene, um 20 Pfennig einen Teller Suppe

21 Interview d.V.
22 Interview d.V.

76

*Haushalt- und
Weißwarenhandlung
Anton Suppmann,
gegr. 1905,
Trappentreustraße 38,
Josef Suppmann mit
Frau und Verkäuferin
Therese Modlmeier*

*Haushalt- und
Weißwarenhandlung
A. Suppmann, 1930*

Schuhmacher Lehner in der Ligsalzstraße 40, um 1928

Metzgerei Anton Hofmann 1910 in der Westendstraße, später Firma Wirth

und des war halt a Auskochgeschäft. Da hat's in der Schwanthalerstraße einen gegeben und in der Gollierstraße einen und in diesem Auskochgeschäfterl da war ein gewisser Müller hat er geheiß'n, der war der Besitzer und da ist immer ein Gast kommen und die beiden ham da Schach gespielt. Ich hab' einen Freund gehabt und wir waren da oft drin als Kinder und ham zugeschaut. Eines Tages sagte der Müller zu uns: was wollts ihr überhaupt? 50 Partien spiel' ich mit euch und keine gewinnts! Darauf wir, ja was setzts denn? Ja … drei Mark. Das war vuiel Geld, fuchzig Partien, a bisser'l ham mer schon können, also wer mer doch von fuchzig Partien eine gewinnen, also gewillt.

Und da ham mers so geregelt und ham des Schach spielen angefangt und wir gewinnen die 27. Partie!

Und der Müller hat natürlich nicht gezahlt, das is ja logisch und wir sind nach wie vor wieder gekommen und irgendwann ham wir dann g'sagt heut pflanz mir'n! Und wir ham bestellt Kaffee und Nudeln usw. bis drei Mark zusammen waren und dann ham wir gesagt heut zahlen wir nicht, da hat er nix machen können !

Das Auskochgeschäfterl war keine Wirtschaft, es war das billigste wo ein armer Mensch hat hingehen können und a Tasse Kaffee trinken können.«[23]

Das erste Kaufhaus eröffnete 1903 in der Parkstraße seine Pforten. Es ging 1925 in den Besitz von Johannes Horn über.[24]

[23] Interview d.V.
[24] Interview d.V.

*Schuhmacherei
Josef Wiedemann,
Ligsalzstraße, 1912,
heute Geschäft
Farben Richter*

*Lebensmittel- und
Gemüseladen in der
Ganghoferstraße 18,
um 1930*

Annoncen von Geschäften aus dem Westend

Die Möbel haben die Schwanthalerhöh'ler beim Tandler gekauft. Einer war in der Schießstättstraße. Im günstigsten Falle hat man die Einrichtung geerbt. Beim Suppmann Ecke Trappentreu-/ Kazmairstraße gab es seit 1905 Küchengerät, Textilien, Geschirr sowie Kurz- und Weißwaren zu kaufen. Johann Suppmann stammte aus der Oberpfalz. Er war Schäffler bei Drexler, seine Frau Anna, eine gelernte Kauffrau, hatte das Geschäft eröffnet.

Hausrat verkaufte auch der Kroher, Ecke Ligsalz-/ Westendstraße. Von der Nähmaschine bis zum Einkochapparat führte die Handlung alles, was ein Haushalt auf der Schwanthalerhöh' gebrauchen konnte. Dort konnten die Kinder Spielzeug anschauen, gekauft wurde das höchst selten. Die erzgebirgischen Reifenfiguren in den kleinen Spanschachtel und die bunten Blechfiguren kamen manchmal in den Träumen vor.

Ein Haus für die Evangelischen

1894 mietete der Verein für Innere Mission Räume im Erdgeschoß und ersten Stock der Ligsalzstaße 28. Es wurde dort ein Kindergarten, ein Kinderhort und eine Volksbibliothek eingerichtet. Das Haus Ligsalzstraße 28 war durch Erbschaft dem evangelischen Waisenhaus und der Erziehungsanstalt Feldkirchen zugefallen. Die Einrichtung war ein Provisorium und dennoch ein großer Fortschritt. Bald kamen 70 bis 80 Kinder täglich in dieses Haus. Viele der zugewanderten Bewohner waren nicht katholischer Konfession, für sie gab es bislang keine Möglichkeit, ihre Kinder in die einzige Bewahranstalt des Viertels zu geben, denn die war katholisch. Darüber hinaus fand für sie auch keinerlei Gemeindearbeit statt, das nächste evangelische Gemeindehaus befand sich in Sendling, in der Oberländerstraße.

Erst 1799, als Kurfürst Max IV. Josef, später erster bayerischer König, die Regierung übernahm, begann eine Wende in der bayerischen Konfessionspolitik. Er heiratete die badische Prinzessin Wilhelmine Karoline, die evangelischen Glaubens war. Im Ehekontrakt wurde der Braut die ungehinderte protestantische Religionsausübung zugesichert. In ihrem Gefolge kamen viele protestantische Hofangestellte nach München, somit war die erste evangelische Gemeinde eine reine Hofgemeinde.

Der erste evangelische Bürger, der sich in München niederließ, war 1801 der Weinwirt und Pferdehändler Michel aus Mannheim. 1803 wurde im Religionsedikt den Protestanten rechtlich die Gewissens- und Religionsfreiheit zugestanden. Als 1806 Napoleon Bayern zum Königreich erhob und die fränkischen und schwäbischen Reichsstädte sowie das evangelische Ansbach-Bayreuth zu Bayern kamen, war das drei Jahre alte Edikt ein wichtiges Gesetz. Die Lockerungen zur Heiratserlaubnis und die Berufung von Künstlern und Gelehrten nach München durch König Ludwig I, ließ die Zahl der evangelischen Gemeindemitglieder in München langsam anwachsen. Im ersten Drittel des 19. Jahrhunderts waren es 6 000 Seelen. Dennoch begleiteten viele Rückschläge die Geschichte der evangelischen Gemeinde in München.

Das Westend gehörte zur Matthäusgemeinde und wurde erst 1924 eine selbständige Gemeinde mit eigenem Pfarramt.[25]

Die Evangelischen bemühten sich um die Errichtung eines zweiten Gemeindezentrums in München, das im Westend einen geeigneten Platz finden sollte. Es war für die vielfältigen und neuen Aufgaben der Großstadtgemeinde gedacht. Anfang des Jahres 1900 standen für das neue evangelische Gemeindezentrum 19 000 Mark bereit. »Die Herabsetzung der protestantischen Gemeindekirchensteuer um 20% legte die Bitte nahe, die Differenz der Inneren Mission zukommen zu lassen. Namhafte Beträge flossen so dem neuen Zweck zu. Es war beabsichtigt, einen Gemeindesaal, Kindergarten und Hort, eine Kinderkrippe und ein Altenheim zu schaffen.«[26] Im März 1900 erwarb der Verein für Innere Mission von der Stadt München ein Grundstück an der Ridlerstraße. Es lag noch außerhalb jeder Bebauung, und auch die Ridlerstraße gab es nur auf den Stadtentwicklungsplänen. Zunächst ruhte das Projekt bis zur Ansammlung des Baufonds. Als jedoch bald nach Beginn des Jahrhunderts durch die Abschwächung der wirtschaftlichen Konjunktur die Stadterweiterung stagnierte, sah man sich in der Erwartung, die neuen Wohnblöcke würden um das zu errichtende Gemeindehaus herumwachsen, enttäuscht. 1905 änderte sich die Situation, als der Kommerzienrat Robert Friedrich Metzeler dem Verein für Innere Mission und seinem Vorstand Carl von Linde das 0,309 ha umfasssende Anwesen in der Westendstraße 125 anbot. Der Kaufpreis betrug 130 000 Mark. Nach der Ausfertigung des Vertrages am 25. Februar 1905 ging das Anwesen in das Eigentum des Vereins für Innere Mission in München über. Der neue Besitz bestand aus einer soliden und geräumigen Villa mit großem Garten. Nach geringen Umbauten war alles Nötige geschaffen. Im Erdgeschoß lagen drei Zimmer und ein Saal, die für einen Kindergarten und Gemeindeveranstaltungen genutzt wurden. Im ersten Stock befand sich der Kinderhort.

---

[25] vgl. Dekanat München, (Hg.), Evangelisches Gemeindebuch München, Stuttgart 1953.

[26] Herr von Lossow, Das evangelische Gemeindehaus Westend in München, 1962, M.S.

Am 25. Juni zogen die Kinder mit großer Feierlichkeit in das Haus. Inzwischen war in der Ligsalzstraße 28 ein Knabenheim eingerichtet worden. Das Grundstück in der Ridlerstraße kaufte die Stadtgemeinde München zurück.

Ursprünglich war das neu erworbene Gebäude als Altenheim vorgesehen. Das Grundstück bot ausreichend Platz für Erweiterungen, und 1906 begann der Bau eines neuen Kinderhauses. Im Dezember wurde der Rohbau unter Dach gebracht. Max Reger gab am 10. März 1907 in der Lukaskirche ein Konzert zugunsten dieses Kinderhauses, das am 11. Juni 1907 mit einer Andacht seiner Bestimmung übergeben wurde. Zwei bis dreihundert Kinder kamen täglich in die neu errichtete Anstalt. Die Villa gehörte nun allein den Alten. Sechzehn Frauen verbrachten hier in einer fast familiären Atmosphäre ihren Lebensabend.[27]

Bis zum Bau einer eigenen Kirche 1931 war im Haus in der Westendstraße der Gottesdienstraum für die Evangelischen.

Vereint im Verein

Der Zusammenschluß von Menschen zum Zwecke der Bildung, Unterhaltung, politischer und religiöser Betätigung oder gegenseitiger Unterstützung bekam in der Großstadt während der Industrialisierung im 19. Jahrhundert eine neue Bedeutung. Die gesamte Struktur des öffentlichen Lebens veränderte sich im Verlauf dieses Jahrhunderts gravierend. Viele Einrichtungen, die später institutionalisiert wurden, haben ihren Ursprung in Vereinen. Die Dinge des täglichen Lebens, die in der Agrargesellschaft ihre Regelungen gefunden hatten, brauchten neue Organisationsformen. So entstanden Spar-, Sterbe- und Krankenunterstützungsvereine als Selbsthilfeeinrichtungen schon in den 60er Jahren des 19. Jahrhunderts, bevor Bismarks Sozialgesetzregelungen ein Minimum an sozialer Absicherung verbindlich machen.

Die sozialistisch orientierten Vereine, die als Gewerkschaftsvereine die Interessen der Arbeiter vertraten, entstanden ab 1851. Einer der ersten dieser Vereine in München war die alte Zimmermannskasse in der Au. Die sich aus dem Handwerk und Gewerbe im Verlauf des 19. Jahrhunderts entwickelnde Industrie machte einen differenzierten und komplizierten Entwicklungsprozeß durch. Im Verlauf dieses Prozesses trennten sich die Interessen der »Arbeitnehmer« und »Arbeitgeber« immer deutlicher. Die Trennung nach sozialen, politischen und geselligen Interessen wird besonders in der Geschichte des Vereinswesen deutlich.

Im Westend gab es Spar- und Sterbevereine, Sportvereine, Gesangsvereine, politische Vereine, gesellige Vereine und Theatervereine. Die Spar- und Sterbevereine waren häufig Zusammenschlüsse von Arbeitern, die der SPD nahe standen, aber auch Bürgerliche schlossen sich mit ähnlichen Zielen zusammen. Um die Jahrhundertwende gab es 60 Sparvereine im Viertel, wie den »Spar- und Sterbeverein Friedenheim«, »die Waldler«, die im Namen einen Hinweis auf ihre Herkunft aus dem bayerischen Wald tragen, »Spar- und Sterbeverein Prinz Alfons«, »Stiller Untergang«, »Spar- und Sterbeverein S'olte Haus« oder die »Sendlinger Gmoa«, die sich im »Fröhlichen Schützen« in der Astaller Straße trafen.

Der Spar- und Sterbeverein Ludwigsvorstadt ist 1887 gegründet worden mit dem Ziel, beim Ableben eines Mitglieds die Hinterbliebenen zu unterstützen. Die Hilfe war eine einmalige Zuwendung und sie richtete sich nach der Mitgliederzahl, die multipliziert mit 50 Pfennig die Summe der Unterstützung ergab. Es durften Frauen und Männer Mitglied werden, erstere ohne Stimm- und Wahlrecht. Der Zulauf war sehr stark, und so konnte 1911 ein Grundstück in Putzbrunn erworben werden, das mit einem Vereinsheim für gesellige Zwecke bebaut wurde.

Der Sparverein München West 3 wurde 1914 als Tischgesellschaft gegründet. Er vereinte die renommierteren Bewohner des Viertels, darunter auch den Kinobesitzer Riedl, und hatte ein ansehnliches Vereinskapital. Als der kriegsversehrte und erste Vorstand des Vereins 1916 in die Schrenkschule verlegt wurde, gründete er mit anderen Vereinsmitgliedern eine eigene Theatergruppe, die im Vereinslokal zahlreiche Stücke aufführte. 1922 wurde eine Theaterbühne angeschafft. 1928 zog der Sparverein um, von der

---

[27] vgl. Herr von Lossow, a. a. O.

Mitglieder des Spar- und Sterbevereins Ludwigsvorstadt, 1915, vor ihrem Vereinsheim in Putzbrunn

Stück Heimatersatz. Solche Vereine wurden auch als Landsmannschaften bezeichnet. Einer davon war die »Chalemunzia«, die Landsmannschaft der Kallmüzer, einem Marktflecken zwischen Naab und Vils, die sich im »Bischofshof« in der Schwanthaler Straße trafen. Die Niederbayern hatten ein Stammlokal im »Pferdebahnhof«. Einmal im Jahr kochten die Frauen der Stammgäste dort die »gewichsten Knödel« nach Hauzenberger und Engelhartszeller Rezept, dazu mußte der Wirt samt seiner Frau die Küche räumen.[28]

Wer sich körperlich ertüchtigen wollte, fand Anschluß an die neu entstehenden Turn- und Sportvereine. Der Sportverein 1880 zählt zu den ältesten Münchens, 1889 hatte er 270 Mitglieder. Der populärste Sportverein im Westend war lange Zeit der 1893 gegründete SC Arnim, ein Kraftsportverein, der sein Vereinslokal beim »Wunderl«, Ecke Kazmair-/Ligsalzstraße hatte.

Josef Komatz, Roßmetzger und Schwerathlet aus der Ligsalzstraße, wurde mit fünf anderen Sportlern des SC Arnim unter dem Titel »Die Deutschen Eichen« 1907 Weltmeister im Seilziehen in Los Angeles. Sein Bruder war der Wirt der »Schwalbe« in der Schwanthaler Straße. Die Komatzens waren Nachfahren böhmischer und italienischer Bauarbeiter, die für die Arbeiten an der Ruhmeshalle an die Isar gekommen waren.

Seit 1920 trainierten die Vereinsmitglieder des SC Arnim in den Räumen der »Alten Schießstätte« auf der Theresienhöhe. Die Boxer und Ringer waren die erfolgreichsten Abteilungen des Vereins.

1889 beim ersten Turnfest in München auf der Theresienwiese präsentierten sich viele Vereine mit ihren sportlichen Darbietungen. 1895 fand das erste Fußballspiel auf der Theresienwiese statt.[29]

Die Freie Turnerschaft wurde 1893 als Arbeiterturnverein gegründet. Sie war Mitglied des überregionalen Arbeiter- Turn und Sportbundes Leipzig und wurde 1933 nach der Machtübernahme Hitlers verboten. Mit dem Vorstand des SV 1880 konnte eine Mitgliederübernahme vereinbart werden.

Während bei den geselligen Vereinen im ausgehenden 19. Jahrhundert die Frauen eine Ausnahmeerscheinung waren, fanden sie zunehmend Zugang zu den Turn- und Radfahrvereinen. In den Kinder- und

Gaststätte »Hohenburg«, Ganghofer-/ Ecke Gollierstraße, seinem Gründungs- und Vereinslokal, in die »Benediktusbrauerei« in der Westendstraße. Die »Hohenburg« war ein Treffpunkt sozialdemokratischer und kommunistischer Arbeiter, und zwischen ihnen und dem Sparverein gab es zunehmend Kontroversen.

Nach Feierabend und am Wochenende hatten die meisten Männer das Bedürfnis nach geselliger Unterhaltung und Ablenkung. Die bedeutendste »Freizeiteinrichtung« war neben dem Wirtshaus der Verein.

Für die »Zuwanderer« im Westend war der Zusammenschluß mit Menschen aus ihrer alten Heimat ein

[28] vgl. Spengler, Karl, Die seltsame Rass' auf der Schwanthalerhöh', in: Schönes altes München, München, S. 76.
[29] vgl. Kölle, Sieglinde, Kleine Münchner Stadtgeschichte, München 1991.

*Sparverein München
West 3, Weihe der
neuen Vereinsfahne
1926*

*Sparverein München
West 3, 1928, am
Gollierplatz*

*Boxer,
Ringer und
Leichtathle-
tikabteilung
des SC
Arnim, 1925*

*Die Seilzieh-
mannschaft
»Die
Deutschen
Eichen«,
1907, SC
Arnim*

*Jugendspieler
der Freien
Turnerschaft
Westend, 1913,
im Hintergrund
die Gaststätte
Villa Flora*

*Arbeiter Rad-
und Kraft-
fahrerbund
SOLIDARI-
TÄT,
Blumenkorso
der Ortsgruppe
Westend, 1930,
zum Reichs-
Arbeitssporttag,
vor der
Tulbeckstraße
42–44*

»Villa Flora«, ein beliebtes Ausflugslokal am Rande des Viertels

Jugendgruppen dieser Vereine waren auch Mädchen vertreten. Der Arbeiter Rad- und Kraftfahrerbund »Solidarität« war ein überregionaler Verein mit Mitgliedern in Deutschland, Österreich und der Schweiz. Er wurde 1896 in Offenbach gegründet, gegen 20 Pf. Monatsbeitrag gab es die Monatszeitschrift »Arbeiter-Radfahrer«, eine Unfall-, Sterbe- und Rechtsschutzunterstützung. Vereinslokale im Westend waren im »Ligsalzhof« und im »Genossenschaftsheim« in der Tulbeckstraße. Der Zulauf zu diesem Verein war groß, im Mai 1934 verboten die Nazis auch diesen Verein.

Die Vereine, die ausschließlich für Frauen offen waren, galten als Ausnahme, wie z.B. der Frauen- und Mädchen Bildungsverein München, der am 30. November 1907 in der »Geroldsburg«, Westendstraße, tagte.[30]

Naturfreunde »Wetterstein«, 1926

---

[30] vgl. Staatsarchiv München Pol. Dir. Mchn 1762.

87

Der Verein Naturfreunde »Wetterstein« war 1919 von Mitgliedern des Gesangvereins München-West in der Gaststätte »Seiderer« am Gollierplatz gegründet worden. In den 20er Jahren entstand eine Theatergruppe, die Faschingsbälle und Weihnachtsfeiern des Vereins erfreuten sich großer Beliebtheit. Die Nazis beschlagnahmten nach der Machtübernahme die Vereinskasse. Ein illegaler Treffpunkt blieb für einige Mitglieder das Lokal »Genossenschaftsheim«, bei dem sich die Mitglieder als Tischgesellschaft tarnten.

Ein beliebter Ort für Vereinsveranstaltungen und ein begehrtes Ausflugsziel war die »Villa Flora«. Sie lag etwas außerhalb des Viertels, am früheren Sendlinger Feldweg. Ursprünglich war das Gebäude eine Poststation der Thurn und Taxis Gesellschaft. Nachdem die Post königlich-bayrisch geworden war, wechselte das Gebäude häufig den Besitzer. 1900 übernahm es die Familie Hagmair und erfüllte es mit neuem Leben. Die Kegelbahnen und der große verwilderte Park machten es zu einer Oase für die »Städter«. Die Wirtin war eine hervorragende Köchin, ihre Schmalznudeln schienen mancher Hausfrau unerreichbar. In der »Villa Flora« trafen sich die SPD-Frauengruppe, die Falken, die Jungsozialisten und die Freie Trunerschaft, auch die Reichsbannerkapelle probte hier.[31]

Die erste Münchner Hilfsschule

Kinder, die der rohrstockigen Strenge des Schulsystems nicht standhielten und denen das Glück der Gnade des Schulmeister versagt blieb, kamen in den Klassenfolgen nur wenig voran. »Er ist ein Repetent«, sagte dann der Schulmeister zu den betroffenen Eltern und meinte damit, er bleibt sitzen. Irgendwann verließen auch diese Kinder die Schule und traten, mit der sicheren Gewißheit, nicht viel zu taugen, den Weg ins Leben an. Als Rupert Egenberger, später ein bekannter Heilpädagoge und Lehrer, 1902 die Bergmannschule besuchte, bemerkte er, daß auffallend viele ältere Kinder in den unteren Klassen saßen. Er äußerte sich darüber gegenüber Stadtschulrat Kerschensteiner: »Ich traf in der Bergmannschule auf äußerst viele Repetenten, haben Sie in München

keine Hilfsschule?« Dr. Georg Kerschensteiner, ein berühmter Reformpädagoge, der vor allem den praktischen Schulunterricht beförderte, versicherte seine Einsicht in die Notwendigkeit einer solchen Einrichtung, allein es fehle ihm an geeigneten Lehrern. Kerschensteiner fragte den noch jungen Egenberger, ob er sich nicht der Aufgabe annehmen wolle?

»Meine Erwiderung, daß ich noch zu jung und zu wenig erfahren wäre, ließ er nicht gelten; ich hätte das richtige Alter, denn in eine neue Sache müsse man Zeit zum Einleben haben, er sei, als er Schulrat wurde, schon zu alt gewesen. Hier lernte ich bei der ersten Begegnung den Organisator und den Mann mit pädagogischen Plänen kennen, einen Vorgesetzten, der die Jugend gelten ließ. Sonst wurde ein junger Lehrer in den Ämtern ganz von oben heruntergesehen, man erfuhr damals meist Ablehnung und Geringschätzung. Kerschensteiner verabschiedete sich von mir damit, daß er mir 14 Tage Bedenkzeit gab.

Vom Rathaus ging ich zur Buchhandlung Kellerer in der Damenstiftstraße und kaufte neben anderem das Buch ›Rettung schwachsinniger Kinder‹ von Arno Fuchs in Berlin. Als ich wieder zu Kerschensteiner kam, legte ich ihm bereits einen vorläufigen Entwurf der Hilfsschulorganisation und einen Lehrplan für eine erste Hilfsschulklasse vor. Den Lehrplan schob er zur Seite, aber die Hilfsschulsatzung fand Gnade vor seinen Augen. Die Sache ging dann ganz vernünftig aus: Kerschensteiner entschied sich für die Gründung der Hilfsschule, ich sollte die erste Hilfsschulklasse in der Baracke an der Bergmannstraße übernehmen, meine vorläufige Hilfsschulsatzung soll zugrunde gelegt werden, mit einem Lehrplan soll zugewartet werden, bis man ausreichende Erfahrungen gesammelt hat, vorerst muß sich der Lehrer ohne Lehrplan zurechtfinden.«[32]

Noch im gleichen Jahr, im November 1902, wurde die erste Münchner Hilfsschule in der Bergmannstraße eröffnet. Die Schüler hatten keine nennenswerte Lobby. Rupert Egenberger nahm sich ganz ihrer an und erinnert sich: »Die Eröffnung war sang-

[31] vgl. Schmuck, Elisabeth, Vogt, Fritz, Alte Wirtschaften auf der Schwanthalerhöh', München 1984, S. 19.

[32] Igerl, Franz, a. a. O., S. 26 f.

und klanglos. Von amtlicher Seite war niemand erschienen. Die von mir ausgewählten Schüler der Bergmann-, Guldein- und Schrenkschule trafen alle pünktlich ein, begleitet von Mutter oder Vater. Es ging alles in höflicher und freundlicher Weise vor sich; es zeigten sich keinerlei Schwierigkeiten; die Eltern waren sehr begierig, in ihren Erwartungen und Hoffnungen durchaus vernünftig und einige wünschten mir Geduld und Glück.«[33] Bis zum Jahre 1926 blieb die Hilfsschule in der Holzbaracke Ecke Tulbeck-/Bergmannstraße, dann bekam sie Räume im Bergmannschulhaus.

Ein Dom für die Schwanthalerhöh'

Der Gemeindebevollmächtigte Peter Schalk und der Armenpflegschaftsrat Michael Reindl beförderten maßgeblich die Gründung des »katholischen Kirchenbauvereins St. Rupertus«. Am 14. Juni 1895 kam es zum Gründungsbeschluß, mit dem Ziel eine neue römisch-katholische Pfarrkirche auf der Schwanthalerhöh' zu errichten.[34] Das Gotteshaus in der Schrenkstraße, die 1881 erbaute Kirche St. Benedikt, war für die stark angewachsene katholische Gemeinde längst zu eng geworden. An kirchlichen Feiertagen drängten sich dort die Gläubigen, so daß auch die Stehplätze bald nicht mehr ausreichten. Das Stadtviertel hatte zu dieser Zeit bereits 26.584 Einwohner.[35]

Der Kirchenbauverein bekam vom Stadtmagistrat ein Grundstück, neben der Bergamnnschule, kostenlos überlassen und beauftragte den Architekten Gabriel von Seidl mit dem Entwurf der Kirche. Der berühmte Münchner Architekt entwarf ein historisches Gebäude, das an byzantinische und romanische Bauvorbilder anknüpfte. Das wuchtige und gedrungene Bauwerk wies einen fast quadratischen Grundriß auf, dessen Maß sich in der Kuppelhöhe wiederholte. Der Bau war etwa 50 Meter lang, breit und hoch. Im

Grundriss der St. Rupertuskirche.

MÜNCHEN
September 1901.

G. v. Seidl.

Oktober 1901 begannen die Aushubarbeiten, und am 24. November wurde der Grundstein zur neuen Kirche feierlich gelegt.

Am 23. Oktober 1903 segnete der Abt Zenetti von St. Bonifaz das neue Gotteshaus ein. Der Festumzug setzte sich in der Schrenkstraße in Bewegung. Viele Vereine begleiteten mit ihren prächtigen Fahnen den Umzug, so die Schützengesellschaft »Die Fröhlichen«

[33] Igerl, Franz, a. a. O., S. 27.
[34] vgl. Huber, Gottfried, 75 Jahre Pfarrgemeinde St. Rupert, in: St. Rupert, St. Benedikt, Auferstehungskirche (Hg.) Jubiläum 1981 , Teil II, München 1981, S. 52 ff.
[35] vgl. Vogt, Fritz, a. a. O., S. 71.

Bau der Kirche St. Rupertus, 1902, Ansicht von der Kazmairstraße

und die Oberpfälzer »Chalemunzia«. Der Kirchenchor führte die Josephsmesse von Haydn auf.[36]

1906 wurde St. Rupert eine eigene Pfarrei. Mangels eines eigenen Pfarrhauses, wohnten die ersten beiden Pfarrer P. Maximilian Kölbl (1906-1920) und P. Burcard Gerber (1920-1923) im Pfarrhof von St. Benedikt. Hier befand sich die Verwaltung der neuen großen Kirche. Die Gläubigen, die eine Taufe oder Beerdigung ausrichten wollten oder sonst ein Anliegen an ihr Pfarramt hatten, mußten in die Schrenkstraße laufen.

St. Rupertus blieb für lange Jahre die »Sonntagskirche«, als »Alltagskirche« galt St. Benedikt. Neben der Architektur und dem fehlenden Pfarrhaus hat die Tatsache, daß bis 1917 keine Beichtstühle in St. Rupertus waren, zu dieser Einordnung beigetragen.

Erst 1926 konnte St. Rupertus ein eigenes Pfarrhaus in Besitz nehmen, in das der neue Stadtpfarrer H.H. Georg Reisinger zog. Er war der erste weltgeistliche Pfarrer auf der Schwanthalerhöh'.

---

[36] vgl. Münchner Stadtzeitung vom 23. Oktober 1953, S. 2.

St. Rupertus von der noch unbebauten Kazmairstraße aus, 1908

St. Rupertus, Ansicht vom Gollierplatz, 1908

Rupertuskirche und Bergmann-schule, Ansicht vom Gollierplatz

St. Benedikt war indessen, obwohl Sitz der Verwaltung, durch die Pfarrwerdung von St. Rupertus 1906, zur Filialkirche geworden. 1923, als die Zahl der Einwohner auf 35 000 angestiegen war, gründete St. Benedikt eine eigene Pfarrei. Die kanonische Errichtung übernahm der damalige Erzbischof Kardinal Michael Faulhaber. Die damaligen Grenzen der Pfarreien sind bis heute in etwa gleich geblieben.

1924 zogen sich die Benediktiner auch aus der Kirche St. Benedikt zurück. Die Patres übergaben Kirche und Pfarrei dem Erzbischöflichen Ordinariat. Pfarrer Alois Hager begann 1924 seine Arbeit, er hatte einen schweren Stand in der Gemeinde. Die Schäflein waren mit ihren Patres vertraut und faßten nur schwer Vertrauen zu dem neuen Geistlichen. Darüber hinaus drückten den Pfarrer Geldsorgen. Die Apanage, die einst Johann Baptist Trappentreu als Jahresgeld in Form einer Stiftung angelegt hatte, war durch die Inflation verloren gegangen.

Weit über die Pfarrei St. Rupertus hinaus, ist ihr ehemaliger Chordirektor Joseph Loithaler, bekannt geworden. Von 1937 bis 1956 leitete er den Chor in St. Rupertus. »... beeindruckende Aufführungen der lateinischen Messe-Vertonungen von Palestrina bis

Bruckner, sowie immer wieder der pompösen, sehr beliebten »Caecilienmesse« von Charles Gounod. Durch die konstante Mitwirkung der Münchner Philharmoniker und Solisten der Bayerischen Staatsoper – unvergessen Lorenz Fehenberger, Franz Klarwein und Max Pröbstl – war ein hohes Niveau gewährleistet, dem sich die ›hauseigenen‹ Damen Elisabeth Christl (Sopran) und Maria Th. Gehrke anzupassen wußten.«[37]

Der Organist Cäsar Bresgen, der in der Rupertuskirche in den 30er Jahre wirkte, war ein bedeutender Musiker. Er gehört zu den wichtigen Komponisten der Gegenwart.

Das Schulquartett

Erst die beiden Neubauten der Guldein- und Ridlerschule deckten den immer noch steigenden Bedarf an Schulplätzen und ergänzten die Anzahl der bestehenden Schulen zum Quartett. Damit hatte das Westend

---

[37] Gerstacker, F., Impressionen einer Kindheit im Westend, Wien 1993, M.S.

in etwas mehr als zwanzig Jahren vier Schulen bekommen.

Die Guldeinschule wurde zwischen 1899 und 1900 nach Plänen des Architekten Theodor Fischer erbaut. Der Neubau an der Ecke Guldein-/ Schnaderböckstraße hatte im Inneren durch die Verwendung von besonderen Raumfarben eine außergewöhnliche Wirkung. Fischers Farbauswahl gab den Räumen eine ausgewogene und behütende Wirkung. Im Gegensatz zu den drei anderen Schulgebäuden war die neue Guldeinschule ein stark gegliedertes Gebäude. Die Bogenfriese zeigten stilisierte Kinderszenen, sie sprachen von Fischers architektonischer Absicht, ein Haus für Kinder zu bauen.

Richard S. erinnert sich an seinen Schulbeginn 1936 in der Guldeinschule: »Zwoa erste Klassen hat's gegeben, 1a und 1b hat's geben. Es waren zwei Klassen weils so viel Kinder waren. Der Preißenberg, war a strenger Lehrer, ja ja mit dem Rohrstock seins' schon noch Striemen rüber g'zogen worden.«

Die Ridlerschule in der Ridlerstraße 26 entwarf der städtische Baurat und Architekt, Hans Grässel.

1903-05 erfolgten die Bauarbeiten. Die Volksschule hatte 32 Klassenzimmer für je 60 Schüler, mit Kleiderkästen in den Klassen. Im Dachraum waren Zeichensäle eingerichtet.[38]

Die Ridlerschule war eine der beiden Münchner Simultanschulen, d. h. sie war für Kinder und Lehrer aller Bekenntnisse offen, nur der Religionsunterricht fand getrennt statt. Für die zahlreichen Protestanten im Viertel war das eine große Erleichterung. Bei der Eröffnung der Ridlerschule wurden 150 protestantische Kinder eingeschult. Der erste Wahlsieg der Liberalen 1869 stellte die Weichen für die Simultanschulen in München, denn nur durch ihre Stimmen konnte erstmals ein weltlicher Schulrat gewählt werden, dennoch war es ein langer Weg bis zur Realisierung der Glaubens-Gleichberechtigung.[39]

Die Kinder empfanden es oft eher als Ausgrenzung, in die Simultanschule zu gehen, sie »durften« nicht mit Nachbarskindern in die Schule, sondern mußten den häufig weiten Weg zur Ridlerschule nehmen und fühlten sich dadurch benachteiligt. Untereinander ließen sie sich solche Unterschiede spüren, »Simultangevatterin« schimpften die Buben die Mädchen der Ridlerschule. Frieda G. hat eine solche Beleidigung schwer vergolten: »Wir haben zwei Stunden schulfrei gehabt, also mittags von 12 bis 2 Uhr, weil wir haben ja den ganzen Tag Schule gehabt zur damaligen Zeit. Da war einer, der hat mich recht gern gehabt und der hat zu mir gesagt: ›Simultangevatterin‹, weil unsere Schule war die sogenannte Simultanschule, das ist so wie heute die Gemeinschaftsschule. Und da war hinten, auf der anderen Seite, eine Mistgrube. Da war in der Landsberger Straße, die Brotfabrik und die haben das Brot noch mit den Pferderln ausgefahren. Und da hab ich ihn nuntergeschmissen; und weil ich noch ein Brot hab holen müssen, bin ich schnell noch nauf und hab mir denkt: Wenn ich in die Schule gehe, dann laß ich den raus, gell', nachher hab ich ihn vergessen. Und wie ich um 4 Uhr von der Schule heimgehe, da schau ich so nüber, weil da so viele Leute beieinanderstehen. Uijeggerl! Ich hab den da nuntergeschmissen! Und derweil ist der Knecht da zum Ausmisten gekommen. Und da haben's den da drunten gefunden. Und in dem Moment, wo ich vorbeigehe, sagt das Rindvieh – auf deutsch gesagt – die war's!«[40]

Josef S. erinnert sich an seine Schulzeit ab 1914: »Während des Krieges bin ich in die Schule gegangen – alle Augenblicke sind in die Schulen Kasernen hineingekommen, oder ein Lazarett oder dergleichen. Da hab ich einen Schulgang g'habt – zuerst bin ich in die Guldeinschule gegangen, dann ist das Militär hineingekommen, dann in die Ridlerschule (wurde Reservelazarett, d.V.). Dann sind wir in die Bergmannschule gekommen, dann haben wir in die Laimer Schule 'nausmüssen, weil alles belegt war. Da haben wir dann in der Woche oftmals bloß ein paar Tage Schule gehabt, weil – da waren so und so viele Schulen beisammen, daß die Klassenräume nur selten frei waren. Und wie wir in Laim draußen in der Schule waren, da sind wir von der Schwanthalerhöh' bis nach

[38] vgl. Verein Bayerischer Architekten und Ingenieure (Hg.), München und seine Bauten, München 1912.
[39] vgl. Fisch, Stefan, Stadtplanung im 19. Jahrhundert, München 1988.
[40] Interview des Kulturladens.

*Guldeinschule,
erbaut 1899/
1900 nach
Plänen von
Theodor Fischer*

*Die erste Klasse
in der
Guldeinschule,
1936*

München.　　　　　　　　Reservelazaret Ridlerschule.

*Ridlerschule als
Reservelazarett
zur Zeit des
1. Weltkriegs*

*Zweite Klasse
an der
Ridlerschule,
1932/33, mit
Lehrerin Frl.
Dallmaier*

Laim zu Fuß gegangen. Für die Trambahnen haben wir auch kein Geld gehabt. Also, die Zucht war da ganz schlimm! Wir haben z. B. einen Lehrer gehabt, der hat sehr viel Wert gelegt auf's Kopfrechnen, und zwar hat er's Tatzenstöckl g'habt, dann ist er durch die Reihen durchgegangen, und wenn man etwas nicht gleich ausgerechnet g'habt hat, dann hat man Tatzen bekommen. Das war bei dem ein Steckenpferd. Daß natürlich ein jeder Angst gehabt hat vor der Sache, das läßt sich denken. Und da war so mancher, der die Rechnung gewußt hat, aber aus lauter Angst ist ihm nichts eingefallen. Und da ist man natürlich schon von der Schule her so aufgezogen worden, daß man die Behörde und alles hoch geschätzt und Angst davor gehabt hat, was man heute nimmer hat, gell!«[41]

Die Barmherzigen Schwestern

Die Männer, die sich im Vinzenz Verein zusammen geschlossen hatten, beobachteten besorgt die ständige Zunahme der Bevölkerung im Stadtviertel. Ihre Wohltätigkeitseinrichtung für Kinder und alte Menschen in der Schrenkstraße, die Benediktusanstalt, konnte der steigenden Nachfrage nicht mehr gerecht werden. Sie entschlossen sich, nach der wirtschaftlichen Flaute der Jahrhundertwende, in der besonders das Bauwesen darnieder lag, zu einem Neubau. Auf dem Grundstück zwischen Kazmair-, Trappentreu-, Gollier- und Astallerstraße konnte ein Bauplatz an der Kazmairstraße erworben werden. Der Architekt Steiner entwarf die Pläne für ein geräumiges, vierstöckiges Haus und 1905 begannen die Bauarbeiten. 1906 wurde der Neubau eingeweiht und von den Mallersdorfer Armen Franziskanerinnen mit Leben erfüllt. Das Haus füllte sich gleich nach seiner Eröffnung mit Kindern. Im geräumigen Untergeschoß war die Küche untergebracht, und unter dem Dach hatten die Schwestern ihre Wohnräume. In den Stockwerken dazwischen befanden sich der Kindergarten, die Kinderhorte, die Nähschule und die Kapelle. Das Haus war bald zu klein. Doch für einen Erweiterungsbau,

Kinderheim St. Rupert in der Kazmairstraße 66, der 1906 eingeweihte Neubau

Kinderheim St. Rupert mit dem neuen Anbau, 1929

---

[41] Interview des Kulturladens.

96

Nähschule für die erwachsenen Mädchen, 1926

Beschäftigung im Kindergarten St. Rupert, 1926

*Kinder beim
Essen im
Kindergarten
St. Rupert, 1926*

*Abendsegen im
großen Hof des
Kindergartens
St. Rupert, 1926*

der auf dem großen Grundstück leicht Platz gefunden hätte, war einfach kein Geld da. Es waren die Jahre der Inflation und wirtschaftlichen Depression. 400-480 Kinder kamen täglich. Sie waren zwischen 2 und 14 Jahren alt. Es herrschten Hunger und Arbeitslosigkeit, der Bedarf an Wohltätigkeit war stärker geworden. An besonders bedürftige Kinder wurden Wäsche und Schuhe verteilt. 1926 machten die Schwestern 800 Hausbesuche bei hilfsbedürftigen Menschen, die sie in der Regel mit Essen versorgten. Sie halfen auch bei behördlichen Problemen und gaben Rat in Lebenskrisen.

Für die Schulabgängerinnen, die in den 20er Jahren weder eine Lehrstelle noch eine Arbeit fanden, richtete die Vinzenzkonferenz St. Rupert eine Nähschule ein. Den Schülerinnen wurde von geprüften Meisterinnen die Schneiderei beigebracht. Auch der Schule entwachsene Mädchen und Frauen hatten Gelegenheit, an solchen Kursen teilzunehmen.

Die Arbeit der Mallersdorfer Franziskanerinnen wurde weitgehend aus Spenden finanziert. Nur wenige Eltern konnten die Beiträge für ihre Kinder bezahlen.

1929 konnte endlich der lang ersehnte Anbau bezogen werden. Alle atmeten auf, denn die räumliche Enge der letzten Jahre hatte die Arbeit bisweilen sehr erschwert. Die Schwestern haben für ihre Arbeit kein Gehalt bekommen. Sie hatten für den Lohn einer geistlichen Gemeinschaft den irdischen Gütern entsagt. Sie arbeiteten oft 30, 40 Jahre für Kost, Logie und Kleidung und widmeten ihre ganze Kraft der ihnen gestellten Aufgabe.[42]

Der Ausstellungspark

Das Ausstellungswesen nahm im letzten Drittel des 19. Jahrhunderts in Deutschland einen großen Aufschwung. Industrie- und Gewerbeausstellungen wurden zum »Markt der Möglichkeiten« und fanden ihren Platz zwischen Volksfest und Handelsmesse. Die großen Weltausstellungen gaben entscheidende Impulse für diese Entwicklung. Ausdehnung und Aufwand der Ausstellungen wuchsen dabei immer mehr. In München fanden die frühesten Gewerbeausstellungen in den 30er Jahren im Münchner Odeon unter freiem Himmel statt. 1854 wurde der Glaspalast als Industrieausstellungsgebäude eröffnet. Er wurde nach dem Vorbild des Londoner Kristallpalastes erbaut. Große Landesausstellungen zeigte Bayern in Nürnberg. Der Stadt München fehlte für solche Ausstellungen ein geeignetes Gelände.

Die bauliche Entwicklung auf der Theresienhöhe und das Fehlen eines großen Areals für Ausstellungen in der Stadt, waren ausschlaggebend für die Entscheidung, einen Ausstellungspark zu errichten. Der Gemeindebevollmächtigte und Hausbesitzer im Westend, Phillip Kellner betrieb als Vorstand des 1903 gegründeten »Verein Ausstellungspark« das Projekt energisch. Gemeinsam mit anderen Hausbesitzern des Viertels erhofften sich die Vereinsmitglieder eine Standortverbesserung für das Gelände. Die stiefmütterliche Behandlung durch die Stadt sollte damit ein Ende haben, für eine solche Nutzung war nicht zuletzt eine bessere Erschließung und Verkehrsanbindung notwendig.[43]

Die Planung und Errichtung des Ausstellungsgeländes dauerte 16 Jahre. Ein wichtiger Grund für die lange Zeitdauer waren Schwierigkeiten beim Grunderwerb. Im Verlauf der Entwicklung wurden mehrfach die Planungen verworfen und verändert. Die ersten Pläne für das Gelände stammten von dem Architekten Theodor Fischer. Gabriel von Seidl, der Fischers Planungen begutachtete, verwarf dessen Ansatz und entwickelte eigene Pläne die später realisiert wurden.

Der »Verein Ausstellungspark e.V.« erwarb 1903 im Namen des Staates und der Stadt von der »Matthias Pschorr'schen Bavariastiftung Monachia« ein 25,55 ha großes Gelände. Hinzu kam der Bavariapark, alles zusammen kostete sechs Millionen Goldmark.

1907/08 wurden sechs Hallen mit insgesamt 20.500 qm Ausstellungsfläche gebaut und ein Vergnügungspark errichtet. Der Vergnügungspark war seinerzeit der größte Europas.

---

[42] vgl. Bericht der Vinzenz-Konferenz St. Rupert für das Jahr 1926 und o.V., Das Kinderheim und die Vinzenzkonferenz St. Rupert, München 1956, M.S.

[43] vgl. Bleek, Stefan, a.a.O., S. 122f.

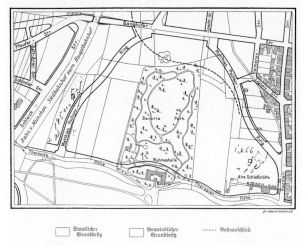

Staatlicher Grundbesitz   Gemeindlicher Grundbesitz   ------ Bahnanschluß

Plan zum Ausstellungsgelände von Prof. Gabriel v. Seidl, 1902

Das Hauptportal vom Ausstellungsgelände, 1908

Die große Ausstellung: »München 1908« zum 750. Jahrestag der Stadtgründung, eröffnete die Anlage. Die Schau präsentierte »alles was München heute schafft«[44]. Sieben Monate vor Ausstellungsbeginn gründeten unter anderen Richard Riemerschmid und Theodor Fischer in München den Deutschen Werkbund. Der Deutsche Werkbund hatte sich das Ziel gesetzt, Architektur, Kunsthandwerk und Industrieformgebung inhaltlich und gestalterisch zu modernisieren. Die Münchner Ausstellung zeigte erste Ergebnisse dieser Erneuerungsbewegung. Die 3 Millionen Besucher brachten den Initiatoren des Ausstellungsgeländes den erhofften wirtschaftlichen Erfolg. Schon bald nach Einrichtung des Ausstellungsparkes regte sich Kritik in der Öffentlichkeit. Für die Anwohner war das Ausstellungsgelände nur außerhalb der Ausstellungen zugänglich. Ihnen ging mit dieser Bebauung Bewegungs- und Lebensraum verloren.

Die Ausstellungshallen waren nicht nur für die Messenutzung erbaut. Bei der Planung sind auch andere Nutzungsmöglichkeiten berücksichtigt worden. Die Halle I, die sogenannte Musikfesthalle, war so lang wie der Marienplatz und besaß eine hervorragende Akustik. Sie wurde durch bedeutende musikalische Veranstaltungen bekannt.

Das erste große Musikereignis organisierte 1910 der Konzertveranstalter Emil Gutmann, der Gustav Mahler zur Uraufführung seiner Achten Symphonie in der Musikfesthalle überredete. Die Aufführung wurde ein gigantisches Ereignis mit mehr als tausend Mitwirkenden. Neben acht Solisten sangen 3 Chöre, der Münchner Kinderchor, ein Leipziger- und ein Wiener Chor. Zwei Orchester mit 340 Mann Besetzung wirkten mit. Gustav Mahler dirigierte mit großem Erfolg diese Uraufführung. Bereits die umfangreichen Proben, die wegen der überregionalen Besetzung auch in anderen Städten stattfanden, gingen durch die Presse. Die Aufführung in der ausverkauften Halle war ein großer Erfolg. Prominente Gäste wie Thomas Mann, Anton von Webern, Leopold Stokowski, der die VIII. Sinfonie später in Amerika dirigierte, Otto Klemperer, Arnold Schönberg, Stefan Zweig und Max Reinhard gaben dem Meister die Ehre. Die fast 3500 Zuschauer applaudierten ekstatisch.[45]

Viele weitere große Veranstaltungen fanden in der Musikhalle statt. 1914 sangen die Arbeiterchöre im

---

[44] Lauterbach, Burkhart, »München 1908« – Eine Ausstellung, in: Münchner Messe- und Ausstellungsgesellschaft MBH (MMG), Münchner Stadtmuseum (Hg.), Vom Ausstellungspark zum Internationalen Messplatz, München 1984, S. 37.

[45] vgl. Holland, D., Gustav Mahler und die Münchner Philharmoniker, München, S. 190-200.

Die Hauptrestauration, um 1925

Der Vergnügungspark, 1908

Die Musikhalle, 1908

Probe von Mahlers Achter Symphonie, September 1910

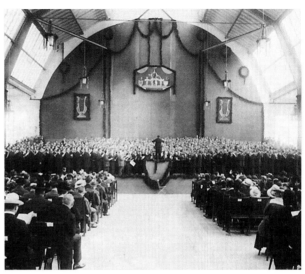

IX. Bayerisches Arbeitersängerfest 1914, Konzert in der Musikhalle des Ausstellungsgeländes

Programmzettel zur Uraufführung von Mahlers Achter Symphonie in der Musikhalle des Ausstellungsgeländes

Rahmen des IX. Bayerischen Arbeitersängerfests, 1929 wurde Händels »Messiah« aufgeführt. Eine Aufführung von Beethovens »Neunter« fand am 21. Juni 1935 statt.[46]

---

[46] vgl. Kulturreferat der Landeshauptstadt München (Hg.), Empor zum Licht, München 1987, S. 42 und Pitschi, Andreas: Das Münchner Westend von seinen Anfängen bis zur Gegenwart. Eine ortsgeschichtliche Studie, München 1936 S. 70f.

»Eigner Herd ist Goldes wert«

Kleine, bezahlbare Wohnungen waren im Arbeiterviertel Mangelware geblieben. Ein bißchen Komfort und Sicherheit gehörten für die meisten Familien immer noch zum Zukunftstraum. Vor diesem Hintergrund entstand die Idee der Baugenossenschaften als Gemeinschaft ohne Profitabsichten.

Genossenschaften gab es in vielfältiger Natur für Produzenten und Konsumenten. 1830 hatte der Franzose Fourier die Idee der Genossenschaften, als Gemeinschaften zur Ausschaltung des Gewinnstrebens im Kapitalismus, formuliert.

Wohnungsbaugenossenschaften entstanden in Deutschland Ende des 19. Jahrhundert, sie waren Selbsthilfeeinrichtungen. Ihr Ziel war die Bekämpfung der Wohnungsnot, die Schaffung von kleinen, bezahlbaren Wohnungen mit angemessener Wohnungsqualität. Die Wohnungen sollten für die Genossenschaftsmitglieder unkündbar sein, soweit sie sich an die gemeinsam vereinbarten Regeln hielten.

Bislang fehlte jegliche staatliche und kommunale Regulierung im Wohnungsbau und Mietwesen. Die Behörden nahmen häufig erst die Mißstände zur Kenntnis, wenn Strafanzeigen schon Tatsachen waren. Überfüllte Wohnungen, völlig unzureichende sanitäre Ausstattungen, überteuerte Mieten und Schlafgänger führten zu Diebstählen, Gewalt, Prostitution und Kindesmißhandlungen. Obwohl die Ursachen bekannt waren, hatte die kommunale Verwaltung keinerlei Instrumentarien, um schützend oder vorbeugend die Zustände zu verbessern.

Die ersten Wohnungsgenossenschaften entstanden in München vor der Jahrhundertwende. 1889 wurde die beschränkte Haftungspflicht für die Mitglieder einer Genossenschaft gesetzlich verankert und der Weg für die weitere Entwicklung dieser Eigentumsform geebnet. Bis dahin war für alle Beteiligten eine Genossenschaftsgründung eine höchst riskante Angelegenheit, denn jedes einzelne Mitglied haftete mit seinem gesamten Privatvermögen. Die Finanzierung gestaltete sich seit den neunziger Jahren günstiger. Aufgrund der unter dem Reichskanzler Bismark eingeführten Sozialgesetze entstanden die ersten Versicherungsanstalten. Das sich schnell ansammelnde Kapital der Versicherungen wurde zu einer entscheidenen Kreditquelle für die Genossenschaften.[47]

Der 1887 von der katholischen Kirche gegründete Arbeiterverein machte sich auch die Linderung der Wohnungsnot zur Aufgabe. Mitglieder des linken Zentrumflügels und des niederen Klerus widmeten sich in München, seit den achtziger Jahren des 19. Jahrhunderts, Fragen und Problemen der Arbeiterschaft. Das war damals keineswegs eine von der Kirche anerkannte Aufgabe, weswegen die betreffenden Männer auch als »rote Kapläne« verschrien waren.

1878 hatte Bismark die Sozialistengesetze erlassen, und damit war jegliche gemeinsame Aktion von Arbeitern bei Strafe verboten. Wer sich für die Interessen der Arbeiter einsetzte, geriet ganz schnell in den Geruch der Staatsfeindlichkeit. Schon zwei Jahre früher hatte der Freiherr von Feilitzsch in Bayern die Organisationen der Sozialdemokraten verboten und unter Strafe gestellt. Die Kirche stand in einer Linie mit der staatlichen Auffassung von einer »roten Gefahr«.

Mutig war vor diesem Hintergrund das Engagement einzelner Geistlicher zur Verbesserung der Lebenssituation der Arbeiter. Einer der größten

katholischen Arbeitervereine entstand 1888 in München-West aus dem »Krankenunterstützungsverein Friedenheim«. Alois Gilg, Prediger von St. Peter, war führendes Gründungsmitglied dieses Arbeitervereins. Neben einer Bibliothek, einer Kranken- und Sterbekasse und einem Sängerchor, war die Schaffung von 80 »schönen und billigen Familienwohnungen« Ziel der Vereinsarbeit. 1893 wurden fünf Häuser an der Ganghofer-/Ecke Tulbeckstraße von Vereinsmitgliedern bezogen, vorher wohnten Mitglieder des Kolpingvereins in diesen Häusern. Neben den Wohnungen war ein großer Saal für die geselligen Aktivitäten des Vereins erbaut. Dieser Saal, das spätere Rupertusheim, war das erste kulturelle Zentrum für die Bewohner der Schwanthalerhöh'.[48]

Ab 1908 wurden in Bayern staatliche Darlehen gewährt und Bauten gemeinnütziger Vereine 12 Jahre steuerbefreit. Infolge dieser entscheidenden Förderungen des genossenschaftlichen Wohnungsbaues entstanden im Westend Baugenossenschaften.

Am 5. Oktober 1909 trafen sich auf Einladung von Michael Wunderle vierzehn Herren, um die »Baugenossenschaft München-West e.G.m.b.H.« zu gründen. Wunderle war Sekretär von Beruf und somit in Verwaltungsdingen bewandert. Er übernahm den I. Vorsitz, die übrigen Vorstandsmitglieder waren Handwerker und kleine Beamte, vornehmlich bei der Post. Sie nahmen nun »ihre Sache« selbst in die Hand. Erklärtes Ziel war der Bau von zwölf genossenschaftlichen Häusern an der äußeren Tulbeckstraße. Zwischen April und Mai 1911 konnten die ersten 171 Wohnungen an der Tulbeckstraße 42-50, zwischen Bergmann- und Trappentreustraße bezogen werden. Die glücklichen Genossenschaftsmitglieder wurden von ihren Mitgenossen heiß beneidet, denn mittlerweile war die Mitgliederzahl doppelt so hoch wie die Wohnungsanzahl. In der Tulbeckstraße 44 hatte die Spatenbrauerei eine Wirtschaft eingerichtet und auf Umsatzpacht vergeben. Zur Genossenschaft gehörten außerdem drei Läden, ein Milch- und zwei Lebensmittelgeschäfte. Die Mieter waren per Mietvertrag

---

47 vgl. Krauss, M., Prinz, F.,(Hg.), München, Musenstadt mit Hinterhöfen, München 1988, S. 119-123.
48 vgl. ebenda.

Tulbeckstraße, die Genossenschaftshäuser des kath. Arbeitervereins, ab 1918 Baugenossenschaft Rupertusheim

Linke Seitenfront des Theatersaales vom »Rupertusheim« in der Tulbeckstraße, gezeichnet vom 8jährigen Franz G., 1938

verpflichtet, in diesen Etablissements einzukaufen, der Gewinn floß wiederum der ganzen Genossenschaft zu.[49] Die Genossenschaft versuchte, durch Großeinkäufe ihre Produkte billig zu erwerben und gab den Vorteil an ihre Kunden weiter.

Feste wurden gerne und viel gefeiert, in der kälteren Jahreszeit fanden sie in den Genossenschaftslokalen statt. Beliebtes Vergnügen waren Versteigerungen. So wurde beispielsweise der geschmückte Weihnachtsbaum unter großem Beifall Zweiglein für Zweiglein versteigert, samt den daranhängenden Schätzen.[50]

[49] vgl. Feidl, Luitpold, 75 Jahre Wohnungsgenossenschaft München West, München 1986.
[50] Interview d.V.

Häuser der »Baugenossenschaft München-West e.G.m.b.H.« Tulbeckstraße 48, um 1930

Hinterhoffest Tulbeckstraße 46/48, um 1924

Zwischen 1908 und 1910 entstanden in München insgesamt 20 Baugenossenschaften.[51] So erinnert sich ein Sozialdemokrat: »Bei uns heraußen, zwischen Theresienhöhe und Ganghoferstraße, waren ganz alte Bauten, die schon im vergangenen Jahrhundert gebaut worden sind für die Arbeiter, als man gesagt hat: Hauptsache, wenn er ein Dach über dem Kopf hat, aber mehr braucht er nicht. Klo und Wasser, das war meistens im Stiegenhaus draußen und mußte benutzt werden von 2 und 3 und 4 Parteien. Das war natürlich schon ein unschönes Wohnen. Wenn sich da ein paar Leute nicht richtig verstanden haben, dann ist das natürlich in der Wohngemeinschaft kritisch geworden. Die Entstehung der Genossenschaften geht schon bis vor den ersten Weltkrieg zurück. Diese Privathausherren, die haben natürlich nicht so Komfort gebaut – und da haben sich in der Arbeiterbewegung einige zusammengetan und haben Geld aufgenommen und schön langsam Wohnungen gebaut. Da hat dann jeder 200 Mark Einlage zahlen müssen von denen, die zu Wohnungen gekommen sind. Aber das haben sich auch nicht alle leisten können, diese 200 Mark.«[52]

---

51 vgl. Krauss, M., Prinz, F.,(Hg.), München, Musenstadt mit Hinterhöfen, München 1988, S. 119-123.
52 Interview des Kulturladens.

Am 16. Februar 1911 fanden sich neun Herren zusammen, um sich vom »… starken Druck der Hausagrarier« zu befreien und »… sich die eigene Scholle zu verschaffen«.[53] Eine Woche später gründeten diese Herren auf einer Versammlung in der »Westendhalle« die Baugenossenschaft »Ludwigsvorstadt München e.G.m.b.H.«. Die gut besuchte Gründungsversammlung beschloß einstimmig den Bau von Kleinwohnungen im Westend. Den Namen »Ludwigsvorstadt« entlehnten die Genossen dem nach Ludwig I. benannten Stadtviertel zwischen Sonnenstraße und Bavariaring. Die Genossenschaft erwarb ein Baugrundstück zwischen Kazmair-, Gerold-, Gollier- und Ganghoferstraße von der Augustinerbrauerei. Bereits am 6. Juni 1911 erfolgte der erste Spatenstich. Im Laufe der nächsten zwei Jahre bebaute die Firma Hans Eisenrieth den »ganzen Stock« mit insgesamt 26 Häusern.[54] Manch einen der zukünftigen Mieterfamilien drückte die Wohungsnot, seit sie Genossenschaftsmitglied waren, noch viel mehr, denn Hauseigentümer, die von derartigen Aktivitäten ihrer Mieter erfuhren, setzten sie häufig kurzerhand auf die Straße.

In der Genossenschaft »Ludwigsvorstadt« befanden sich sieben Läden und eine Wirtschaft. Zur allgemeinen Benutzung für die Bewohner standen Telephon, Handwagen, Leitern, Malerwerkzeug, Krauthobel u.ä. bereit. In der Gartenanlage Pfeuferstraße hatten zahlreiche Genossen einen Kleingarten. Die Gartenerträge wurden z.T. in den Geschäften der Genossenschaft verkauft. Die »Ludwigsvorstadt« praktizierte von allen Wohnungsgenossenschaften im Westend am aktivsten den »Genossenschaftsgedanken«. Die Gastwirtschaft »Ludwigsvorstadt«, die sich in der Kazmairstraße 44 befand, war ab 1920 Sektionslokal der KPD-Westend.

Nicht nur für die Kommunisten war die Lokalfrage eine wichtige Sache, auch andere Arbeitervereine

waren bei den Wirten häufig unbeliebt. Deshalb bedeuteten die Genossenschaften mit ihren eigenen Lokalen einen großen Fortschritt für viele Arbeiterorganisationen.

Im Herbst 1911 entstand eine weitere Genossenschaft, die Wohnungen an der Elsenheimer-/ Straubinger Straße plante. Die Geschichte dieser Genossenschaft war allerdings anders. Die Terraingesellschaft Neufriedenheim hatte ein Projekt für Kleinwohungen auf ihrem Grundstück an der Elsenheimerstraße. Terraingesellschaften gab es in München seit 1890. Sie kauften unbebaute Areale in spekulativer Absicht auf, erschlossen diese durch Straßenanlagen und verkauften sie dann gewinnbringend. In Deutschland gab es etwa 200 solcher Terrain – Aktiengesellschaften, 21 in München, 100 in Berlin, der Rest verteilte sich auf die übrigen deutschen Städte. Aufsichtsratsmitglieder dieser Gesellschaften waren hauptsächlich Bankiers.[55] Die Terrainspekulation dieser Gesellschaften wurde als eine Ursache für das Wohnungselend angesehen. »Sie erwarben über Kopf und Hals alle Äcker um München herum bis weit, weit hinaus, ließen die Flächen von zuverlässigen Leuten gegen gutes Honorar als Bauplätze übertrieben hoch schätzen und danach belehnen. Münchner und auswärtige Bankinstitute förderten die Lumperei und halfen mit, den Baulandpreis und die eingebildeten Anwesenheitswerte sündhaft hoch hinaufzutreiben. Die Mieter mußten es sich gefallen lassen, von den Münchner Hausherren als besitzlose »Mieterbagage« beschimpft zu werden.«[56]

Die Baugenossenschaft, die das Projekt Elsenheimer-/Straubingerstraße übernahm, nannte sich »Familienheim München-West«. 1912 übernahm die Baugenossenschaft ein Bauprojekt an der Astaller Straße von der Pschorr-Brauerei. Mittlerweile war der Bedarf an Wohnungen gedeckt, und die Finanzierung der Häuser an der Elsenheimerstraße machte erhebliche Schwierigkeiten. Die Pschorr-Brauerei drohte bei Nichtübernahme ihres Bauprojektes mit der Gründung einer weiteren Baugenossenschaft für ihre Gebäude an der Astallerstraße. Das hätte für »Familienheim München-West« ein schnelles und finsteres Ende bedeutet. Die Pschorr-Brauerei beschaffte die nötigen Hypotheken, und so konnten im Herbst 1912

[53] Feidl, Luitpold, a. a. O., S. 27.

[54] vgl. ebenda.

[55] vgl. Dönges, Reinhard, Beiträge zur Entwicklung Münchens, München 1910.

[56] Schneider, Ludwig M., Die populäre Kritik an Staat und Gesellschaft in München (1886 – 1914), Heft 61, Schriftenreihe des Stadtarchivs München, München 1975, S. 53.

Vorstand und Aufsichtsrat der Baugenossenschaft »Familienheim München-West«

die ersten Wohnungen der Blöcke Elsenheimer/ Straubingerstraße und 1913 die Wohnungen an der Astallerstraße bezogen werden. Die Nachfrage war mäßig, und so blieb vorerst mehr als die Hälfte leer stehen. Vermehrt zogen nun auch Bewohner »hinter ins Westend«, besonders für ihre Kinder waren die angrenzenden Wiesen und Felder hinter der Unterführung an der Westendstraße, die es seit 1904 gab, beliebtes Ziel. In den meisten Genossenschaftshäusern wohnten Beamte, die bei der Eisenbahn und Straßenbahn oder der Post beschäftigt waren.

Die Schachterlkinos – eine Neuheit

Das Kino gibt es seit 1895 und es hat sich mit seinen »laufenden Bildern« rasant verbreitet. 1897 eröffnete in München das erste Lichtspieltheater seinen Spielbetrieb.

Das erste Kino auf der Schwanthalerhöh' war das »Edentheater«. Es wurde 1907 in das Wohnhaus Westendstraße 123 eingebaut. Dieses Kino bestand bis in die dreißiger Jahre, und mancher alteingessene Bewohner erinnert sich noch, wie er als Bub an der Tür, die wegen der Belüftung selten ganz geschlossen war, versucht hat, dem Geschehen auf der Leinwand zu folgen. Die Groschen für den Kinobesuch mußten hart erspart werden, und für die Jüngeren war das Vergnügen noch in weiter Ferne.

In den vom Orgelbauer Franz Borgias März finanzierten Anbau des Wohnhauses Landsberger Straße 61 war auch ein Kino gekommen, die »Gerold Lichtspiele«. Der Kinoeingang befand sich in der ehemaligen Geroldstraße, heute Fäustlestraße. Als der Hauseigentümer Franz Josef Geiselhardt 1914 in den Krieg zog, verpachtete er das Kino, um seiner Frau und dem einzigen Kind das Auskommen zu erleichtern. Der Pächter entpuppte sich allerdings als Schwindler. Er

*Tulbeck-/Ecke
Ligsalzstraße,
Gasthaus
Edelweis, um
1900*

*Tulbeck-/Ecke
Ligsalzstraße, in
die Räume des
ehemaligen
Gasthauses
»Edelweiß«
wurde 1912 das
Lichtspieltheater
»Theresienhöhe«
eingebaut*

Anzeigen für Kinoveranstaltungen

hat das Kino unter seinem Namen verkauft. Der Prozeß gegen diesen Betrug zog sich durch die Kriegsjahre. Das Kino überlebte diesen Prozeß nicht.[57]

1912 kam in das Wohnhaus, Ganghoferstraße 12, ein weiteres Kino des Viertels, die »Ganghoferlichtspiele«. Das vierte Kino entstand im gleichen Jahr in der Ligsalzstraße 22, Ecke Tulbeckstraße. Es hieß »Theresienhöhelichtspiele« . Vorher war an dieser Stelle das Gasthaus »Edelweiß«.

Nummer Fünf im »Kinogründungsjahr« des Westends waren die »Westendlichtspiele«, die in der Kazmairstraße 60 eröffnet wurden. Eines war allen gemeinsam: sie waren sehr klein und wurden deswegen von den Bewohnern die »Schachterlkinos« genannt. Auch wenn sie Lichtspieltheater hießen, so war ihr Name doch nur die Schwalbe, die bekanntlich allein den Sommer noch nicht macht. Ein »richtiges« Kino, das den Namen Theater auch verdiente, kam erst nach dem Krieg ins Westend.

---

[57] Interview d.V.

Wolfgang Läpke

Hauptzollamt an der Landsberger Straße

Den meisten Münchnern wird der riesige, an den Bahngleisen entlang verlaufende Gebäudekomplex, dem durch seine in 45 Metern Höhe gelegenen Glaskuppel ein unverwechselbarer architektonischer Akzent verliehen wurde, ein vertrauter Punkt im Stadtbild sein. Wer München mit der Bahn erreicht oder im Auto den mittleren Ring über die Donnersberger Brücke passiert, der wird sicherlich für den kurzen Moment des Passierens vom Zauber des Bauwerks gefangen genommen. Daß sich hier ein Denkmal des Spätjugendstils und einer der größten Verwaltungsbauten der Stadt befindet, das wissen allerdings nur wenige.

Erste Überlegungen für einen Hauptzollamts-Neubau

Schon im Münchner Jahrbuch von 1913 kann man bei den Sehenswürdigkeiten Bayerns im Abschnitt »Monumentalbauten und Bauwerke größerer Bedeutung oder besonderer Art« die neuen Zollbauten Münchens beschrieben finden. So liest man dort: »Die im Jahre 1912 dem Betrieb übergebenen Zollanlagen in München sind für das wirtschaftliche Gedeihen Bayerns und insbesondere Münchens von hervorragender Bedeutung. Die außerordentliche Entwicklung des Verkehrs geht schon aus der Steigerung des Ertrages an Zöllen und Niederlagsgebühren beim kgl. Hauptzollamt I hervor, welcher trotz der inzwischen erfolgten Errichtung zweier weiterer Hauptzollämter in München von 2 396 936 Mark im Jahre 1896 auf 9 176 144 Mark im Jahre 1911 gewachsen ist. Es erscheint daher eine eingehendere Besprechung dieser vielleicht in ganz Deutschland einzigartig dastehenden Anlagen gerechtfertigt.

Das in den Jahren 1871 – 1874 hergestellte Hauptzollamtsgebäude an der Bayerstraße in München

genügte schon seit Jahren den Anforderungen des wesentlich gesteigerten Verkehrs in keiner Weise mehr. Auch die Gleisanlage des alten Hauptzollamtsgebäudes war bei dem Umfange des Verkehrs der letzten 10 bis 15 Jahre ganz unzureichend geworden: zur Ermöglichung eines raschen Güterumschlags sind ausgedehnte Bahngleise erforderlich, für deren Anlage beim alten Hauptzollamtsgebäude jeder Platz mangelte. Die Errichtung ausgedehnter und moderner Zollanlagen war daher ein unverschiebliches Bedürfnis.«[1]

Sicherlich waren nicht nur die Raumnot im alten Hauptzollamt und die gestiegene Wirtschaftstätigkeit im damaligen Königreich des Prinzregenten Luitpold ausschlaggebend für die Größe der Zollneubauten. Sie sind auch als ein weiteres Beispiel der monumentalen Bauweise der Prinzregentenzeit zu sehen und repräsentierten nach außen die Größe und die Eigenständigkeit des bayerischen Königreiches. Fertiggestellt wurde das Gebäude im Jahre 1912. Zu den Einweihungsfeierlichkeiten am 1. Juli 1912 erschien seine Majestät allerdings nicht persönlich. Prinz Ludwig, der spätere König Ludwig III. war bei der Einweihung in Vertretung seines Vaters zugegen.

Aber bevor es soweit war, muß man noch 6 Jahre in der Geschichte zurückgehen. Wobei man bereits an dieser Stelle erwähnen sollte, daß der gesamte Gebäudekomplex in einer nicht nur zur damaligen Zeit rekordverdächtigen Bauzeit von nur 2½ Jahren erstellt wurde. Erste Überlegungen zur Herstellung des Hauptzollamts-Neubaus gehen auf das Jahr 1906 zurück. Die Einführung eines neuen Zolltarifs hatte Auswirkungen auf die Abfertigung von Obst und Gemüse, was wiederum den Bau einer neuen Abfertigungshalle an der Landsberger Straße gegenüber der Augustinerbrauerei zur Folge hatte. Hier sollte sich ursprünglich der Hauptzollamts-Neubau anschließen. Die Eisenbahnverwaltung beabsichtigte allerdings, auf diesem Grundstück eine neue Eilgutversandhalle zu errichten. Der stetig anwachsende Eisenbahnverkehr sowie eine Änderung der Gleisanlagen im Münchner Hauptbahnhof, die im Jahre 1911 in Angriff genommen werden sollte, machten diese Maßnahme erforderlich. Von diesem Zeitpunkt wäre das Verbringen zollpflichtiger Eisenbahngüter zum Hauptzoll-

---

[1] Münchner Jahrbuch 1913, Kalender für Büro, Kontor und Haus.

amtsgebäude an der Bayerstraße mit erheblichen Schwierigkeiten, Kosten und vor allem mit Zeitverlust verbunden gewesen. Da die ungehinderte Abwicklung der Zollabfertigung sowohl im Interesse des Handels, wie auch der beteiligten Staatsverwaltungen war, ging dem Landtag im Sommer 1908 ein Antrag der bay. Staatsregierung auf Errichtung eines neuen Hauptzollamtsgebäudes zu.

Berufung des Baumeisters

Im Februar jenen Jahres wurde Hugo Kaiser zum Spezialkommissar für den Entwurf und den Neubau der Zollanlagen an der Landsberger Straße ernannt. Als Bauplatz war der ehemalige »forstärarialische Holzhof« der kgl. bayerischen Forstverwaltung vor der Stadt ausersehen. Neben dem Hauptzollamt sollte auch die in der kgl. Generaldirektion im Alten Hof eher unzulänglich untergebrachte »Technische Prüfungs- und Lehranstalt der Verwaltung der Zölle und indirekten Steuern« im Neubau an der Landsberger Straße untergebracht werden. Wegen der großen Entfernung zur Stadtmitte mußte außerdem für eine ausreichende Zahl von Beamtenwohnungen gesorgt werden. Die Kosten für diese Bauten sollte die Stadt München übernehmen, und somit oblag die Bauausführung dem städtischen Hochbauamt, dessen Oberleitung Ministerialrat in der Obersten Baubehörde Freiherr von Schacky auf Schönfeld übertragen wurde.

Vorbereitung auf die große Aufgabe

Der Baumeister Hugo Kaiser bereitete sich gewissenhaft auf seine große Aufgabe vor. Vier Studienreisen führten ihn, seinen Vorgesetzten von Schacky, den kgl. Regierungsrat im kgl. bay. Staatsministerium der Finanzen Zapf und den kgl. Oberzollinspektor am Hauptzollamt München I Kätzelmeier zu den damals modernsten Hauptzollämtern nach Würzburg, Mainz, Köln und Düsseldorf. In Bremen und Bermerhaven waren Getreide-, Kaffee- und Fischereihafen Studienobjekte. In Hamburg besichtigten sie moderne personalsparende Zolleinrichtungen und den Freihafen. In Berlin wurde der Nordhafen, einer der größten Umschlagpunkte für Obst und Gemüse angeschaut.

In Leipzig standen die Besichtigung der Güter- und Zollabfertigungshallen sowie eine Beamtenwohnanlage auf dem Programm. Auf weiteren Studienreisen wurden Auskünfte über die künftigen technischen Einrichtungen eingeholt. So besuchte Hugo Kaiser ein Stahlwerk in Kaiserslautern, denn das Hauptzollamt sollte als eines der ersten großen Bauwerke in Deutschland in der damals noch ganz neuen Technik des Stahlskelettbaus (Eisenbetonbau) errichtet werden. Ein Beispiel modernster Klimatechnik bot eine Klimaanlage bei der Sektkellerei Henkell in Biebrich, die eine um höchstens 2 Grad schwankende Raumtemperatur gewährleistete. Eine Berieselungsanlage zur Aufrechterhaltung gleichbleibender Feuchtigkeit war ebenfalls dort zu sehen. Damals beabsichtigte man, im Hauptzollamt einen großen Teil der griechischen Tabakernte zu lagern. Außerdem wurden Laufkräne im Hafen von Duisburg-Ruhrort besichtigt. Die Rohrpost- und Seilpostanlagen im Warenhaus Wertheim und im Haupttelegraphenamt in Berlin wurden in Augenschein genommen. Italienische und deutsche Baumaterialien wie Cipollino (Zwiebelmarmor), Granit aus dem Fichtelgebirge, Lapis gabinus (Tuff) oder auch Bodenbeläge wie Hartholz-Langriemen und Stöckelpflaster sah sich der Baumeister höchst persönlich an.

Im Schlußwort seines Berichts über die Studienreise stellt Hugo Kaiser die für das Hauptzollamt-München besonderen Verhältnisse dar, insbesondere die überwiegende Abfertigung von Einzelstücken verschiedenen Inhalts, »…wobei die zur Verzollung gelangenden Gegenstände oft große Schwierigkeiten hinsichtlich der Tarifierung bieten und wegen ihres hohen Wertes besonders behutsame Behandlung erheischen. Daneben nimmt die Abfertigung von Massengütern, insbesondere von Kolonialwaren eine sehr wichtige Stellung ein. Diese eigenartigen Verhältnisse erfordern zusammen mit dem erheblichen Umfange der geplanten Anlage entsprechende Geschäftsverteilung und besondere Vorkehrungen. Es sind daher Abfertigungsabteilungen in Aussicht genommen:
1. Abteilung für einfachere Abfertigungen …
2. Abteilung für schwierigere Abfertigungen …
3. Abteilung für den Niederlagsverkehr …

Ansicht der Landsberger Straße Nr. 130 bis 122 im Mai 1909

Diese drei Geschäftsabteilungen sollen in möglichst enge Verbindung mit einer Vorhalle gebracht werden, welche der Zollgast von der Straße aus zunächst betritt. Um diese Halle sind alle jene Amtsräume vereinigt, mit denen der Zollgast zu tun hat: Frachtbriefausgabe, Zollgüterstelle, Registerführung, Kasse, dann Deklarationsbevollmächtigte der Eisenbahn, Lademeister, Schreibzimmer für Spediteure und sonstiges Publikum. Es gelangt nur eine Kasse zur Einrichtung, mit der die Abfertigungsstellen durch Rohrpost verbunden werden sollen. ... Bei allen Räumen, in denen Staubentwicklung zu erwarten ist, soll der Schädigung der Gesundheit durch Anordnung von Abwurfschächten, Staubaufsaugung, Ventilationseinrichtungen und eine Entstaubungsanlage vorgebeugt

werden. ... Der Warentransport wird erleichtert durch Bereitstellung zahlreicher, leistungsfähiger und einfach zu bedienender Beförderungsvorrichtungen. Eine weitere Erleichterung des Verkehrs wird erwartet von der Trennung des Verkehrs zu und von den Amtsräumen vom Privatverkehr zu den Dienst- und Mietewohnungen, welche im Anschluß an die Hauptzollamtsanlage errichtet werden sollen, dann von der Scheidung des Fußgängerverkehrs vom Fuhrwerksverkehr und von der Regelung des letzteren in einheitlichem Fortbewegungssinne.«[2]

Empfang beim Prinzregenten

Hugo Kaiser wurde aufgefordert, ein Modell des geplanten Hauptzollamts-Neubaus in einem Saal der Wohnung des Prinzregenten Luitpold aufzustellen und die Baupläne auszulegen. Zusammen mit seinem

---

[2] Hugo Kaiser, Bericht über die Studienreise aus Anlaß des Neubaues eines Hauptzollamtsgebäudes in München.

Vorgesetzten Freiherr von Schacky stand er zum bestellten Zeitpunkt für die Audienz bei seiner Majestät bereit. Der Prinzregent traf pünktlich mit dem Finanzminister Hermann von Pfaff sowie in Begleitung seiner zwei Dackel ein. Nachdem der Minister die Herren vorgestellt hatte, nahm der Prinzregent das Modell in Augenschein, das u. a. zur Darstellung der Umgebung auch Eisenbahn- und Straßenbahnwagen enthielt. Neben dem eigentlichen Gebäude, interessierte den Prinzregenten eben diese Ausstattungsgegenstände, die er mit dem Finger anstieß und er sich freute, wenn sie ein paar Zentimeter rollten. Dann fragte er: »Wo haben Sie denn die netten Sachen her?« Kaiser nannte das Spielwarengeschäft Schmitt am Karlstor. »Schreiben Sie diese Adresse auf und geben Sie den Zettel diesem Lakaien, ich werde solche Wägelchen meinen Urenkeln zu Weihnachten schenken.« Die durch die devot vorgebeugte Haltung noch tiefer herabhängenden Rockschöße des Herrn von Schacky waren eine Herausforderung für die Dackel. Als sie sich daran verbissen und anfingen zu schaukeln, schritt der Prinzregent ein: »Die Hunde belästigen« und zum Lakaien gewandt: »bringen Sie die Hunde hinaus.« Viel Aufmerksamkeit wandte er den Aufgaben eines Hauptzollamtes und den ihm offenbar noch nicht geläufigen Aufgaben einer Technischen Prüfungs- und Lehranstalt der Zollverwaltung zu. Nach einer guten halben Stunde verabschiedete er sich mit den Worten »Hat mich sehr gefreut, hat mich sehr interessiert.«[3]

Bauausführung und Baukosten

Die Neubauten entstanden in nur zweieinhalbjähriger Bauzeit in den Jahren von 1909 bis 1912. Die Gesamtanlage wurde auf einer Grundstücksfläche von 32 000 qm errichtet, wovon 14 000 qm bebaut wurden. Das Hauptzollamt ist damals wie heute eines der größten Gebäudekomplexe Münchens (der Flächeninhalt des Justizpalastes beträgt mit seinen zwei Innenhöfen dagegen nur 8 900 qm).

Nachdem der forstärarialische Holzhof im Herbst 1909 an den Ostbahnhof verlegt wurde, begann der Abbruch der alten an der Landsberger Straße gelegenen Gebäude. Als erster Bauteil wurde die Errichtung

der Technischen Prüfungs- und Lehranstalt an der südöstlichen Ecke des Grundstücks begonnen. Trotz einer dreimonatigen Aussperrung im Sommer 1910, die die Bauarbeiten verzögerte, konnte dieses Gebäude bereits am 1. November des gleichen Jahres bezogen werden.

Die anderen Gebäude wurden ebenfalls im Herbst 1909 begonnen. So entstanden entlang des Gleiskörpers das mächtige vielgeschossige Lagerhaus mit dem 100 qm großen Lichthof und der markanten Glaskuppel, der zur Landsberger Straße vorgelagerte Verwaltungsbau und die Beamtenwohngebäude. Im Herbst 1910 konnte der Dachstuhl gebaut werden, und in der bis zum 1. Juli 1912 verbleibenden Zeit fand der Innenausbau statt.

Die Baukosten beliefen sich auf 8 170 500 Mark, die sich wie folgt verteilten

1 300 000 Mark	für den Bauplatz und benachbarte Privathäuser, die abzureißen waren,
460 000 Mark	für die Errichtung des neuen Holzhofs am Ostbahnhof,
6 243 500 Mark	für die Neubauten, darunter die Obstzollhalle und ein Beamtenwohnhaus an der Thalkirchnerstraße
167 000 Mark	für die Bauleitung sowie sachliche und persönliche Ausgaben.

Der große Tag

Am 1. Juli 1912 fanden die Einweihungsfeierlichkeiten in der Schalterhalle statt. Im Rahmen seiner Festansprache überreichte Finanzminister Hermann von Pfaff Hugo Kaiser den Verdienstorden des Hl. Michael; die übrigen Mitarbeiter der Bauleitung erhielten Gratifikationen bis zu 1000 Mark. Prinz Ludwig wohnte in Vertretung seines Vaters, des 91jährigen Prinzregenten Luitpold, den Feierlichkeiten bei. Beim anschließenden Rundgang erlebte der Prinz die Verzollung eines zerlegt eingegangenen Flugzeuges. Inhaber bekannter Münchner Firmen waren bei der Abfertigung ihrer Waren zugegen und gaben dem Prinzen bereitwillig Auskunft auf seine Fragen.

---

[3] Eckardt Welsch, Aus einer anderen Zeit, aus OFD-Nachrichten 4/89.

Blick auf den Rohbau der Dispositions- und Niederlagshalle um 1911

Pressestimmen und Berichte aus Fachbüchern und -zeitschriften

Am 2. Juli 1912 erschien ein Bericht in den Münchner Neuesten Nachrichten, in dem u. a. folgendes stand: »In erfreulicher Weise ist mit dem allzu ernsten und monumentalen Baustil, den man früher Staatsbauten geben zu müssen glaubte, energisch gebrochen worden. Ein frisches Gelb im Anstrich, das frohe Rot der Dächer, das Grün der Läden, erhöht den freundlichen Eindruck. Um keine Einförmigkeit aufkommen zu lassen, sind alle Bauten durch Bögen oder Tore geschickt zu einem gegliederten Ganzen verbunden, in das sich statt der gepflasterten, grauen tot und steinern wirkenden Höfe grüne Rasenflächen und Bäume einstreuen. So ersetzt die Farbe, was sonst der Quader, die Fensterfassung, das Steingesimse tun muß, in einer diskreteren, modern und anspruchslos anheimelnden Form.«[4]

Nach der ausführlichen Darstellung der einzelnen Gebäudeteile und deren technischer Ausstattung, schließt der Autor seinen Artikel mit den Worten: »Der ganze Baukomplex von außen gefällig, von innen zweckdienlich und mit allen Errungenschaften der Neuzeit ausgestattet, ist eine neue Zierde für München und zeigt, wie Geschmack und Brauchbarkeit, wie Komfort und technische Vollkommenheit auch bei Staatsbauten Hand in Hand gehen können. Und wenn auch kein Kaufmann gerne Zoll zahlt, fast glaube ich, daß er wenigstens den Neubau an der Landsberger Straße lieb gewinnen und gerne besuchen wird.«[5]

[4] General Anzeiger der Münchner Neuesten Nachrichten (MNN) vom 2. Juli 1912.
[5] MNN a.a.O.

Schalterhalle im Jahre 1912

116

Mikroskopierzimmer anno 1912; im 1. OG der Technischen Prüfungs- und Lehranstalt

Der Eintritt in das Hauptzollamtsgebäude wird im Münchner Jahrbuch 1913 wie folgt beschrieben: »Der Besucher betritt das Amtsgebäude nach Überschreiten des gegen die Straße mit einer Mauer aus Muschelkalk abgeschlossenen, anlagengeschmückten Vorhofes durch ein Vestibül mit Mosaikfußboden, Wandverkleidung und Pfeilerstellungen aus poliertem Muschelkalk, leichten Stuckornamenten und einem allegorischen Deckengemälde und gelangt über einige Treppenstufen in die von einem mächtigen Kassettengewölbe überspannte und mit einem Mosaikfußboden ausgestattete Schalterhalle von 35 m

Länge, 14,5 m Breite und 14 m Höhe. ... Die Wand- und Deckenflächen wurden in weißer Farbe gehalten und mit leichter Abtönung und einfacher dekorativer Bemalung versehen. Wände und Deckenflächen sind vollständig in Eisenbeton hergestellt. An den Stirnseiten der Halle sind Treppenanlagen aus poliertem Muschelkalk angeordnet.«[6]

Dienstbetrieb bei der technischen Prüfungs- und Lehranstalt

Für die kgl. Technische Prüfungs- und Lehranstalt der Verwaltung der Zölle und indirekten Steuern begann der Betrieb bereits am 1. November 1910. Dieser zu

---

[6] Münchner Jahrbuch 1913 a.a.O.

damaliger Zeit selbständigen Dienststelle der kgl. Generaldirektion der Zölle und indirekten Steuern (Verbrauchsteuern) oblag die Untersuchung von Warenproben und die Erstellung von Gutachten bzgl. der Tarifierung von eingeführten Waren, um die zutreffende Abgabenerhebung durchführen zu können. So befinden sich in diesem an der Ecke Landsberger Straße/Donnersbergerbrücke gelegenen Gebäude drei große Laboratorien, ein Mikroskopierzimmer, ein Wägezimmer, eine Bibliothek und eine 180 qm große Warensammlung, die zu Vergleichszwecken bei der Gutachtertätigkeit sowie als Anschauungsmaterial für die Aus- und Fortbildung diente. Der Technischen Prüfungs- und Lehranstalt oblag auch die Ausbildung der Anwärter des Zoll- und Steuerdienstes. Aus diesem Grunde wurde das Gebäude mit einem Hörsaal ausgestattet, der in ansteigenden Reihen 40 Anwärtern Platz bot. Der Saal war mit einem Vortragstisch mit Gas-, Wasser- und Stromanschluß zur Abhaltung chemisch-technischer Vorlesungen ausgestattet, und auch ein Projektor zur Vorführung von Lichtbildern gehörte zur Grundausstattung. Im zweiten Obergeschoß der Technischen Prüfungs- und Lehranstalt befanden sich zwei Wohnungen für den Amtsvorstand im damaligen Rang eines Zolloberinspektors und seinen Vertreter. Die Wohnungen hatten sechs bzw. fünf Zimmer, Küche, Bad und Toilette.

Dienstgeschehen im Hauptzollamt

Im Hauptzollamt begann der Dienstbetrieb am 1. Juli 1912, dem Tag der offiziellen Einweihung.

Vom Ausland eingehende Güter wurden nun aufgrund des Gleisanschlusses vom Eisenbahnwagon direkt in die Zollhalle ausgeladen. Mit Hilfe von Laufkränen konnten die Waren an dem in der Zollhalle vorgesehenen Platz niedergelegt werden. Für Fette, Öle und übelriechende Gegenstände waren eigene Räumlichkeiten vorgesehen. Die von Spediteuren mit Fuhrwerk zum Hautzollamt verbrachten Auslandsgüter wurden in die Zollhalle entladen. Über moderne Lastenaufzüge gelangten Waren in die einzelnen Stockwerke der öffentlichen Niederlage. Feuergefährliche Gegenstände, die nicht in die Zollhalle verbracht werden durften, wurden in einer eigens

dafür vorgesehenen Feuerhalle abgestellt. Zollpflichtige Kraftfahrzeuge und deren Teile wurden wegen ihres hohen Gewichts ebenfalls in eine separat errichtete Kraftfahrzeughalle zur Abfertigung verbracht.

Der Gebäudekomplex berücksichtigte jede spezielle dienstliche Begebenheit unter Nutzung modernster Technik. So verband eine Rohrpostanlage die einzelnen Abfertigungsstellen mit der zentralen Kasse. Dort befand sich die Zentrale der Rohrpostanlage. Die Münchner Neuesten Nachrichten vom 2. Juli 1912 merken dazu noch folgendes an: »Die ausgedehnte Rohrpostanlage zeichnet sich durch die großen Rohrquerschnitte aus, die durch die Dimensionen der Frachtbriefe und Akten notwendig waren. Druckluft allein kann daher die Büchsen nicht befördern und so wird neben derselben auch Saugluft verwendet. Man hofft dadurch nicht nur Arbeitskräfte zu sparen, sondern auch in der Buchhaltung einfacher arbeiten zu können, da es früher, als der Zollgast, oft ein Lehrling oder Kutscher, die Papiere ausgehändigt erhielt, oft vorkam, daß er sie einsteckte und man am Abend nichts vom Verbleib derselben wußte.«[7]

Weitere technische Errungenschaften waren eine elektrische zentral gesteuerte Uhrenanlage, die mit allen in den Geschäftsräumen installierten Uhren verbunden war und eine Entstaubungsanlage, die das Reinigen der großen und weitläufigen Amts- und Lagerräume erleichterte. Besonders starke Staubabsauganlagen erhielten die Revisionssäle, in denen die zur Verzollung heranstehenden Waren vom Zollbeteiligten oder den Spediteuren dargelegt wurden. Die gesamte Anlage war an das öffentliche Wasser- , Abwasser- und Gasnetz der Stadt angeschlossen. Die elektrische Energie wurde vom Elektrizitätswerk des Hauptbahnhofs bezogen. Alle Räume verfügten über eine Zentralheizung, deren Betriebsdampf größtenteils vom Fernheizwerk des Hauptbahnhofs herangeführt wurde. Eine Telefonanlage für interne und externe Gespräche stand ebenfalls zur Verfügung. Man sollte sich bewußt machen, daß diese technischen Errungenschaften im Jahre 1912 sicher noch nicht zu den Selbstverständlichkeiten wie in der heutigen Zeit gehörten.

---

[7] MNN a.a.O.

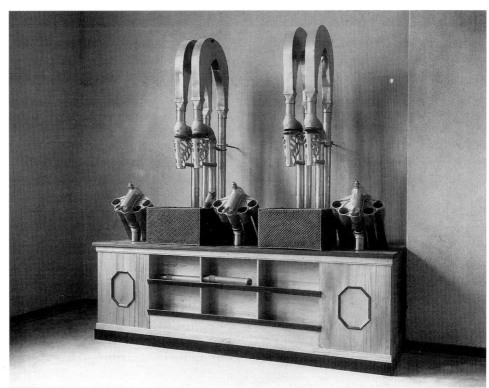

*Rohrpostverteiler der
ehemals zentralen
Kasse*

*Revisionssaal für
schwierige
Tarifierungen im
Erdgeschoß, Ansicht
aus dem Jahr 1912*

Büroraum anno 1912; heute Durchgang im 1. OG mit wiederhergestellter Wandbemalung

Das Büro des Vorstehers im Jahr 1912

Wohnen im Hauptzollamt

In die zur Landsberger Straße entlang verlaufenden Wohngebäude zogen am 1. Juli 1911 bzw. am 1. April 1912 die ersten Bediensteten ein. Die drei Gebäudekomplexe enthalten 49 Wohnungen verschiedener Größe. Die stattlichste Wohnung, die des Amtsvorstands, besitzt sieben Zimmer, eine Küche mit Speise, eine Garderobe, zwei Kammern und ein Bad. Aber auch die vier Wohnungen für Zollinspektoren sind mit jeweils fünf Zimmern, Küche, zwei Kammern und Bad großzügig bemessen. Die anderen 44 Wohnungen zu vier und drei Zimmern waren alle mit Toiletten ausgestattet und enthielten bis auf einige Ausnahmen ebenfalls ein Bad. Für Bedienstete, die in Wohnungen ohne Bad wohnten, war im Keller des Verwaltungsgebäudes eine Badeanlage mit Wannen- und Brausebädern installiert, die gegen ein geringes Entgelt benützt werden konnte.

Mit dem Hauptzollamts-Neubau ist im Westend gewissermaßen eine eigene kleine Welt entstanden. Auf der südlichen Seite der Landsberger Straße standen die Häuser mit vier und mehr Hinterhöfen, in denen die Leute in ärmlichen Verhältnissen lebten, in Wohnungen ohne sanitäre Ausstattung. Brunnen gab es entweder nur im Hof, oder es waren bereits Wasserleitungen und Ausgüsse sowie Toiletten in den Treppenhäusern installiert. Dagegen waren selbst die einfachsten Wohnungen im Hauptzollamt luxuriös.

Schon damals herrschte in München Wohnungsnot, und so mußten auch die Zöllner oftmals über einige Jahre warten, bis sie eine Wohnung im Hauptzollamt zugewiesen bekamen. Als Übergangslösung wurde das Pförtnerhäuserl oder die Wohnungen über der Kraftfahrzeughalle angeboten. Herr S., Sohn eines Zöllners erinnert sich: »Wir sind 1928 nach München gekommen. Mein Vater ist von Pfronten nach München versetzt worden. Wegen der Wohnungsnot haben sie uns in das kleine Häuserl an der Haupteinfahrt einquartiert.« »Ja, das ist Regierungsräten genauso gegangen ... nicht nur wir, sondern für viele war das anscheinend ein Durchgangslager« ergänzt die Schwester von Herrn S. »Wir haben erst

---
[8] Interview d. Verf.

1938 die Wohnung auf 132 gekriegt. Und vorher (1933 bis 1938) waren wir noch hinten, bei der Donnersbergerbrücke in einer der Notwohnungen bei den Garagen. Im Pförtnerhäuserl hat man sehr beengt gewohnt. Da ist man also gleich von der Straße bzw. von der Einfahrt (Toreinfahrt) ins Wohnzimmer gekommen. Später haben sie dort noch eine Küche eingebaut ... und da ist dann so eine schmale Treppe raufgegangen und oben war dann ein Schlafzimmer und sonst nichts. ... Wie wir nach München gekommen sind, da war ich 5 Jahre alt. Über die erste Zeit, da kann man eigentlich nicht allzuviel sagen, da haben wir keinen allzugroßen Kontakt gehabt. Wie wir in die Schule gekommen sind, ja da ist es dann eigentlich angegangen mit den Schwierigkeiten und zwar durch das starke soziale Gefälle, Landsberger Straße Nordseite – Hauptzollamt, Südseite, ja also die Slums, anders kann man das nicht sagen. ... Aber es war auf jeden Fall so, daß auf der einen Seite unter den Schulen Rivalitäten geherrscht haben und auch unter den einzelnen Straßen Rivalitäten waren. Nur wenn es dann um das Zollamt gegangen ist, dann sind alle beieinander gewesen. Dann sind die Astallerstraßler, die Guldeinstraßler, die Westendstraßler und die Bergmannstraßler alle auf die vom Zollamt. Wir haben da dann schon einiges abgekriegt.«[8]

Das Hauptzollamt zwischen Gestern und Heute

Während des ersten Weltkriegs wurden Teile des Gebäudes zum Lazarett umfunktioniert.

Von 1940 bis 1945 waren ¼ des Lagerhauses mit Beständen der Wehrmacht belegt, und in den Kellern befand sich ein umfangreiches Wein-, Käse- und Tabaklager, das 1945 nach der Kapitulation mehrere Tage geplündert wurde. Der Krieg verursachte an dem Gebäude einigen Schaden. Spreng- und Brandbomben durchschlugen an einigen Stellen das Gebäude vom Dach bis zur Kellerdecke, die Glaskuppel war zu einem Drittel zerstört, und weite Teile des Dachstuhls brannten aus. Von 1945 bis 1969 hatten die amerikanischen Streitkräfte im wesentlichen den Westteil des Hauptgebäudes als Versorgungslager für ihre PX-Läden genutzt. Die aus dem Krieg stammenden Gebäudeschäden wurden in dem Maße behoben, das die vorgesehene Nutzung erforderte. Bei Umbau- und Modernisierungsarbeiten wurden allerdings, mit wenig Fingerspitzengefühl für die alte Bausubstanz, Glasbausteinwände eingesetzt oder Natursteinelemente zugeputzt.[9] Nach Auszug der US-Army im November 1969 ging das Eigentum an den Gebäuden auf die Bundesvermögensverwaltung über. Die Jahrzehnte waren nicht spurlos an dem Gebäudekomplex vorübergegangen. Die Presse sprach inzwischen schon von einer »städtebaulichen Dominante der Häßlichkeit«. Um mit der Renovierung der gesamten Anlage beginnen zu können, mußte insbesondere für die ausgedehnten nicht mehr benötigten Lagerräume eine neue Nutzung gefunden werden. So wurden für das Hauptzollamt neue Büros, eine Abfertigungsstelle, Unterrichtsräume und eine Kantine geschaffen. Außerdem konnten Büros und Magazine für den Kunstbesitz des Bundes geschaffen werden. 1976 war es dann endlich so weit, das Finanzbauamt München I erhielt den Auftrag, die Hauptzollamtsanlage wieder instand zu setzen.

Renovierung

1977 begannen die zehn Jahre dauernden Renovierungsarbeiten, die mit einem Kostenaufwand von 28 Millionen Mark das häßlich gewordene Gebäude wieder in ein Schmuckstück ersten Ranges verwandeln sollten. »Unter Beteiligung des Landesamtes für Denkmalpflege konnte das Finanzbauamt München I weite Bereiche des Gebäudeinneren in einen Zustand bringen, der dem ursprünglichen optisch nahekommt oder zu gänzlich fehlenden Ausstattungsteilen zumindest eine vertretbare Brücke schlägt.«[10]

So wurden in einem früheren Büroraum und an der Decke der großen Schalterhalle die originale Bemalung anhand der unter alten Farbschichten zum Vorschein gekommenen Spuren der dekorativen Wandbemalung in Schablonentechnik wiederhergestellt. Im Hauptzollamt aufgefundene Archivfotos bestätigten die Originalität der Bemalung. So begann eine mit großer Ausdauer verbundene Kleinarbeit zur Rekonstruktion der verschiedenen Varianten einzelner Muster von Kassettenfüllungen, Palmettenfriesen

und Perlenschnüren sowie die Bestimmung von ihren Farbtönen. Nach dem vollständigen Erfassen der Elemente der Schablonenmalerei mußten zunächst die Flächen von den alten Farbresten befreit und aufwendige Glättarbeiten mit Gips- und Dispersionsspachtelmassen durchgeführt werden. Der anschließende Feinschliff und eine durchgehende Grundierung beschlossen die Vorarbeiten. Nun konnten die künstlerischen Ornamente und Kassettenfelder mit Hilfe von Schablonen aus geöltem Papier und lasergeschnittenem Aluminiumblech mit Dispersionsfarben auf den Untergrund aufgebracht werden. Die bei einer Umbaumaßnahme zugemauerten großflächigen Glasfenster wurden durch Illusionsmalerei durch den Kirchenmalermeister Peter Hipplein, der ebenfalls die Schablonenmalerei ausführte, ersetzt.

Die große Schalterhalle wurde ebenfalls wieder renoviert und in eine der Erbauung ähnliche Form gebracht. Allerdings waren die ursprünglich in dunklem Holz ausgeführten Schalterfronten sowie Fensteröffnungen mit unterschiedlich geschmiedeten Ziergittern über den Türen im Erdgeschoß nicht mehr vorhanden. Die Deckenkassetten und die Fenster erhielten wieder ihre ursprünglichen Stuckprofile. Die Emporenbrüstung wurde mit neuen vergoldeten Ziergittern versehen. Die Wände im Erdgeschoß wurden in schwarzbrauner Kammzugtechnik mit Friesabschluß bis in Türhöhe bemalt, um einen Ersatz für die verschwundenen Holzschalter herzustellen.

Mitte Juli 1987 konnte nicht nur das 75jährige Bestehen der Hauptzollamtsanlage gefeiert werden, sondern auch der Abschluß der Renovierungsarbeiten, der förmlich eine Wiedergeburt des Jugendstilgebäudes war. Die Gebäudefassaden an der Landsberger Straße, die durch Sockel, Reliefs, Figuren und Portalen aus Muschelkalk abwechslungsreich gestaltet sind, erstrahlen nun wieder in neuem Glanz. Die Toreinfahrten, die die geschlossene Gebäudefront durchbrechen, sind noch im Originalzustand erhalten. Die vielen Erker, die ursprünglich über das Dach hinausgeführt waren und heute als Folge der Kriegsschäden nur noch am Gebäude bis zum obersten

---

[9] aus: Die Mappe 7/87.
[10] aus: Die Mappe 7/87.

Das Hauptzollamt als Reservelazarett München D, Feldpostkarte von 1917.

Stockwerk ausgeführt sind, lassen für den aufmerksamen Betrachter eine rhythmische Gliederung der Fassade erkennen. Der Blick auf das Gebäude der Zolltechnischen Prüfungs- und Lehranstalt ist allerdings nicht mehr wie zu Zeiten der Erbauung möglich. Die Weiterführung der Donnersberger Brücke über die Landsberger Straße versperrt heute die Sicht.

Das Hauptzollamt und die Kunst

Bei der Errichtung des Neubaus am Anfang dieses Jahrhunderts wurde bereits für die künstlerische Gestaltung der Gebäude durch die Münchener Bildhauer Wilhelm Riedisser und Prof. Julius Seidler gesorgt. Im Hauptzollamt sind noch weitere Kunstschätze verborgen. Seit 1980 befindet sich hier eine Sammlung von über 600 Gemälden und Plastiken aus dem ehemaligen Reichsbesitz, die die Alliierten nach Kriegsende in sogenannten »Collecting Points« zusammentrugen und später einer deutschen Treuhandverwaltung übergaben. Die Kunstwerke aus der NS-Zeit, die hier im Magazin lagern, sind nicht für die Öffentlichkeit zugänglich. Zutritt erhalten nur Personen mit nachweislich wissenschaftlichem Interesse. Ab und zu werden Bilder für Ausstellungen ausgeliehen.

In den letzten Jahren finden in unregelmäßiger Folge Ausstellungen mit Werken zeitgenössischer Künstlerinnen und Künstler statt. Die große Eingangshalle oder die ehemalige Revisionshalle bieten dafür die nötige Größe und die eindrucksvolle Umgebung. Bei einer dieser Ausstellungen ergibt sich bestimmt für diejenigen, die normalerweise nichts mit dem Zoll zu tun haben, die Gelegenheit, ein bißchen von der Vielfalt und der Schönheit des Gebäudes zu entdecken.

»... und jedermann erwartet sich ein Fest«

Der Rupertussaal in der Tulbeckstraße Nr. 27 war die kulturelle Bühne des Westends. Der ehemalige Wirtshaussaal der Baugenossenschaft Rupertusheim wurde in den 20er Jahren zum Theatersaal umgebaut.

Hier trat Karl Valentin auf, und Schauspieler wie Alexander Golling und Gustl Frei begannen ihre Laufbahn.

1913 gründete der Malermeister Ludwig Georg Schneider den Dramatischen Club München-West. 25 ständige und circa 50 freie Mitglieder spielten regelmäßig auf der Bühne im Rupertussaal. An die 80 Stücke führte der Theaterverein in den 15 Jahren seines Bestehens auf. Von Franz Poccis Kasperliaden über Märchenspiele für die Jugend, Schwänke, Nestroy-Possen, bis zum Schauspiel, Trauerspiel und Operette.

Aufgeführte Stücke waren unter anderen der »Glöckner von Notre Dame«, Volksstücke wie »Der G'wissenswurm«, »Marianne- ein Weib aus dem Volke«, »Der Toni und sei Burgei« , Schauspielinszenierungen »Philippine Welser«, unter Mitwirkung von A. Golling und vielen anderen. Auch Josef Rankel spielte hier, auf den Brettern, die die Welt bedeuten, er war später der Requisiteur von Karl Valentin.

An die Aufführungen von »Der Müller und sein Kind« erinnern sich viele ältere Bewohner des Viertels, dieses Stück wurde lange Zeit am Allerseelen Tag in einer Nachmittagsvorstellung aufgeführt. Das Weihnachtsmärchen gehörte auch zum alljährlichen Programm.

»Unser Theater« nannten die Schwanthalerhöh'ler das Rupertusheim. Der Billettenvorverkauf war lange Zeit bei Frau H. in der Tulbekstraße 27.

Neben dem Dramatischen Club spielten auch andere Theatervereine auf dieser Bühne.

Rupertussaal, Tulbeckstraße 27, um 1925

Theater-Saal im Rupertusheim

Trambahnhaltestelle
Schrenkstraße Linien 9 und 29

Tulbeckstraße 27

Trambahnhaltestelle
Ganghoferstraße Linien 19 und 22.

Sonntag den 6. November 1921.

Nachmittags-Vorstellung	ABEND-VORSTELLUNG
f. Erwachsene und Kinder	Am

# Der Müller	# Allerseelen-Tage
und	oder
# sein Kind	## Das Gebet auf dem Friedhof

Nachmittags-Vorstellung

Volksdrama in 5 Aufzügen (10 Bildern) von E. Raupach

Leiter der Aufführung: Ld. Gg. Schneider

Personen:

Reinhold, der Müller . . . . Josef Weigert
Marie, seine Tochter . . . . Mizzi Gallowitz
Die Schulzin, seine Schwester . Frieda Bummer
Der Pfarrer . . . . . . Ferdinand Schütte
Die Witwe Brüning . . . . Johanna Schilcher
Konrad, ihr Sohn, ein Müllerbursche Albert Kühbandner
Reimann, der Gastwirt . . . Josef Werner
Margarete, dessen Frau . . . Dina Döring
Zwei Kinder derselben . . . Geschwister Ebenberger
Jakob, ein Bauernbursche . . Albert Zielinski
John, Totengräber . . . . Ludw. Gg. Schneider
Müllerburschen

Das Stück spielt zu Anfang des vorigen Jahrhunderts in einem Dorf unweit
des Gröditzberges in Schlesien.

Kassaeröffnung 2 Uhr	Anfang 3 Uhr

Preise der Plätze:

Einheitspreis: 1. Platz nummeriert 1,50 M. Saal 1 M.
Gallerie 50 ₰

Abend-Vorstellung

Original-Volksschauspiel in 9 Bildern incl. einem Vorspiel mit 2 Bildern:
„Ein gegebenes Wort"
von Heinrich Hausmann.

Leiter der Aufführung: Ldw. Georg Schneider

Personen des Vorspiels:

Bernhard Haller, Geschäftsmann . . Ludw. Gg. Schneider
Gertrud, seine Frau . . . . Johanna Schilcher
Anna, beider Tochter . . . . Mizzi Gallowitz
Dorothea Steinbach, Witwe, Schwester der Gertrud . Frieda Bummer
Wilhelm Berger, absolv. Akademiker des Bergbaues Albert Kühbandner
Marie Müller, die Tochter eines Totengräbers . Fanny Wagner
Peter Haimann, ein verarmter Bürger . Julius Berndt

Personen des uspiels:

Roderich Waldberg, Fabrikant, L° . . Hugo Höcherl
Arthur, sein Sohn . . . . . Hans Herbst
Bernhard Haller, Geschäftsmann . . Ludw. Gg. Schneider
Gertrud, dessen Frau . . . . Johanna Schilcher
Anna, beider Tochter . . . . Mizzi Gallowitz
Dorothea Steinbach, Gertruds Schwester . Frieda Bummer
Wilhelm Berger . . . . . Albert Kühbandner
Pfarrer . . . . Julius Schütte
Peter Naimann . . . . . Julius Berndt
Hans Müller, Totengräber . . . Albert Zielinski
Marie, seine Tochter . . . . Fanny Wagner
Ernestine, eine Waise . . . . tl. Zielinski

Das 3. Bild spielt 3 Monate später als das Vorspiel, das 6. Bild um 2 Jahre
später als das 3. Bild., das 7. Bild um 6 Monate später als das 6. Bild und
das 8. Bild um 4 Wochen später als das 7. Bild.

Kassaeröffnung 7 Uhr	Anfang 8 Uhr

Preise d. Plätze:

1. Platz (num.) 3,50 Mk.   2. Platz 2.50 Mk.,
Gallerie 1.50 Mk.

Vorverkauf für 1. Platz nummeriert bei Hausmeister Helfer im Rupertusheim, Tulbeckstr. 27/I r.

Die Musik wird von der Hauskapelle ausgeführt unter der Leitung des Herrn Hammerl

Obacht!   DAMEN,   Obacht!

welche Lust haben zur DRAMATIK, werden im Dramatischen Club München-
West aufgenommen.

Anmeldungen werden entgegengenommen beim Spielleiter Ludw. Gg. Schneider, Tulbeckstr. 2|o Laden, oder auf der Bühne.

Der Dramatische Club München-West, gegründet 1913, war der größte Theaterverein des Viertels, eine beliebte und oft gespielte Aufführung war das Volksdrama »Der Müller und sein Kind«

125

Der Theatersaal im Rupertusheim war die kulturelle Bühne des Westends

Daneben nutzten die verschiedenen, vornehmlich katholischen Vereine, wie der Arbeiterverein, der Männerverein, der Gesellenbund, den Saal für ihre Feste und Veranstaltungen.

In den 40er Jahren hatte sich die Firma »Arnold & Richter« im Rupertussaal eingemietet. Die damalige Filmproduktionsfirma drehte in dem traditionsreichen Saal viele ihrer Filmaufnahmen. Die im Hof lagernden Kulissenteile und Dekorationen zogen die Nachbarskinder unwiderstehlich an, wie alles was mit diesem neuen Medium zusammen hing, das so gut zaubern konnte. Zu den Dreharbeiten für den »Kleinen Muck« wurden endlich die Kinder der Schwanthalerhöh' von den Filmleuten richtig gebraucht. Der Geruch von Schminke und Kostümfundus ist den damaligen Statisten unvergessen geblieben.

Nach seiner Zerstörung im Zweiten Weltkrieg wurde der Rupertussaal nicht wieder aufgebaut, eine Zeitlang diente die provisorisch gedeckte Ruine als Materiallager. Nach dem Krieg, 1952, hat die Carlton-Filmgesellschaft im Hof des ehemaligen Rupertusheim ein Filmatelier errichtet, in dem 36 Filme gedreht wurden, u.a. »Alraune«, »Meines Vaters Pferde«, »Im weißen Rößl« und »Königswalzer«.

In den ehemaligen Rupertussaal zog in den 40er Jahren die Filmgesellschaft »Arnold & Richter«, sie drehten im Viertel unter anderen den »Kleinen Muck« mit dem beliebten Schauspieler, Gustav Waldau

»Dieser Feldzug wird (k)ein Schnellzug«

Das war eine der schmetternden Parolen, die zu Ausbruch des Ersten Weltkriegs im August 1914 in aller Munde waren. »Weihnachten sind wir zurück, Mutter«, sagten die ins Feldgrau gesteckten Söhne, und konnten so gar nicht begreifen, warum diese Aussicht kein rechter Trost für den Abschied war. Endlich bestand Handlungsbedarf, »denen werden wir's zeigen!«, wem auch immer – die Vorstellungen

darüber waren radikal bis sehr diffus. Alle Parteien hatten den Kriegsanleihen zugestimmt, auch die Sozialdemokraten, die sich letztlich von Rußland bedroht fühlten und mit ihren französischen Genossen keinen Konsens mehr herstellen konnten.

Für die Schwanthalerhöh' und ihre Bewohner änderte sich der Alltag. Manch eine hatte noch schnell geheiratet, auf dem Hochzeitsfoto trug der frisch gebackene Ehemann die Uniform, das sah fesch aus und gab den bescheidenen Verhältnissen einen geliehenen Glanz. Die Männer, die ins Schlachtfeld zogen, hinterließen leere Arbeitsplätze, die die Frauen jetzt füllen mußten. Sie begannen »ihren Mann zu stehen«. Es gab eine Menge neuer Bedürfnisse. Die Soldaten brauchten Kleidung, in der Münchner Herrenschule wurde dafür eine Nähschule eingerichtet. Im Schnelldurchgang bekamen die, die es noch nicht konnten, die Grundkenntnisse der Näherei beigebracht. Mit einem Stapel zugeschnittenen Stoffes zogen die Frauen zurück, in die westliche Vorstadt, mit der Auflage, in bestimmter Zeit die Teile fertig wieder anzuliefern. Es lohnte sich, soweit man es hatte, ein kleines Leiterwagerl dafür herzurichten, denn die Zuteilungen wurden nicht geringer und die Stoffe im Verlauf des Krieges immer schwerer, wegen des vielen Grases, was ihnen zunehmend beigemischt war. Die meisten Frauen waren auf diese Arbeiten angewiesen, denn der Hauptverdiener war nicht mehr da, und vom Soldatensold konnte keine Familie leben. Die Post brauchte auch für den zunehmenden Fracht- und Postumschlag jede Menge Frauen, denn schließlich wollten die Menschen in Kontakt miteinander bleiben.

So manch eine Frau entschloß sich um Weihnachten, doch ihrem Liebsten zu schreiben, daß »etwas unterwegs war«. Der Abschied war nicht ohne Folgen geblieben, aber bis zur Niederkunft sollte der Krieg ja zu Ende sein. Frieda G. erinnert sich: »Ich bin 1913 geboren – 1914 ging der Krieg an, da war ich genau 10 Monate. Dann ist mein Vater in den Krieg gekommen, hab' meinen Vater nicht gekannt. Er stammte aus Landshut, aus Niederbayern halt. Dann ist er verwundet worden, und dann haben's ihn nach München gebracht ins Zollamt, da war ein Lazarett. Und das ist eigentlich die erste Erinnerung an meinen Vater.«[1]

---

[1] Interview des Kulturladens.

Die Gummifabrik Metzeler war zum Rüstungsbetrieb umgestellt worden, die deutschen Panzerwagen brauchten Reifen zum schnellen Sieg, und auch die junge Luftfahrtabteilung mußte mit Metzelerstoff versorgt werden. Die Produktion wurde zum großen Teil von Frauen übernommen, die waren ohnehin billiger als ihre männlichen Kollegen. Die Kautschukvorräte aus Südostasien waren schneller aufgebraucht als der Krieg und die englische Blockade ließ ab 1915 keinen Nachschub mehr passieren. Diese Tatsache beförderte die Erfindung des synthetischen Kautschuks, der erstmals 1916 hergestellt wurde und zu den Meilensteinen der Geschichte der Gummiindustrie gehört.

Als die ersten Verwundeten in Eisenbahnzügen angekarrt wurden und vaterländisch geschmückte Todesanzeigen die Zeitungsseiten zu füllen begannen, ebbte die Begeisterung für den Krieg spürbar ab.

Die vier Volksschulen der Schwanthalerhöh' mußten die täglich ankommenden Verwundeten beherbergen. In aller Eile waren sie zu Reservelazaretten umfunktioniert worden. Viele Münchnerinnen hatten sich freiwillig als Rotkreuzschwestern gemeldet, ein Teil von ihnen arbeitete nahe der Front, die übrigen versorgten die Verwundeten in der Stadt.

An der »Heimatfront« sammelten besonders die Frauen fortwährend Material das für den Krieg notwendig war. In der Mehrzahl der Haushalte befand sich der schmucklose Fingerring mit der Aufschrift »Gold gab ich für Eisen«. Er wies auf den Eintausch eines goldenen Schmuckstückes hin. Auch das kupferne Kochgeschirr war längst im Heeresbedarf aufgegangen. Die Kirchen hatten ihre Glocken geopfert, auch sie wurden eingeschmolzen für das Schlachtfeld.

Im Verlauf der Jahre bis 1918 wurde das Leben immer mehr auf Ersatzstoffe umgestellt. Die Vorräte waren erschöpft, in der Landwirtschaft fehlte es an Arbeitskräften, und die wirtschaftliche Isolation Deutschlands tat immer mehr ihre Wirkung. Ständig informierten die Zeitungen über die Umstellungskünste der Wirtschaft. Die in Vergessenheit geratenen Kenntnisse über die eßbaren Pflanzen wurden aufgefrischt. Die Frauen lernten, aus gerösteten Kastanien ein schwarzbraunes Gebräu zu kochen, Brot erst mit Kartoffeln, später mit Sägemehl zu backen und aus

Frauen von der Schwanthalerhöh'

Kakaoschalen Tee zu machen. Futterrübenrezepte erfuhren einen ungeheuren Innovationsschub im sogenannten ›Dotschenwinter‹. Die Nahrungsmittel wurden immer knapper. Wer irgend konnte, d. h. den Raum dazu hatte, hielt sich eine Ziege, wegen deren Milch. Das Arbeiterviertel bot nur wenigen dazu die Gelegenheit. Futter und Heu für die Geiß gab's draußen beim Saubauern. Hinter der Unterführung in der Westendstraße waren auch zu dieser Zeit noch Felder und Wiesen. Das Anwesen des Saubauern lag etwa 100-200 Meter stadtauswärts. Der Ökonomiebesitzer war nicht gerade begeistert von dem Interesse der Viertelbewohner an seinem Gras.

In der Stadt wurden, überall, wo es der Boden irgend hergab, Kriegsgärten angelegt, um die Versorgung zu verbessern. Auf dem südlichen Teil der Theresienwiese entstand eine ganze Kolonie von Kleingärten.

Kleingärten auf der Theresienwiese, um 1920

Als der Krieg nach vier Jahren sinnlosen Schlachtens zu Ende ging, kamen immer mehr Väter und Söhne heim, die krank, behindert und seelisch schwer geschädigt waren. Irma G. erinnert sich: »Der Vater war zweimal im Krieg verschüttet, an den Folgen seiner dritten Kriegsverwundung, einem Tritt von einem Pferd in seinen Rücken, starb er Jahre später, daheim. Vorerst kehrte er zurück, leidlich kuriert und froh, daß der Krieg endlich zu Ende war. Er begann wieder zu arbeiten und meldete sich nicht als Kriegsversehrter, was in der Folge dazu führte, daß er, als ihm sein Leiden zur Behinderung wurde, keinerlei finanzielle Unterstützung bekam. Daß er in keinerlei Krankenkasse war, weil ihm die Beiträge immer zu teuer waren, wurde jetzt zum Finanzproblem. Nachdem seine Krankheit richtig ausbrach, mußte ihm ein Fuß amputiert werden.

Die Mutter stritt um eine Kriegsentschädigung, die nicht gewährt wurde. Ihr blieb nichts anders übrig, als ihre Kraft in den Lebensmittelladen im Haus zu stecken, um den Doktor zu zahlen und die laufenden Grundsteuern aufzubringen, um ihr Haus zu halten.«[2]

---

[2] Interview d.V.

129

Erster Entwurf 1925, in: Rudolf Pfister, Theodor Fischer: Leben und Wirken eines deutschen Baumeisters, München 1968, 77.

GÜNTHER GERSTENBERG

Die rote Burg der Einschichtigen

Das »gute Verhältnis zwischen Individualität und Gemeingeist« anstrebend, sah Theodor Fischer mit Sorge die »krassen Unterschiede in der Wohnversorgung. Liegt da nicht die Wunde der Klassengegensätze offen zu Tage? … Meine Hoffnung gründet sich auf eine innere Wandlung, auf die Erkenntnis der Notwendigkeit, sich der Gesamtheit unterzuordnen und auf die Erkenntnis der möglichen Schönheit solcher Unterordnung. Ich gründe sie aber nicht auf Zwangsregeln. Wir zögern, den Spiegel zu fragen; und doch geht durch das häßliche Bild ein Leuchten, wie von einer besseren Zukunft. Sehen wir doch da und dort Ortsgebilde entstehen, die ganz die Ruhe der inneren Gesundheit und (wenn auch noch schüchtern) die Einheit gleicher Gesinnung aufweisen. Nicht Kirchen und Paläste noch Mietskasernen sind's, sondern Bauten der Arbeit und Ansammlungen von Häusern der Nichtmächtigen.«[1] Fischer, 1862 geboren, war Architekt, Geheimer Rat und Professor an der Technischen Hochschule in München. Für ihn, der 1893 Vorsitzender des neu eingerichteten Stadterweiterungsbüros der kgl. Haupt- und Residenzstadt geworden war, 1907 den Deutschen Werkbund mitbegründet hatte und dem Gartenstadtideal verpflichtet war, standen Stadtplanung und Architektur immer im sozialen Zusammenhang.[2]

Die Industrialisierung brachte in der Stadt schon vor der Jahrhundertwende eine erdrückende Wohnungsnot mit sich. Immer mehr Menschen strömten in die Stadt, immer mehr Männer und Frauen gingen in die Fabrik zur Arbeit, der Anteil der Ledigen nahm zu, ebenso der Zustrom von Pendlern und Saisonarbeitern. Die Betriebe in den Vorstädten stellten gerne »mobile« Ledige ein, da diese oft auch mit geringeren Löhnen zufrieden waren. Gerade die unteren Schichten im »Ostend«, also in Giesing, Haidhausen und der Au, und besonders im Westend lebten auf engstem Raum und vermieteten, um sich ein Zubrot zu verdienen, ihre wenigen Betten an »Schlafgänger«, die auch »Schlafburschen« genannt wurden. Viele Betten wurden nicht mehr kalt, denn man schlief, sich abwechselnd, rund um die Uhr. Um die Jahrhundertwende beherbergte ein Drittel aller Haushalte im Westend familienfremde Personen.

Die Wohnungszählung von 1910 ergab für München 18.510 Schlafgänger und 34.079 Zimmermieter bei einem Gesamtwohnungsbestand von 142.000 Wohnungen. Zwar hatte die Aufnahme von Schlafgängern in den vorangegangenen zehn Jahren schon etwas nachgelassen, aber die statistische Erhebung der Häufigkeit überfüllter Wohnungen (ein Raum mit vier und mehr Bewohnern, zwei Räume mit sieben

1 Zit. in: Pfister, Rudolf, Theodor Fischer. Leben und Wirken eines deutschen Baumeisters, München 1968, S. 46.
2 Zur Persönlichkeit Fischers vgl. Winfried Nerdinger, Theodor Fischer. Architekt und Städtebauer 1862 – 1938. Ausstellung der Architektursammlung der TU München und des Münchner Stadtmuseums in Verbindung mit dem Württembergischen Kunstverein, Berlin/München 1988.

und mehr und drei Räume mit elf und mehr Bewohnern) zeigte das Westend immer noch als Münchner Notstandsgebiet:

	von 100 Wohnungen überfüllt:	von 100 Inwohnern in überfüllten Wohnungen:
Altstadt	1,0	1,4
Maxstadt	1,8	2,8
Ludwigstadt	2,0	3,0
Ostend	4,4	7,6
Westend	5,2	8,1

Die beengten Wohnverhältnisse hatten ihre Auswirkungen: »Wohnungserhebung im XX. Stadtbezirk: Auch Parteien, welche im Konkubinat leben, wurden vielfach angetroffen. Prostituierte fanden sich nur einzeln vor. Das Zusammenleben dieser mit anderen Leuten – sogar in Teilwohnungen war an Prostituierte vermietet – ist ganz verwerflich. Zu bemerken wäre, daß anläßlich des Zuhältermordes an der Kazmairstraße der Bezirk von Dirnen ziemlich gesäubert wurde … 1. Mai 1907, Singer.«[3] Die sozialdemokratische Fraktion im Gemeindekollegium regte öfter an, der Magistrat solle – wie in anderen Städten schon lange üblich – in eigener Regie »Ledigenheime« errichten. Die Mehrheit aus Liberalen und Konservativen aber lehnte diese Anträge immer wieder ab.

Im »Verein für Verbesserung der Wohnungsverhältnisse in München von 1899 e.V.« beschäftigte sich ein eigener Arbeitskreis mit den Problemen der ledigen Arbeiter. Aus diesem Arbeitskreis entstand der gemeinnützige »Verein Ledigenheim e.V.«, dem nicht nur Einzelpersonen, sondern auch Verbände und darunter auch Gewerkschaften beitraten. Am 12. März 1913 fand sich im Hörsaal 138 der Münchner Universität eine illustre Runde ein. Unter den Gründungsmitgliedern befanden sich die bedeutendsten Vertreter der Sozialreform wie Geheimrat Professor Lujo von Brentano, Obermedizinalrat Professor Dr. Max von Gruber, aber auch der mit Fischer befreundete Professor Richard Riemerschmid. Zwischen erblichem Adel und geadelten Bürgern, zwischen Professoren und Seelsorgern saßen auch ein Schlossergehilfe, ein Werkmeister und ein Gewerkschaftssekretär. Der erbl. Reichsrat Theodor Freiherr von Cramer-Klett stiftete 1913 sogar 150.000.- Mark, die ursprünglich für eine neue Gartenstadt gedacht waren. Bis 1926 fungierte der Standesherr und erbl. Reichsrat der Krone Bayern Sr. Erlaucht Dr. Hans Veit Graf zu Toerring-Jettenbach, im Volksmund der »rote Graf« genannt, als Vorsitzender des Aufsichtsrats; bis zur Gleichschaltung im August 1933 wirkte als sein Nachfolger Regierungspräsident Staatsrat Exzellenz Ludwig von Knözinger, der für den Verein ein zinsloses Darlehen des Staates locker gemacht hatte. Von Anfang an gehörten dem Aufsichtsrat auch ein Vertreter der Stadt und der Landesversicherungsanstalt Oberbayern an. Vorstandsvorsitzender des Vereins war bis zur Gleichschaltung Hofrat Prof. Dr. Paul Busching.[4]

»Bürgerliche Sozialreform« war der Versuch, mit Hilfe von Reformen der schlimmsten Auswüchse, die der Kapitalismus seit dem 19. Jahrhundert mit sich brachte, Herr zu werden, damit der Arbeiter als Arbeiter funktionierte, und um damit den Kapitalismus selbst überlebensfähig zu halten. Der Zweck lag auf der Hand. Vielen Bürgerlichen ging es beim Bau von Ledigenheimen in erster Linie darum, den »sittlich-moralischen Verfall«, der mit der Verwahrlosung des Proletariats einherginge, zu stoppen. Professor Gruber: »Noch viel dringender wird Abhilfe durch das Bettgeherwesen erfordert. Dieser Krebsschaden vor allem ist es, der zur Errichtung von großen Ledigenheimen zwingt. Solche Ledigenheime gehören geradezu zu dem Wichtigsten, das wir zum Schutze der Familie tun können … Auf der Abgeschlossenheit von Blutsfremden beruht das gesunde Gedeihen und das Glück der Familie. Das Bettgeherwesen aber ist eine Hauptquelle der sittlichen Entartung, des Alkoholismus und der Geschlechtskrankheiten.«[5]

Die Gewerkschaften standen seit ihren Anfängen vor dem Dilemma, einerseits in konkreten Fällen

---

[3] Aktenbestand Wohnungsamt 55, Stadtarchiv München.

[4] Vgl. Aufsichtsrat. Protokollbuch Verein Ledigenheim München (e.V.), S. 1ff.

[5] Zit. in: Ledigenheim München 1987, Festschrift, 38 f.

dafür zu kämpfen, daß die unmittelbare Not gelindert und Mißstände beseitigt wurden, andererseits riefen sie immer wieder in Erinnerung, daß die Not erst dann ein Ende finden werde, wenn eine andere, gerechtere Gesellschaftsform den Kapitalismus ersetzt haben würde. Manche Gewerkschafter ahnten, daß sie sich, wenn dieses Ziel tatsächlich erreicht werden sollte, selbst überflüssig machen würden, und viele Arbeiter vergaßen das langfristige Ziel, weil sie unmittelbar sahen, daß auch im Kapitalismus partiell erträgliche Verhältnisse erreicht werden konnten; auf wessen Kosten dies geschah, interessierte sie nicht. Und schließlich integrierten in München anders als in anderen Städten und Ländern die Behörden und staatlichen Instanzen die Vertreter der Arbeiterbewegung in die Verwaltungsabläufe der kommunalen Institutionen, während sie diese gleichzeitig von den wirklichen Entscheidungen fernhielten. Verständlich, daß die Gewerkschafter zufrieden waren. Sie wurden zuvorkommend behandelt und fühlten sich wohl im Kreise von Regierungsräten, Kommerzienräten und Geheimräten.

Zunächst dachte der Verein daran, in Haidhausen ein Grundstück zu erwerben und dort zu bauen. Es liefen auch Angebote ein, aber die Verkehrsanbindung war ungünstig und der Kaufpreis zu hoch. Dann aber gab es gleich mehrere günstige Angebote an schon gepflasterten Straßen in der Westend-, Kazmair-, Ridler- und Geroltstraße. Wenige Tage vor dem Beginn des großen Völkermordens beschloß der Aufsichtsrat des Vereins am 23. Juli 1914 den Kauf des Grundstücks zwischen Bergmann-, Gollier- und Kazmairstraße für M. 105.000.- , das heißt für »M 3.- pro Quadratfuß«.[6] Ohne die großherzige Spende des »roten Grafen« wäre dieser Kauf nie zustande gekommen.[7]

Niemand im Verein hegte daran Zweifel, daß das Kaiserreich den Waffengang mit Frankreich, Rußland und England in kurzer Zeit siegreich beenden würde, und deshalb zeichnete man mit seinem Vermögen fleißig Kriegsanleihen. Anfang 1915 schuldete der Verein dem Verkäufer des Grundstücks noch 74.601 Mark, besaß aber zur selben Zeit ein Vermögen von 114.500 Mark, wovon er hoffnungsfroh 112.000 Mark in Kriegsanleihen und Reichsschatzanweisungen inve-

stiert hatte. Eigentlich rechnete der Aufsichtsrat damit, im Herbst 1915 den Bau fertiggestellt zu haben. Der Weltkrieg und die verlorenen Einlagen beim Kaiserreich verzögerten jedoch den Baubeginn. Die Zeiten wurden härter, die Not größer, und es war selbstverständlich, daß der Baugenossenschaft Ludwigsvorstadt das Grundstück für eine jährliche Pacht von 60 Mark zur Nutzung für »Kriegsgärten« überlassen wurde.[8] Angepflanzt wurden Kartoffeln, Kraut und Rüben.

Nachkriegszeit und Inflation erschwerten die Bautätigkeit. 1912 z.B. hatte die Stadt München 5422 neue Wohnungen errichtet, 1921 nurmehr 777, 1441 Wohnungen im Jahre 1922, 958 im Jahre 1923 und 815 im Jahre 1924. Erst 1925 ging es mit 2331 neuen Wohnungen langsam wieder aufwärts.[9] Aber die Gründe für den Bau eines Ledigenheims waren immer noch gegeben. 1927 hatten »1.400 Familien des Viertels, das waren etwa 20 % aller Familien ... eine Wohnung mit anderen Haushalten geteilt«.[10]

Die Ledigenheime in den europäischen Großstädten, besonders in Berlin, Wien und Mailand – da hatte sich der Münchner Stadtrat sachkundig gemacht – waren überfüllt, und oft gab es Konflikte, da in großen Sälen die Männer in oben offenen, nur mit dünnen Wänden abgetrennten Kabinen hausten. Der Stadtrat, der 1925 ein Darlehen von 900.000.- Mark in Aussicht gestellt hatte, monierte die ganz selbstverständlich geplanten Kabinen und forderte eine andere Lösung. Fischers Kompromißvorschlag sah zunächst noch 108 Schlafkabinen neben 324 Zimmern vor. Aber bald konnten sich alle im Vorstand überzeugen lassen, daß es auch ohne Kabinen gehen würde. Schließlich entwarf Theodor Fischer, der schon 1917 beim Bau der Krupp-Werke in Freimann neben den Arbeiterwohnungen auch ein Ledigenheim errichtet hatte,

---

6 Protokollbuch a.a.O., S. 22 ff.
7 Vgl. (Erich Blunck), Ledigenheim für Männer an der Bergmannstraße in München, Deutsche Bauzeitung 1/2 von 1928, S. 11.
8 Vgl. Protokollbuch a.a.O., S. 36 ff.
9 Gut, Albert (Hg.), Das Wohnungswesen der Stadt München, München 1928, S. 98.
10 Bleek, Stephan, Quartierbildung in der Urbanisierung. Das Münchner Westend 1890 – 1933, München 1991, S. 238.

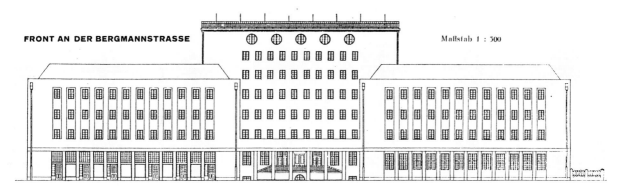

Maßstab 1 : 300

Front an der Bergmannstraße, Deutsche Bauzeitung 1/2 von 1928, 2.

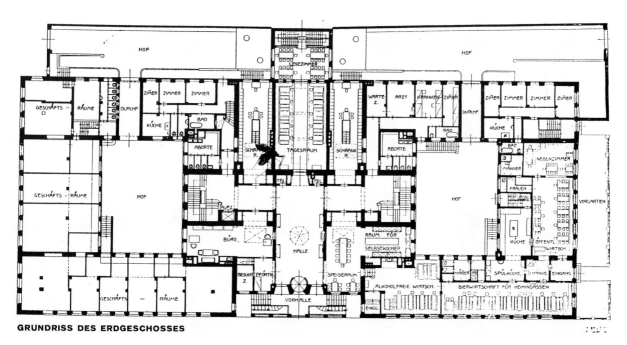

GRUNDRISS DES ERDGESCHOSSES

Grundriß des Erdgeschosses, a. a. O.

den symmetrischen, burgartigen, der Neuen Sachlichkeit verpflichteten Bau aus dunklen Hartbrandziegeln. Nur mit mehreren Darlehen, u.a. der Stadt, der Regierung von Oberbayern und der Bayerischen Handelsbank, konnte das Projekt, das 1,7 Mill. Mark verschlang, realisiert werden.

Der Aufsichtsrat diskutierte sehr ausführlich, welche Firmen den lukrativen Bauauftrag erhalten sollten. Ganz ausdrücklich wurde angeregt, »um späteren

Mißhelligkeiten vorzubeugen, keine dem Verein persönlich nahestehenden Unternehmer zu nehmen«.[11] Andererseits wußte der Aufsichtsrat, daß mit der gezielten Vergabe von Aufträgen, ähnlich wie es die Stadt mit ihrem Submissionswesen seit jeher praktizierte, ein nicht unwesentlicher Einfluß auf die Beschäftigungslage mancher Branchen, in denen die Dauerarbeitslosigkeit besonders hoch war, ausgeübt werden konnte. Ein großer Auftrag konnte der schlechten Wirtschaftslage entgegensteuern. »Herr Stadtrat Liebergesell tritt für rasche Vergebung der

---

[11] Protokollbuch a.a.O., S. 70.

133

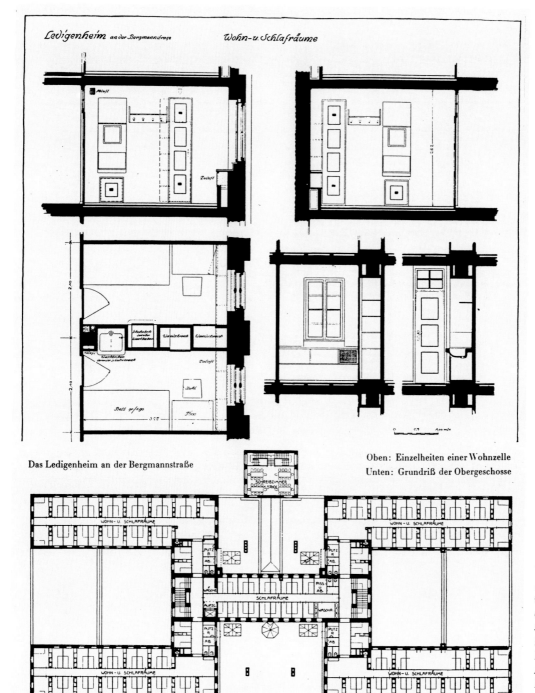

Das Ledigenheim an der Bergmannstraße

Oben: Einzelheiten einer Wohnzelle
Unten: Grundriß der Obergeschosse

Wohn- und Schlafräume und Grundriß der Oberge-schosse, Der Baumeister, Monatshefte für Architektur und Baupraxis 6 vom Juni 1927, 146.

Schreinerarbeiten ein, da die Arbeitslosigkeit besonders im Schreinergewerbe sehr groß sei.«[12] Hier kollidierten Interessen. »Der Vorsitzende des Vorstands vertritt die Ansicht, daß der Verein ... in erster Linie seine eigenen Interessen, d.i. die tadellose Ausführung und Ablieferung der Arbeiten, zu vertreten habe und nicht ausschließlich auf die Linderung der Erwerbslosigkeit hinarbeiten könne. Die Ausschreibung der Schreinerarbeiten werde sobald wie möglich erfolgen, jedoch könne der Verein keine finanziellen Opfer bringen.« Dagegen der Münchner Gewerkschaftschef: »Herr Stadtrat Schiefer ist für raschestes Vorgehen bei Vergebung der Arbeiten, und tritt für Berücksichtigung der kleinen Meister ein, soweit die Qualität der Arbeiten nicht darunter leidet.«[13]

1927 standen in München 48.000 Arbeitslose und Tausende von Wohnungssuchenden auf der Straße. Am 1. Juni dieses Jahres wurde das Ledigenheim für Männer an der Bergmannstraße 35 eröffnet. An der Hauptfront des Hauses hatte Karl Knappe in die noch ungebrannten Ziegel Bilder in der Art versenkter ägyptischer Reliefs geschnitten. An vielen Details zeigte sich die große Sorgfalt, mit der Fischer und seine Mitarbeiter den Bau gestalteten. Schon die Eingangszone, hier vor allem die Ampel gegenüber der Drehtür, aber auch Fenster, Türen und Treppenhäuser vermitteln die glückliche Verbindung von Jugendstilüberresten mit der Sachlichkeit und klaren Ästhetik der 20er Jahre. Die Pfeiler des Eingangs setzen sich links und rechts in den Lisenen an den Fassaden fort. Das Erdgeschoß mit seinen großzügig dimensionierten Gemeinschaftseinrichtungen, um zwei Innenhöfe gruppiert, füllt den gesamten Bauplatz auf einem Grundriß von 81 x 34 Metern.

Fischer hatte eine »symmetrische und rhythmische Gliederung der gewaltigen Massen ... mit Einblicken in die tief einspringenden Lufträume an den drei Straßenfronten, mit kräftigen Schattenwirkungen und mit, die langen Fronten wohltuend belebenden, Abstufungen in der Höhe« komponiert, »während, von allen vier Seiten sichtbar, der Mittelbau als Dominante des Ganzen turmartig herauswächst«.[14]

Über die kubischen Massen der dreigeschossigen Flügel wandert der Blick zum sechsgeschossigen Zentralturm. »Die städtebauliche und architektonische Form, die der Baumeister Fischer diesem Bauwerk verlieh, kann nur durch Begriffe wie Großzügigkeit der Gesamtanlage, spannungsreiche Kargheit in der Proportionierung und der Materialwahl ausgedrückt und gewürdigt werden. Hinzu kommt außerdem die selbstbewußte Herausstellung der sozialen Leistung, die diesem Gebäude unterlegt wurde ... Dies mag einer der Gründe dafür sein, warum er sich hier der Ausdruckskraft des Backstein-Rohbaues bediente. Eine Bauweise, die traditionell in unserer Stadt nicht beheimatet ist.«[15] Fischer verstieß mit seinem Bau gegen seine sonstige Einstellung, dem regionalen Baustil mit seinen Voraussetzungen zu entsprechen.

Das seinerzeit umstrittenste und modernste Bauwerk Münchens zählt noch heute zu den besten Architekturleistungen der Landeshauptstadt. In der Mitte der 20er Jahre warnten die in der Mehrzahl konservativen Münchner Architekten davor, die Stadt einem »verödenden Internationalismus und Bolschewismus« zu opfern. Der 1. Bürgermeister, Bäckermeister Karl Scharnagl von der Bayerischen Volkspartei, verkündete bei seinem Amtsantritt 1925 als städtisches Kulturprogramm die »Verdrängung neumodischer, undeutscher und demoralisierender Gewohnheiten und Lebensäußerungen durch Pflege bodenständiger, wahrhaft volkstümlicher Überlieferung«. Im trutzigen Ledigenheim für Männer sah er eine Gefährdung der »sauberen Kunststadt«, aber auch in der benachbarten Baugenossenschaft Rupertusheim und im Katholischen Arbeiterverein München-West, die selbst gerne ein »katholisches« Ledigenheim errichtet hätten, aber die notwendigen Mittel nicht besaßen, gab es über das »rote« Ledigenheim heftigste Debatten.[16] Manche befürchteten gar, die Junggesellenburg könnte Schule

---

[12] Protokollbuch a. a. O., S. 73.

[13] Protokollbuch a. a. O., S. 80 f.

[14] (Blunck), a.a.O., S. 15.

[15] Zech, Ulli, Der Beitrag Theodor Fischers als Architekt und Stadtplaner zur Sozialreform in München, Ledigenheim München 1987, Festschrift, S. 15 ff.

[16] Wie sehr sich der konservative Geschmack am Ledigenheim rieb, zeigt auch die 1936 erschienene Studie »Das Münchner Westend von seinen Anfängen bis zur Gegenwart« von Andreas Pitschi, dem auf Seite 76 zum Ledigenheim lediglich einfiel, daß es ein »herbes Werk von Theodor Fischer« sei.

Der Tagesraum 1927 mit der Wandbemalung der Klasse Gruber der städtischen Malschule, Architekturmuseum der Technischen Universität München.

Der Selbstkochraum 1927, Architekturmuseum der Technischen Universität München.

Ein Aufgang 1927, Architekturmuseum der Technischen Universität München.

Eines der großen Zimmer 1927, Architekturmuseum der Technischen Universität München.

machen, und am Ende würden immer weniger Mannsbilder noch die Lust verspüren, in den heiligen Stand der Ehe einzutreten. Fischer antwortete auf die Vorwürfe: »Nicht Fassade und Repräsentation tut not. Nicht das Schamtuch staubiger Harmonie, ewig Neuflicken tut not, sondern der Mut der Nacktheit. Nicht Sandhaufen türmen, um Köpfe hineinzustecken, sondern Aufräumen und Klarheit Schaffen tut not, und gelegentlich wieder einmal die Türen aufmachen, daß frische fremde Luft hereinbläst.«[17]

Daß der Bau des Ledigenheims die neu gewachsenen Strukturen des noch jungen Viertels beeinflußte, wußten Bauherr und Stadtrat, und so versuchten sie, eventuell drohende soziale Verwerfungen abzufedern. Am 29. September 1926 hatte der Vorstand

eingehend darüber diskutiert. Ähnlich wie in manchen Genossenschaften sollten die Bewohner die Möglichkeit haben, alles Lebensnotwendige im eigenen Hause kaufen zu können, um damit auch den Daumen auf den Preisen zu haben. Andererseits meinte der Vorsitzende: »Auch sollen die Läden für den Bedarf nur des Ledigenheims eingerichtet werden, ebenso hat der Stadtrat den Einbau von Läden nur unter der Bedingung gewünscht, daß den umliegenden Geschäftsleuten eine Konkurrenz nicht erwachse. Er hält es daher für zweckmäßiger, bei dem ursprünglichen Projekt der Einrichtung von kleineren Läden, vielleicht 10 – 12 zu bleiben.«[18]

Obwohl keinerlei Öffentlichkeitsarbeit gemacht wurde, waren sämtliche Zimmer des Hauses seit Juli 1927 ständig belegt. »Von den Heimgästen stammten Mitte Dezember 1927 aus München 325, aus dem übrigen Bayern 67, aus dem übrigen Deutschen Reich 29 und aus dem Ausland 3. Der Berufszugehörigkeit

---

[17] Die Bauzeitung vereinigt mit Süddeutsche Bauzeitung 28 vom 17.7.1927, S. 226.
[18] Protokollbuch a. a. O., S. 96.

nach überwiegen die Handwerksgehilfen (182), es folgen die kaufmännischen Angestellten (83), Studenten (41), selbständige Kaufleute, Beamte, Sozialrentner usw. Was die Altersgruppierung anbelangt, so waren 61 unter 20 Jahren, 119 zwischen 20 und 25, 90 zwischen 25 und 30, 49 zwischen 30 und 40 Jahre alt. Über 60 Jahre alt waren 23 Heimgäste. Von den derzeitigen Heimgästen sind ungefähr 200 seit der Errichtung des Heims, Juni 1927, ständig im Heim wohnhaft. Der Wechsel beträgt im Monat rund 30 Personen. Von den sämtlichen Heimgästen sind 300 Monatsmieter; diese erhalten eine Vergünstigung von 10 Prozent der Mietpreise. Sogenannte Tagesgäste werden schon seit Monaten nicht mehr aufgenommen, da kein Platz vorhanden ist.«[19] War das nun erfreulich oder bedenklich? »Die Nachfrage nach Zimmern ist viel größer, als wir je zu hoffen gewagt hatten.«[20]

Die Vorschriften und Regeln für das Zusammenleben waren nicht so restriktiv wie in anderen Heimen, sondern eher liberal. Wer nach Mitternacht Einlaß begehrte, hatte 1929 lediglich eine »Sperrgebühr« zu entrichten. Aber so angenehm es hier auch zu wohnen war, konnten trotz der niedrigen Mieten, die 1929 um 10 Pfg erhöht werden mußten, manche der Heimgäste 1931 nicht einmal mehr die paar Pfennige aufbringen. Immer mehr Zimmer standen leer. Dabei konnte das Ledigenheim mit seinen günstigen Mietpreisen nicht einmal die entstehenden Kosten auffangen. Seit Beginn der Wirtschaftskrise wies die Bilanz jedes Jahr Verluste auf, die mit Darlehen gedeckt werden mußten. Für die Gewerkschafter im Aufsichtsrat ein schlimmes Dilemma: Sie mußten sogar zustimmen, daß 1932 vier der vierzehn Putzfrauen gekündigt wurden, die Löhne der Pförtner »über das gesetzliche Maß hinaus«[21], wie Schiefer beklagte, gekürzt und die Bettwäsche nicht mehr alle vier, sondern nur noch alle fünf Wochen gewechselt wurde. Ab 1. Januar 1932 sanken die Mieten für Zimmer und Läden wegen der geringer werdenden Nachfrage um 6 %. Das Defizit des Ledigenheims wuchs weiter.

Das Ledigenheim besaß 417 Einzelzimmer. Eine moderne Zentralheizungs- und Entlüftungsanlage führte in jedes Zimmer. Ab 1. Januar 1932 kostete eines der sechsunddreißig 8,3 m² großen Zimmer mit Bett, Schrank, Waschbecken mit fließend kaltem Wasser sowie Tisch und Stuhl einschließlich Heizung, Beleuchtung und Reinigung täglich 1,04 Mark, die 288 kleineren, die 6,1 m² aufwiesen, täglich 84 Pf. und die 93 Schlafzimmer, die auf ca. 5 m² lediglich Bett, Tisch, Stuhl, Kleideraufhänger und Spiegel enthielten, 66 Pf. »Den Heimgästen stehen die Gemeinschaftsräume, wie ein schöner Tagesraum, Lese- und Schreibzimmer, Selbstkochraum sowie Gastwirtschaftsräume zur Verfügung. Für die Benutzung der im Heim eingerichteten Wannen- und Brausebäder sowie für die Einstellung von in den Zimmern nicht unterzubringendem Gepäck und Fahrrädern werden mäßige Gebühren erhoben ... auch stehen den Gästen Wasch- und Trockenräume zum Selbstwaschen von Wäsche und Kleidungsstücken zur Verfügung ... Die Notwendigkeit und Nützlichkeit der Errichtung des Ledigenheims für Männer wird auch in der jetzigen schweren Notzeit täglich aufs Neue erwiesen.«[22] Neben den Läden und der öffentlichen Wirtschaft an der Südseite des Baus standen den Heiminsassen an der Südwestecke des Erdgeschosses noch die Räume einer »Bierwirtschaft« und einer »alkoholfreien Wirtschaft« zur Verfügung. Hier hatte sich Theodor Fischer schon sehr früh mit einem besonderen Anliegen durchgesetzt. Fischer am 25. September 1925: »Weiter wäre zu erwägen, ob nicht ein weiterer Raum der Wirtschaft ausschließlich für die Gäste des Ledigenheims abgezweigt werden kann, in dem kein Alkoholzwang besteht. Dies müsse von vorneherein in den Verhandlungen mit der Brauerei berücksichtigt werden.«[23]

Wenn – wie die zeitgenössischen Großstadtkritiker monierten – die Stadt die wertbezogenen Bindungen ländlicher Lebensweisen aufgelöst hatte und den modernen Menschen schuf, der als rational denkendes Individuum seinen Platz in einem ungewissen komplexen Gefüge konkurrierender Städter behaupten mußte, dann bot das Ledigenheim einerseits einen

[19] *Münchener Post* 298 vom 24./25.12.1927, S. 8.
[20] Verein Ledigenheim München (E.V.): Prospekt vom September 1928, Aktenbestand LRA 18528, Staatsarchiv München.
[21] Protokollbuch a. a. O., S. 144.
[22] *Münchener Post* 130 vom 8.6.1932, S. 11.
[23] Protokollbuch a. a. O., S. 58.

Das Ledigenheim für Männer

in München, Bergmannstr. 35
Straßenbahnlinien 9, 19 u. 22, Fernsprech-Nummer 597559-60

verfügt über 420 Einzelschlafzimmer, die sowohl an Dauermieter, als auch an Passanten für jede Zeitdauer vermietet werden. Die Zimmer haben fließendes Wasser und Zentralheizung; das Heim enthält: angenehme Tagesräume, Lese- und Schreibzimmer, Heimwirtschaft, Restaurant, Gelegenheit zum Selbstkochen, Brause- und Wannenbäder, Räume zum Einstellen von Fahr- und Krafträdern. - Zimmerpreis: 66 Pf., 84 Pf., 1.04 RM. täglich für Dauermieter, für Passanten kleiner Wäschezuschlag. Bei monatl. Vorauszahlung der Miete 10% Rabatt. Das Haus ist Tag und Nacht ohne Unterbrechung geöffnet

Verein Ledigenheim München e.V.

Werbeblatt von 1932, Inventar- und Grundstücksbuch, Ledigenheim, 90/91.

Ort des Rückzugs vom städtischen Milieu hin zur gemeinschaftlichen vorindustriellen Lebensweise, andererseits ein überschaubares Modell identitätsstiftender, kommunizierender und kultureller Gemeinschaft mit Ansätzen neuer Wohn- und Lebensformen, das in die Zukunft wies. Das Ledigenheim wurde zu einem kleinen, in sich geschlossenen und fast autarken Kosmos.

Das Protokoll vom 5. April 1927 »berichtet, daß von den 11 Läden, die im Ledigenheim eingebaut sind, bisher 9 vermietet sind und zwar sämtliche an Geschäfte, die für die späteren Inwohner des Ledigenheims in Betracht kommen, nämlich für Schuhwaren nebst Reparaturwerkstätte, Parfümerie-, Bürsten und Galanteriewaren, Goldwaren, Uhren und optische Gegenstände, Feinbügelei, Woll- und Weißwaren, Bäcker- und Konditorwaren und Schokoladen, Zigarren und Rauchwaren, Friseurgeschäft, Schreibwaren, Bücher, Zeitschriften. Ein für Delikatessen sowie ein ev. (..., d. V.) als Medizinaldrogerie vorgesehener Laden sind noch nicht vermietet.«[24] Allgemein wurde immer wieder angemerkt, daß das Zusammenleben so vieler Männer auf engstem Raum ungewöhnlich reibungslos verlief. Allerdings hatten Frauen, und dies bis heute, zum Haus grundsätzlich keinen Zutritt. Der Nachtpförtner: »Da gangats ja zua herinnad, wann Frauen neidürfadn – da war ja Zirkus gnua!«[25]

---

[24] Protokollbuch a. a. O., S. 105.
[25] Kirchner, Anka, Bergmannstraße 35, Dokumentarfilm des Bayerischen Rundfunks, gesendet am 17.4.1994 im III. Programm der ARD um 19.00 Uhr.

Postkarte aus den 30er Jahren, Privatslg.

Immer weniger Westendler standen am Ende der 20er Jahre in Lohn und Brot; auch im Baugewerbe nahm die Arbeitslosigkeit erschreckende Ausmaße an.[26] Und daher meinten viele, die »Fließtechnik« und die neumodischen Maschinen seien schuld an ihrer Not. Im Baustil sich an das Ledigenheim anlehnend entstand 1930/31 an der äußeren Gollierstraße nach Plänen von German Bestelmeyer der Backsteinbau der Auferstehungskirche mit Pfarrhof. Was nun die Arbeiter früher mühevoll händisch ausschachteten, leistete hier ein Bagger in viel kürzerer Zeit. Im Bürgerheim vorne am Gollierplatz berieten sich manche, ob man nicht diesen Bagger demolieren solle, um endlich wieder Arbeit zu bekommen.

Hunger und Not regierten. Geschickte Demagogen boten mit populistischen Scheinlösungen in überfüllten Sälen den Massen Gelegenheit zu kollektiven Gefühlsausbrüchen. Theodor Fischer: »... die Unduldsamkeit darf nicht zu dogmatischem Haß, zum Willen, lebendige Keime zu vernichten, ausarten. Sie

darf nicht Lügen kolportieren, wie die von der bolschewistischen Natur des neuen Bauens ... daß von den deutschen Neuerern einige sich zum Sozialismus bekannt haben, ist kein vernünftiger Grund, die Neuerung als solche für undeutsch zu halten ... Vonnöten ist ein sicherer Glaube an das Werdende und an die gebende Hand, die es uns anbietet. Und wieder ist es das deutsche Volk selbst, das diese Möglichkeit zu zerschlagen sich anschickt.«[27] Die Chance zum Neuen wurde nicht genutzt, und ausgerechnet die Wirtschaft im Ledigenheim wurde nach 1930 zu einem der fünf Parteilokale der NSDAP im »roten« Westend. Von hier aus stürmten die SA-Männer auf die Straße, um

---

[26] Vgl. dazu ausführlich Brunner, Claudia, Arbeitslosigkeit in München 1927 bis 1933. Kommunalpolitik in der Krise (Neue Schriftenreihe des Stadtarchivs München Bd. 162), München 1992.

[27] Zit. in: Pfister, Rudolf, a. a. O., S. 69.

die politischen Gegner mit Fäusten und Stahlruten »aufzumischen«.

Bei der Sitzung des Aufsichtsrates am 28. April 1933 – an diesem und am folgenden Tag versammelte sich auch der bayerische Landtag zum letzten Mal – fehlten einige der Aktiven. Immerhin war Landtagsabgeordneter Johannes Timm, seit 1913 im Aufsichtsrat und ehemaliger Justizminister im Kabinett Eisner, anwesend, sicher auch, um mit den anderen Aufsichtsratsmitgliedern die Übergriffe der Nazis auf die Organisationen der Arbeiterbewegung zu erörtern, Gustav Schiefer aber war schon am 15. März von Nazis krankenhausreif geschlagen worden. Dafür waren neue Gesichter im Aufsichtsrat aufgetaucht. Mieter hatten schon seit einigen Jahren gesammelt und zweien der ihren ermöglicht, sich die notwendigen Anteilsscheine zu kaufen, um über die Mitgliederversammlung in den Vorstand zu gelangen. Nun stellten sie – allerdings zunächst erfolglos – im Aufsichtsrat den Antrag auf Mietsenkung, ohne auch nur im geringsten einen Gedanken an die solide Wirtschaftsführung des Hauses zu verschwenden.[28]

Jetzt hatten die populistischen Phrasen der neuen Herren Konjunktur: »Die da oben haben verbrecherisch die ganze Zeit in ihre eigene Tasche gewirtschaftet. Die da oben müssen weg!« Und »die da oben« wurden weggefegt. Am 16. August fehlten bei der Aufsichtsratssitzung die meisten Altgedienten, neue waren da, zum Teil in Uniform und bestellten autoritativ Max G. zum Vorsitzenden und nur für kurze Zeit, nämlich bis zum 10. Dezember 1934 das ehemalige Gründungsmitglied Bankoberinspektor a.D. Peter W. zum Vorstandsvorsitzenden. Nachdem die Stadt München auf den Rücktritt von W. bestand, löste ihn Justizoberamtmann Josef B. ab. Unter dem 15. September 1933 wird als Ankauf im Inventar- und Grundstücksbuch vermerkt: »Hanfstaengl: 1 Hitlerbild, Kunstdruck farbig 53.-, dto. schwarz 13.-«[29] Der liberale Kunstanstaltsbesitzer Edgar Hanfstaengl war seit 1913 Mitglied des Aufsichtrates.

Mit der Machtübergabe an die Nazis brachen die versprochenen »glorreichen Zeiten« an. Nun plante man, das Haus zu »sanieren«. Eine schnelle autoritäre »Lösung« mußte her. G., der wahrscheinlich viel vom »nationalen Deutschland« verstand, dessen Kenntnisse sonst aber eher dürftig waren, meinte, daß entweder die Gläubiger auf einen Teil ihrer Forderungen verzichten müßten oder aber das Ledigenheim Konkurs beantragen müsse. Den Nazis wäre diese offensichtliche Bankrotterklärung der Verantwortlichen aus der »System-Zeit« am liebsten gewesen.[30] Aber es blieb ihnen nichts übrig, als genauso weiter zu machen wie ihre verhaßten Vorgänger, und so schlossen sie auch 1933 mit einem Verlust ab. Die Anwesenszwangsverwaltung der Stadt entsandte 1934 einen Treuhänder, der monatlich noch zusätzlich mit rund 50 Mark zu Buche schlug, und dem Aufsichtsrat wurde schlagartig klar, daß der Verein seine Verantwortlichkeit für das Ledigenheim nun an übergeordnete Instanzen abtreten mußte. Da hatten einige, die nach oben strebten, sich gefreut, endlich auch ein wenig Macht zu bekommen, und schon mußten sie das bißchen wieder abgeben.

Die neuen Machthaber liebten keine Transparenz. Wozu auch ihre einsamen Entscheidungen noch schriftlich protokollieren lassen. Mit der Sitzung vom 10. Dezember 1934, in der der neue Vorsitzende B. an eine »geringe Mietpreiserhöhung«[31] dachte, brechen die sorgfältig geführten Protokolle des Aufsichtsrates ab. Das Ledigenheim erfüllte nun unter straffer Leitung weiter seine Funktion. Der Krieg ging für dieses Haus glücklicherweise glimpflich ab; Luftangriffe beschädigten lediglich das Dach im Nordosttrakt, Fenster und Türen. 1945 aber war die Anlage heruntergekommen und erheblich abgewirtschaftet.

Trümmerzeit und Neubeginn. Drei Gründungsmitglieder trafen sich wieder, um den Verein Ledigenheim München e.V. neu zu beleben: Hanfstaengl, der ehemalige und neue Münchner Gewerkschaftschef Gustav Schiefer und der frühere Arbeitersekretär im Allgemeinen Deutschen Gewerkschaftsbund München Max Peschel, jetzt Vorstandsvorsitzender der LVA Oberbayern. Schiefer wurde der 1. Vorsitzende im Aufsichtsrat des Vereins, Peschel Vorstandsvorsitzender. Wer nach dem Krieg im ziemlich zerstörten

---

[28] Vgl. Protokollbuch a. a. O., S. 156.
[29] Inventar- und Grundstücks-Buch Ledigenheim, S. 103.
[30] Vgl. Protokollbuch a. a. O., S. 159 ff.
[31] Vgl. Protokollbuch a. a. O., S. 201 f.

Ledigenheim und Auferstehungskirche 1952, Federzeichnung von Dietrich, Stadtarchiv München.

Münchner Bahnhof ankam, konnte zwischen den vielen Menschen, die Tafeln hielten, auf denen sie vermißte Angehörige suchten, oder die ihre Dienste anboten, einen Mann sehen, auf dessen Tafel zu lesen war: »Zimmer zu vermieten, pro Nacht 75 Pf, Ledigenheim, Bergmannstraße.«

Nachfolger von Peschel wurde der ehemalige DGB-Kreisvorsitzende Ludwig Koch, der 1986 nach dreißigjähriger Tätigkeit sein Amt an den jetzigen DGB-Kreisvorsitzenden Helmut Schmid übergab. 1979/80 wurde durch Sanierungs- und Umbaumaß-

nahmen die Zahl der Zimmer auf 382 reduziert und eine neue Heizungsanlage eingebaut. Allerdings wäre heute zu überlegen, ob die Ladeneinbauten und die unmaßstäblich veränderten Fenster der Bank an der Nord-West-Ecke, die das symmetrische Gleichgewicht der Vorderfront stören, nicht doch zurückgebaut werden können.

Die kleinsten, sechs Quadratmeter großen Zimmer kosten heute die 382 Mieter DM 232.-, die neun Quadratmeter großen DM 285.- und die Appartements 371.- bis 567.- im Monat incl. Heizung, Strom, täglicher Reinigung und Wechsel der Bettwäsche. Natürlich sind unter den Ärmsten der Armen, die hier im Ledigenheim Zuflucht gefunden haben, auch solche, die ihren Kummer im Glas ertränken müssen. Verständlich, daß es Alkoholprobleme und Konflikte gibt. Deshalb herrscht in der Eingangshalle striktes Alkoholverbot, darf sich Besuch nur bis 10 Uhr auf den Zimmern aufhalten und sind auch Übernachtungen von Verwandten im eigenen Zimmer untersagt. Mehr als die Hälfte der Bewohner stammt aus dem ehemaligen Jugoslawien. Trotzdem leben die unterschiedlichen Nationalitäten friedlich unter einem Dach. Ein kroatischer Bauarbeiter: »Wir haben hier keine Probleme. Wir sind alle genauso wie Verwandte, wie Brüder. Jeder grüßt jeden, und was die Politiker machen, ist etwas ganz anderes.«[32]

Eines aber ist sicher: Grund und Boden werden weiter fette Renditen abwerfen, die Wohnungsnot bleibt, und daher wird das Haus auch im Jahr 2000 noch voll belegt sein.

Die »goldenen Zwanziger« – golden für wen?

»Vorwärts für König, Kaiser und Vaterland!« In den Zeitungen der Augusttage 1914 stand, daß alle nur so darauf brannten, dem Erbfeind eins drüberzubraten. »Jeder Stoß ein Franzos'! Jeder Schuß ein Russ'!« Im Westend aber gab es in diesen heißen Sommertagen nicht wenige, die keine sehr große Begeisterung verspürten, in den Krieg zu ziehen. Die Skepsis überwog. Zwar hieß es, daß das Kaiserreich – »umgeben von einer Welt von Feinden« – sich nun wehren müsse, aber den Kopf hielten doch immer nur die kleinen Leute hin. Konnte man den Zeitungen glauben? Auf den Bildern sah man begeisterte Soldaten, blutjung, und drunter stand: »Sie singen die Wacht am Rhein.« Im Westend war die Stimmung eher gedrückt, und viele Mütter weinten, als sie den Gestellungsbefehl für ihre Söhne in den Händen hielten.

Ein verlorener Weltkrieg, Hungersnöte, Krankheiten, Zusammenbrüche, und dazwischen die vielen Schieber, Kriegsgewinner und Konjunkturritter – als Kurt Eisner mit seinen Getreuen am Nachmittag des 7. November 1918 von der Wiesn rauf ins Westend zog, und die kleine Garnison in der Guldeinschule sich dem immer mächtiger werdenden Demonstrationszug anschloß, begann die Revolution. Zwar stürzten die gekrönten Häupter und machten sich aus dem Staub, aber es blieben die Militärs, die reaktionären Beamten, die Industriellen, die Bankiers. Kurz: die patriarchalische Elite der alten Gesellschaft war auch die der neuen, die sich jetzt Republik nannte. Im Viertel entstand eine Sektion der USPD und nicht wenige Arbeiter schlossen sich der am 1. Januar 1919 gegründeten KPD an.

Mit der Ermordung des ersten Ministerpräsidenten des Freistaats Bayern Kurt Eisner am 21. Februar 1919 setzten die alten Eliten ein Fanal. Von nun an planten sie Schritt für Schritt die endgültige Rückeroberung des Staates.

In den ersten Maitagen des Jahres 1919 verteidigten sich die Arbeiter erbittert gegen die einmarschierenden »weißen« Truppen – vergeblich. Trotz Ausnahmezustand und drakonischer Strafandrohungen herrschte bis 1923 unter den Kriegsheimkehrern, den Arbeitslosen, den Hungernden, Frierenden und von der Inflation Gebeutelten eine revolutionäre Stimmung. In diesen Jahren der Weimarer Republik herrschte der blanke Terror. Mord und Totschlag traf Anfang der 20er Jahre bekannte republikanische Politiker genauso wie kleine Leute. Die Arbeiterschaft hatte die Waffen aus der Revolutionszeit auf Anordnung der Siegermächte ordnungsgemäß abgegeben, die paramilitärischen Verbände aber, deren Ziele »Rache für Versailles« und ein autoritärer Staat hießen, legten riesige Waffenlager an und überzogen das Land mit einem konspirativen Netz von Geheimorganisationen, die ihre Verbindungen zur Münchner Polizeidirektion und zur Bayerischen Staatsregierung hatten.

Nach der Ermordung des USPD-Fraktionsvorsitzenden im Landtag Gareis am 10. Juni 1920 versammelten sich Tausende zu einer Protestversammlung im Ausstellungspark auf der Theresienhöhe. In der

---

[32] Kirchner, Anka, a. a. O.

143

»Einparkierung bayerischer Truppen im Münchener Hauptbahnhof«, Münchner Illustrierte Zeitung vom 27.9.1914.

SPD-Zeitung Münchener Post hieß es: »Auf der Höhe vom Anfang der alten Schießstätte an bis kurz vor dem Eingang zum Ausstellungspark Polizeiwehr! Wir sahen blinkende Lanzen, Reiter auf unruhigen Rossen und – o welch ein Schauspiel für Götter (und Spießer) – wir kommen nah und näher: drei stählerne Burgen in Form von furchtbar dräuenden Panzerautos, vor und hinter ihnen, befrachtet mit Polizeiwehr-Hundertschaften, ein ganzer Fuhrpark Lastkraftwagen. Eilfertige Offiziere und Adjudanten, bewaffnet mit Browning, Gummiknüttel und strategischer Situationskarte. Kommandorufe wie im Feldlager. Da und dort schweigend-ernste, in Bereitschaft stehende Ambulanzen… Doch plötzlich schon innerhalb des Parkes – ganz in der Nähe – mächtiges Autosurren und Pferdegetrappel! Die Kriegsmaschine… wälzte sich rasch genug heran, um dem Hauptteil der abziehenden Menge den Weg abzuschneiden. Mit ganz überflüssiger Berserkerart wurde sie… mit den drohenden Waffen des Fußvolkes, der Kavallerie, mit Lanzen und aufgepflanzten Bajonetten, begleitet vom Panzerauto durch das enge Tor an der Seite der Ganghoferstraße hinausgetrieben. Schließlich leistete man sich auch noch das kriegerische Vergnügen einer Reiterattacke in die erregte Menge hinein… Die ganze Aktion sieht einer strategischen Falle verflucht ähnlich.«[33]

---

[33] *Münchener Post* 134 vom 13.6.1921, S. 3.

144

Die *Sicherheitsabteilungen* der SPD am 1. Mai 1923 auf der Theresienwiese, Fotosammlung RB 237, Archiv der Münchner Arbeiterbewegung.

Verfassungsfeier der Münchner SPD im Ausstellungsgelände, August 1924, Fotosammlung RB 245, Archiv der Münchner Arbeiterbewegung.

Das Reichsbanner Schwarz-Rot-Gold demonstriert am 7.3.1926 durch das Westend,
Fotosammlung RB 273, Archiv der Münchner Arbeiterbewegung.

Verfassungsfeier am 11.8.1929: Das Reichsbanner marschiert, Fotosammlung RB 222, Archiv der
Münchner Arbeiterbewegung.

Weitergeben!   Weitergeben!

Jugendliche
Merkt auf   Arbeitskollegen   Merkt auf
Sportler

Wir wenden uns an alle, die von ihrem gewöhnlichen Alltagsleben nicht befriedigt sind und nicht blos Ablenkung suchen, sondern i m V o l k e e t w a s g e l t e n w o l l e n.

Wir suchen   alle, die S c h n e i d , T a p f e r k e i t u. W i l l e n s k r a f t in sich fühlen.

Wir suchen   alle, die unserer Parole folgen wollen: K e i n e G e w a l t d e r W i l l k ü r , a l l e G e w a l t d e m R e c h t , a l l e s R e c h t d e m V o l k e !

Wir bieten   Keine Einseitigkeiten, sondern Abwechslung.
Keinen gewöhnlichen Sport, sondern Schutzsport, um K a l t b l ü - t i g k e i t u n d A u s d a u e r zu wecken.
Ausmärsche ins Gelände, um das Auge zu üben und den Körper gesund zu halten.
Schöne Unterhaltungs- und Bildungsabende der verschiedensten Art.
Mannigfaltige Vorteile.

An D i c h wenden wir uns, junger Kamerad! Schlag ein und komm zu uns. Du sicherst Dir damit D e i n e e i g e n e f r i e d l i c h e Z u k u n f t. Du wirst bei uns prächtige Kameraden finden, die Abwechslung in Dein Leben hineinbringen. Zaudere nicht! Höre nicht auf die losen Burschen, die uns beschimpfen. Schau sie Dir genauer an u. Du wirst sehen, mit welcher Sorte Du es zu tun hast.

Komm zu uns!

Wir erwarten Dich bestimmt am **Freitag den 28. März 1930** in unserem

Werbe-Abend

in der Gaststätte "Ludwigsvorstadt" Kazmairstrasse 44.
Gaujugendführer Kamerad Dr. Göring wird einen Vortrag halten über das Thema:

"Was bieten wir unserer Jugend?"

J u g e n d l i c h e , A r b e i t s k o l l e g e n , S p o r t l e r ! Besucht diese Veranstaltung, damit ihr Euch überzeugen könnt, was Euch das **Reichsbanner Schwarz-Rot-Gold** bieten kann.

Beginn 8 Uhr - Eintritt frei - Ausserdem Konzert, ausgeführt von der Kapelle des Spielzuges V

Reichsbanner Schwarz-Rot-Gold
Jungmannschaft Bezirk West

Plakat. Aktenbestand Pol. Dir. 6887, Staatsarchiv München.

147

Einige tausend Nazis, der Bund Oberland und die Brigade Ehrhardt wollten schwer bewaffnet 1923 der Maifeier auf der Wiesn ein blutiges Ende bereiten. Für den Fall, daß die Nazis anrückten, hieß es, stünden auf der Theresienhöhe die Lastwagen des Konsumvereins Sendling-München bereit mit Waffen, die das republikanische Preußen geliefert hatte. Die Entschlossenheit der Arbeiterschaft bewog die Landespolizei schließlich doch, die Nazis zu entwaffnen. Und stolz präsentierten sich im Anschluß an die Maifeier sieben Kompagnien der Sicherheitsabteilungen der SPD, SA genannt[34], auf der Wiesn, um sich fotografieren zu lassen.

Nachdem die Nazis glaubten, das Ziel der Einschüchterung der breiten Massen und der klar erkennbaren Eingrenzung von Widerstandspotentialen gegen die Machtergreifung erreicht zu haben, wurden die Schläger und Mörder zurückgepfiffen. Da auch der zwischen den konkurrierenden nationalautoritären Gruppen nicht koordinierte Marsch auf Berlin nach dem Vorbild Mussolinis, der sog. Hitlerputsch, scheiterte, sollten nun Seriosität und staatstragende Reden einen Gesinnungswandel signalisieren, um Mitläufer und Mitglieder zu rekrutieren.

Sozialdemokraten und Kommunisten bauten ihre Selbstschutzorganisationen auf. Die KPD schuf Rote Wehren, die SPD gründete 1924 das Reichsbanner Schwarz-Rot-Gold, dessen Vorläufer die Sicherheitsabteilungen waren. Schlagfertige Genossen sollten dafür sorgen, daß die eigenen Aufmärsche und Versammlungen nicht mehr vom politischen Gegner gesprengt werden konnten. Die Kommunisten dachten langfristig an den Aufbau einer Roten Armee, die Sozialdemokraten wollten lediglich die Republik verteidigen. Selbstbewußte Aufmärsche und pompöse Feiern ließen die Arbeiterbewegung machtvoll erscheinen.

Mit der Stabilisierung von Staat und Kapital bekam die Weimarer Republik eine Atempause bis 1930. In dieser Zeit entwickelten die Arbeiterparteien und Gewerkschaften langfristige Strategien zur Umgestaltung der Republik, die ihrer Meinung nach, wenn man sie nicht veränderte, in autoritärem Nationalismus und folglich in Krieg enden mußte. Um diese Strategien in die Tat umzusetzen, fehlten Tatkraft und Zeit.

Die Wirtschaftskrise Anfang der 30er Jahre bewog weite Teile der sich in ihrer Existenz bedroht fühlenden Besitzenden, deren Erinnerungen an die Revolutionszeit vor 1923 nicht verblaßten, nun die Garanten ihres Eigentums zu unterstützen. Und diese hatten sich in Bayern eine nur schwer zu erschütternde Position geschaffen.

Die Errungenschaften der Revolutionszeit gingen im Laufe der 20er Jahre wieder verloren. Die Macht der Arbeiterbewegung blieb Illusion. Der gesetzlich festgelegte Acht-Stunden-Tag wurde Schritt für Schritt wieder aufgehoben, Löhne wurden reduziert, die vorhandene Arbeit verdichtet und viele entlassen. Die Arbeitslosigkeit weitete sich aus. Außerdem hatte die Inflation vielen Sparern und kleinen Gewerbetreibenden das letzte Hemd geraubt; nichtsdestotrotz nahm die Teuerung zu, und die Mieten stiegen. Da hatten es die Bewohner der Genossenschaften zumindest hier etwas einfacher. Auch die Lebensmittelpreise waren durch Mitgliedschaft im Konsumverein Sendling-München noch bezahlbar.

Die gestrenge Polizei im Polizeibezirk 9 beobachtete argwöhnisch das Treiben der Linken im Viertel. In der Innenstadt, in der Maxvorstadt oder in den bürgerlichen Vierteln Schwabings war der Dienst doch wesentlich angenehmer. Aber hier im Westend: Andauernd gab es Scherereien. Kriminal-Oberkommissar S. meldete z.B. am 25. März 1930 an das Referat VId der Polizeidirektion: »Beiliegendes Plakat fand ich heute früh 7 Uhr in der Gollierstraße an der rückwärtigen Brettereinplankung der Metzeler-Gummiwarenfabrik mit Reißnägeln angeheftet vor.«[35] Auf dem Plakat warb die Jungmannschaft des Reichsbanners.

Gegen den fortschreitenden Abbau demokratischer Rechte und die galoppierende Verelendung Anfang der 30er Jahre fanden die Arbeiterorganisationen kein Rezept. Die Nazis begannen, die Straßen zu erobern, und strebten immer aggressiver nach der Macht. Sie faßten Fuß vor allem am östlichen Rand der Schwanthaler Höh‹, wo kaum Arbeiter und mehr Bürgerliche wohnten, und in der Landsbergerstraße zwischen der

---

[34] Nicht zu verwechseln mit der SA der Nazis!

[35] Aktenbestand Pol.Dir.6887, Staatsarchiv München.

Theresienhöhe und der Bergmannstraße. Die meisten Kommunisten wohnten traditionell im Geviert der ältesten Bausubstanz Schwanthaler-/Heimeranstraße und Schießstätt-/Ligsalzstraße. Hier, noch weiter nördlich in der Westendstraße, und natürlich in den nichtkatholischen Genossenschaften lebten viele Sozialdemokraten.[36]

Linke und Republikaner hüteten sich, allein einem Nazitrupp zu begegnen, denn man kannte sich oft gegenseitig, und dann brauchte es kein Parteiabzeichen mehr, um angegriffen zu werden. In den Akten der Münchner Polizeidirektion im Staatsarchiv sind viele Fälle von Saalschlachten und anderen Auseinandersetzungen zwischen Nazis und Antifaschisten in diesen Tagen erfaßt. Hier nur ein Beispiel: Als die Eiserne Front, ein antifaschistischer Zusammenschluß von Reichsbanner, Gewerkschaften und Sportvereinen, am 22. April 1932 im Löwenbräukeller eine Veranstaltung mit dem Berliner Polizeipräsidenten Grzesinski plante, war die Reichsbanner-Kameradschaft Ausstellung neben anderen auch zum Versammlungsschutz eingeteilt. In der Saalschlacht flogen Maßkrüge, und man schlug mit Gummiknüppeln und Stuhlbeinen aufeinander ein. Den Nazis gelang es aber nicht, die Versammlung zu sprengen, und so machten sich nach Ende der Veranstaltung fünf Reichsbannerkameraden leicht lädiert, aber glücklich auf den Heimweg ins Westend mit der Absicht, sich im Kameradschaftslokal noch ein Bier zu genehmigen. In der Nähe des Hackerkellers sahen sie eine Gruppe von etwa zehn Nazis stehen, und so wichen sie aus und strebten eine halbe Stunde vor Mitternacht nicht durch die Schwanthalerstraße, sondern auf dem Umweg über die Westendstraße ins Gasthaus Schützenlust.

Im polizeilichen Vernehmungsprotokoll heißt es: »Um 24 Uhr verließen wir diese Wirtschaft und gingen durch die Tulbeck- zur Ligsalzstraße. In der dortigen Nähe kam uns ein mir dem Namen und der Person nach nicht bekannter Mann entgegen, ging an uns vorbei und als er vorbei war, rief er uns von hinten nach ›So Strolche, seids da!‹ Daß dieser Mann in der Nähe Anhänger hatte, haben wir nicht beobachtet. Wir reagierten nicht und plötzlich kamen aus der näheren Umgebung etwa 15 jüngere Burschen im Alter von vielleicht 20 Jahren auf uns zu. Wir liefen davon. Auf dem Weg wurde dem Simon von einem Gegner ein Bein gestellt, der darauf hinfiel ... Dabei sah ich, wie mehrere der Gegner auf den K. einschlugen. K. erhielt mehrere Schläge und fiel dann zu Boden; auch in dieser Lage wurde er noch weiter mißhandelt. S. gab ein Pfeifsignal, worauf die Nationalsozialisten davonliefen.«[37]

Hans Seilmaier erinnert sich: »Wir wohnten in der Anglerstraße. Mein Vater war bis zur Machtergreifung 1933 Vorsitzender der Sektion Westend der SPD, Vorsitzender der Turnerschaft und Zugführer des Zuges 23 des Reichsbanners im Westend. Nur mehr die älteren Jahrgänge unter uns können sich erinnern, daß die Gastwirtschaft ›Ridlereck‹ in der Westend-/Ridlerstraße ein berüchtigtes SA-Sturmlokal war. An dieser Gastwirtschaft mußte ein Großteil der Reichsbannerleute vorbei, wenn sie zu den Übungen des Zuges 23, die in der Gastwirtschaft ›Belle‹ in der Westendstraße abgehalten wurden, wollten. Ich erinnere mich noch, daß mein Vater immer seinen sogenannten Totschläger bei sich hatte, wenn er mit dem Fahrrad zur Übung unterwegs war. Im Hausgang dieser Wirtschaft wurde nämlich der im 1. Stockwerk wohnende Reichsbannermann Ellermann von SA-Leuten erstochen. Auch der Reichsbannermann Wendelin Steinlechner wurde zusammengeschlagen und übel zugerichtet. Meine Mutter war in diesen Tagen immer voller Angst und war froh, wenn mein Vater von diesen Übungen heil zurückkam ...«[38]

Aber erst 1933 trauten sich die Nazis, in den »roten Vierteln« zu demonstrieren. Und so ganz sicher waren sie sich dabei nicht, denn auf Polizeischutz mochten sie noch nicht verzichten. Der Münchener Beobachter schilderte den Propagandamarsch von 800 Nazis vom 22. Januar so, als ob ein Sieg über das Westend errungen worden wäre: »Die Spitze bildete der

[36] Vgl. Bleek, Stefan, Quartierbildung in der Urbanisierung. Das Münchner Westend 1890 – 1933, München 1991, S. 284f.

[37] Aussage vom 4.5.1932, Aktenbestand Pol.Dir.6756, Staatsarchiv München.

[38] Schmuck, Elisabeth/Vogt, Fritz, Alte Wirtschaften auf der Schwanthaler Höh‹, Teil 3: Vereinsleben, München 1986, S. 32.

schneidige Musikzug der Leibstandarte mit dem Spielmannszug des Sturmbannes III/L. So ging es in tadelloser Marschordnung Sturm hinter Sturm mit fliegenden Fahnen pünktlich um 9 Uhr los. Durch die Kobell-, Lindwurm-, Impler-, Oberländer-, Kidler-, Lindwurm-, Pfeuffer-, Ganghofer-, Ridler- zum Heimeranplatz, dann durch die Trappentreu-, Tulbeck-, Park-, Schwanthalerstraße über die Theresienhöhe zum Bavariaring. Schmetternde Musik und Trommelschlag lockte die Bevölkerung trotz Kälte auf die Straße und an das offene Fenster. Das bunte Bild der marschierenden braunen Bataillone mit ihren leuchtenden Fahnen machte sichtlich großen Eindruck auch auf unsere gerade in diesen Vierteln zahlreiche Gegner. Nur ganz vereinzelt wurden Schmährufe gehört, aber nirgends kam es zu Tätlichkeiten, so daß die Polizei, die mit zwei Überfallwagen zur Stelle war, keinen Grund zum Einschreiten hatte.«[39]

Hans Seilmaier: »Der Druck der Nazis wurde, hervorgerufen hauptsächlich durch die Massenarbeitslosigkeit, immer größer. Schließlich kam es dann am 30. Januar 1933 zur Machtergreifung durch Hitler.

Für meine Eltern begann nun eine schwere Zeit. Mein Vater wurde als Gewerkschaftssekretär fristlos entlassen und erhielt wochenlang als ›Staatsfeind‹ keine Arbeitslosenunterstützung. Meine Mutter ging zum Bedienen in das ›Genossenschaftsheim‹ in der Tulbeckstraße und in die Gaststätte ›Trompeter von Säckingen‹ am Gollierplatz. Diese beiden Wirtschaften wurden von alten, treuen Sozialdemokraten geführt. Die Gaststätten waren auch noch nach der Machtergreifung Treffpunkt Gleichgesinnter. Neben den materiellen Schwierigkeiten war die seelische Not nicht zu unterschätzen. Viele Menschen aus der Nachbarschaft, die man jahrelang kannte, gingen uns aus dem Weg. Darunter waren leider auch manche Sozialdemokraten, die eiligst im März 1933 noch zu den Nazis übergelaufen waren. Doch soll man nicht die vielen vergessen, die aufrecht und tapfer keinen Gesinnungswandel vollzogen haben. Ich denke dabei stellvertretend für viele andere an die Familien Bauer, Fleidl, Hafenbrädl, Schwenter, Süß und Gröbl, um nur einige zu nennen…«[40]

---

[39] *Münchener Beobachter. Tägliches Beiblatt zum »Völkischen Beobachter«* 23 vom 23. 1.1933, S. 1.
[40] Schmuck/Vogt, a. a. O.

»Das Recht ist schwach, die Willkür stark«

Die Revolution hatte 1918 ihren erfolgreichen Anfang auf der Theresienwiese genommen und für einige die Hoffnung auf eine schnelle Änderung der allgmeinen Situation beflügelt. Das Leben war für die Mehrheit unerträglich geworden und die Lebensmittel knapper als je zuvor.

Unter der Führung Kurt Eisners marschierten die Revolutionäre ins Westend. Felix Fechenbach, der Vertraute und Sekretär Kurt Eisners über den Spätnachmittag des 7. November: »Das war das Signal. Brausender Jubel setzt ein und im Sturmschritt gehts zu den Kasernen, voran die rote Fahne. In der Guldeinschule waren Landstürmer untergebracht. Sie standen mit scharfer Munition in Bereitschaft. Das Tor ist verschlossen, man schlägt Fenster ein. Mit noch einem Soldaten steige ich durchs Fenster. Mit den draußen Wartenden war vereinbart worden, nach fünf Minuten zu stürmen, wenn das Tor nicht geöffnet würde. Im Zimmer des Bataillonskommandanten verhandeln wir wegen Übergabe der Schule. Der Major weigert sich. Die vereinbarten fünf Minuten verstreichen. Draußen fürchtet man für das Schicksal der beiden Kameraden. Das Tor wird gesprengt. Die bewaffnete Bereitschaft geht zu den Stürmenden über. Waffen und Munition werden mitgenommen und weiter gehts zur großen Kaserne auf dem Marsfeld«[1]

Am 7. November 1918 begann die Revolution in Bayern, die Monarchie wurde gestürzt

---

[1] Gerstenberg, Günther, Spaziergang durch's Westend, o.J., M.S.

An die Arbeiterschaft Münchens!

Alle über 20 Jahre alten Arbeiter, die sich zurzeit in Arbeit befinden, werden bewaffnet.

Voraussetzung ist die Mitgliedschaft in einer sozialistischen oder freigewerkschaftlichen Organisation. Meldung der Arbeiter erfolgt in folgenden Lokalen täglich von 8 Uhr früh bis 7 Uhr abends:

Haidhausen: Münchner Kindl-Keller
Giesing: Salvator-Keller
Au: Wagnerbräu
Schwabing: Schwabinger Brauerei
Nordend: Max-Emanuel-Brauerei
Briennerviertel: Gabelsberger Brauerei
Neuhausen-Nymphenburg: Benno-Brauerei
Westend: Hacker-Keller
Sendling: Elysium
Schlachthaus-Viertel: Thomasbräu
Altstadt: Kolosseums-Bierhalle.

Dort werden die Arbeiter unter Vorzeigung der Mitgliedsbücher und eines Arbeits-Ausweises in Listen eingetragen. Art der Bewaffnung ist dort zu erfahren. Die Arbeitslosen werden aufgefordert, sich der Republikanischen Schutztruppe anzuschließen und in deren Reihen aufnehmen zu lassen.

Bewaffnungs-Kommission des Zentralrates: Killer.

Plakat des Arbeiter- und Soldatenrates der Münchner Räterepublik 1919, wenige Tage vor der Niederschlagung am 1. 5. 1919 durch preußische und württembergische Truppen sowie die Freikorps

Josef S. erinnert sich daran: »Wir haben damals gegenüber von der Guldeinschule gewohnt. Und die Soldaten waren da drin, in der Guldeinschule, eingesperrt. Wir haben einen Soldaten gesehen, der hat vor lauter Freude, daß der Krieg aus war, das Fenster eing'haut. Und ein Feldwebel – der hat's nicht glauben können, der hat die Soldaten nicht rauslassen wollen – den haben sie dann erschlagen. Und dann sind sie raus! Da war natürlich ein ziemlicher Menschenauflauf.«[2]

Im Arbeiterviertel Westend hatten sich mehrere den Hoffnungen der »Roten« angeschlossen. Frieda G. erzählt: »Und dann war mein Vater bei der sogenannten Roten Garde. Und hinten in der Ausstellung ham's ihr Lager gehabt. Da waren's auf so Pritschen gesessen und haben mit ihren Gewehren umeinander gefuchtelt. Und da hab ich alle Tag das Essen hintertragen müssen – weil, die Kinder haben's hineingelassen. Mich haben's hineingelassen, mir haben's auch nix wollen, gell! Schwierigkeiten hat mein Vater deswegen nicht gehabt. Wie's geheißen hat, daß alle

Waffen abgeliefert werden müssen, da haben meine Mutter und ich das Gewehr in einen Sack gesteckt und haben es mit dem Leiterwagerl in die Schwere-Reiter-Kaserne – da war die Ablieferstelle – gefahren. Und da haben's dann a Ruh geben.«[3]

Von Bamberg aus begann am 1.5.1919 mit Hilfe von Reichswehr, Freikorps und Bürgerwehr die Niederschlagung der Münchner Räterepublik mit dem Ziel, die alte Staatsmacht wieder herzustellen. Es gab über 1.000 Tote. Die Weiße Garde, genannt auch der »Weiße Schrecken«, statuierte ein sehr blutiges Exempel.

Konnte der Feind im Felde nicht geschlagen werden, so wurde er jetzt im eigenen Lande besiegt. Die Presse schürte die von Paul Nicolaus Cossmann in den Süddeutschen Monatsheften veröffentlichte »Dolch-

---

[2] Interview des Kulturladens.
[3] ebenda.

stoßlegende«, die behauptete, der Krieg sei nicht durch das Militär an der Front verloren worden, sondern wegen des Munitionsarbeiterstreiks 1917 im eigenen Lande.[4] Den Freiwilligen der Weißen Garde war diese Interpretation lieber als die Erkenntnis des sinnlosen Schlachtens.

Die »Weißen« sind von Laim aus durch die Schwanthalerhöh' marschiert. Am Gollierplatz Ecke Bergmannstraße haben sie eine Maschinengewehrstellung aufgebaut. Heftig umkämpft war die Donnersberger Brücke. Die »Weißen« konnten sie erst mit Hilfe dreier Panzerzüge erobern.

Für die Kinder waren diese Monate sehr aufregend, Hannes V. erinnert sich: »Wenn gerade keine Ausgangssperre war, hatten wir Buben es auf der Gasse kreuzwichtig. So erkundeten wir das Terrain bis hin zur Donnersberger Brücke. Beim Hauptzollamt an dieser Eisenbahnbrücke stand damals noch ein erdgeschossiger Bau. Wir zogen uns, Schauerliches ahnend, an den Fenstergittern hoch. Drinnen lagen, in Reihen aufgebahrt, lauter Erschossene. Sie hatten oft nur das Ausgehverbot mißachtet und waren dafür hingerichtet worden.«[5]

Obwohl das Vorgehen der »Räterepublikaner« nur von einigen Sozialdemokraten mitgetragen wurde, so vereinte doch die Empörung über die blutige Niederschlagung durch die weißen Truppen große Teile der Arbeiterbewegung. Die massakerähnliche Erschießung von vielen Unschuldigen im Schlachthof machte den Menschen große Angst und warf kein gutes Licht auf die »Befreier«.

»Nur der Not koan Schwung lassen«

Die Finanzierung des Krieges kostete viel mehr Geld als vorhanden war, der Geldbedarf wurde zunehmend nur noch von den Wertpapierdruckereien »gedeckt«.

Das bedeutete, daß es viel mehr Geld als Waren und damit eine galoppierende Inflation gab. Die Lebensmittel waren längst rationiert. Die deutsche Wirtschaft stand auf »tönernen Füßen«.

Die Menschen spürten das deutlich an der ständig schlechter werdenden Alltagssituation. Frieda G. erinnert sich: »Mein Vater hat nicht so viel verdient, wissen's! Das erste Mal nach dem Krieg ist er heimgekommen mit 120 Mark. Ja, wenn Sie schon 28 Mark Miete zahlen! Für zwei so Löcher, wo fünf oder sechs Parteien auf ein Klo im 1. Stock haben nuntergehen müssen. Im Treppenhaus war dann so ein Brünnerl, wo wir das Wasser geholt haben. Im Haus hat eine Geißen gehabt, Ziegen im Stall! Wir haben da lauter Ställe gehabt – im Hof, zwei Pferdeställe waren da. Da haben wir alleweil die Russen versteckt gehabt. Weißrussen, das sind Emigranten gewesen. Dann hat uns meine Mutter einen Eichelkaffee gemacht und davon hat sie ihnen alleweil so einen Hafen voll hinuntergetan. Da waren Familien mit zwölf Kindern, die haben zwei Zimmer gehabt, ein Schlafzimmer und eine Wohnküche. Da sind außenherum die Betten gestanden und drei, viere haben in einem geschlafen Und 1928 haben wir dann da drüben in der Westendstraße, wo die Genossenschaft gebaut hat, eine größere Wohnung gekriegt. Zwei Zimmer, Küche, Kammer, Bad und Klo. … Im ganzen Haus – da haben's hingehen können, wo Sie haben wollen, da war vom Parterre bis zum 3. Stock überall ein Einheitsküchenkasten. Den haben sie sich damals alle gekauft. Da war eine Firma am Sendlinger Torplatz, und da haben's in der Woche 1 Mark abzahlen können. So arm waren die Leut'! Da haben wir auch dazugehört. Die, die wochenweise bezahlt haben, haben alle Freitag ihre Schulden bezahlt beim sogenannten, jetzigen Tante-Emma-Laden, bei unserer Kramerin halt, und meine Mutter hat alle Monat gezahlt. Das mit dieser Ratenzahlung ist schon vor 1914 aufgekommen.[6]

München wurde ein Zentrum der Reaktion. Extreme nationalistische und rassistische Organisationen konnten hier gedeihen. Die unsicheren wirtschaftlichen Verhältnisse, die große Arbeitslosigkeit waren ein geeigneter Boden für Heilsbringer aller Couleurs, die vor allem von sich eingenommen waren und nach der Macht strebten.

[4] vgl. Bauer, R., Gerstenberg, Peschel, W., (Hg.), Im Dunst aus Bier, Rauch und Volk, München 1989, S.183.

[5] Vogel, Hannes, Kindheit zwischen Krieg und Frieden, in: Münchner Merkur Nr. 347/1992, S. 25.

[6] Interview des Kulturladens.

Am 10.6.1921 wurde der USPD-Abgeordnete Gareis vor seinem Haus erschossen. Die Geheimorganisation Consul, die später auch Walter Rathenau erschoß, zeichnete für diese Tat verantwortlich. Die Ermordung Gareis veranlaßte die Freien Gewerkschaften, die Betriebsräte, die SPD, die USPD und die KPD zum Generalstreik aufzurufen.[7] Die Organisation Consul arbeitete konspirativ unter verschiedenen Firmenadressen. Sie war eine rechtsextreme Vereinigung, die zielstrebig sozialdemokratische und liberale Entwicklungen unterminierte und vor nichts zurückschreckte. Die Ermordung Gareis rief in breiten Kreisen der Bevölkerung große Empörung hervor. Die Trauerfeier war Ausdruck des öffentlichen Protestes.

»Mit der sogenannten Notverordnung hob am 11. Mai 1923 die Bayerische Regierung Knilling sämtliche Staatsbürgerrechte auf. Diese Maßnahme richtete sich ausschließlich gegen die organisierte Arbeiterschaft. Von hier bis zur Ausrufung des Ausnahmezustandes und der Einsetzung des Ritters von Kahr als Generalstaatskommissar im September 1923 war es nur mehr ein kleiner Schritt.«[8]

Am 8. November rief Adolf Hitler auf einer Versammlung im Münchner Bürgerbräukeller die »Nationale Revolutuion« aus und erklärte die Reichsregierung für abgesetzt. Der Staatsstreich nahm mit einem Demonstrationszug am 9. November 1923 seinen Fortgang und wurde vor der Feldherrnhalle mit Waffengewalt aufgelöst. Damit war der Umsturzversuch Hitlers gescheitert. Von Kahr trat im Februar 1924 zurück.[9]

Im Dezember 1923 erreichte die Inflation ihren Höhepunkt. Die dramatische wirtschaftliche Situation bedrohte viele Menschen in ihrer Existenz. Zahllose Väter hatten seit ihrer Rückkehr von der Front noch immer keine Arbeit gefunden. Für Gelegenheitsarbeiten, wie für das Schneeräumen, standen Hunderte von Menschen stundenlang an.

Frieda G. erinnert sich: » Was' zum Essen geben hat? Da hat's so einen Kakaoschalentee gegeben – von Kakaoschalen, wissen's. Das hat's als Tee gegeben. Und wie wir Milch hatten, haben wir Milch gekriegt – und wenn wir keine gehabt haben, gab's keine. Meine Mutter war von ... Altomünster, das ist bei Endersdorf

draußen. Und wenn halt ab und zu mal eine Schwester oder ein Onkel reingekommen ist, hat der uns ein Mehl mitgebracht – sonst nichts. Und da hat meine Mutter alleweil so ein Ofenbacher'l gemacht. Das war wie Semmeln im Rohr rausgebacken, das war das Frühstück. Selbst wie mein Vater schon in die Arbeit gegangen ist, hat's für uns kein Fleisch gegeben. Da war ich 9 Jahre alt. (1922, d.Verf.) Das heißt, mein Vater hat ab und zu ein Fleisch gekriegt. Das haben wir in der Schwanthalerstraße in der Gefrierfleischhalle geholt. Und da war ich in der Woche einmal. Und da hat's geheißen: Eineinhalb Pfund Ochsenpackerln. Also das war so ein Ochsenfleisch, heute frißt's mein Hund! Das hat 53 Pfennig gekostet, erst 48 und dann hat's 53 gekostet. Da hat meine Mutter gemeint, ich hab das Fünferl unterschlagen. Aber nur beim ersten Mal, es ist dann schon rausgekommen.«[10]

Das Oktoberfest fiel 1923 wegen der Inflation aus, ein Märzbier kostete 21 Mill. Mark.[11] Am 17.12.1923 wurde eine neue Währung eingeführt. Zum Kurs von einer Billion Mark gab es eine Rentenmark. Ab 1924 war die Reichsmark offizielle Währung.

Jahre des Aufschwungs

1925 begann eine Phase der wirtschaftlichen Stabilisierung in der Weimarer Republik. Es war die erste Atempause für die junge Demokratie in Deutschland. Seit Ende des Ersten Weltkriegs regierte in Deutschland ein Parlament.

Auch in der Schwanthalerhöh' war der Aufschwung spürbar und sichtbar, besonders im Bauwesen, große Bauvorhaben fallen in diese Zeit. Noch gab es freie Flächen, besonders in dem Gebiet westlich der Gang-

7 vgl. Bauer, R., Gerstenberg, Peschel, W., (Hg.), a.a.O., S.185.
8 ebenda, S.186.
9 vgl. Bayern zur Zeit der Weimarer Republik und des Nationalsozialismus, in: Politische Geschichte Bayerns, Haus für Bayerische Geschichte (Hg.), München 1989, S. 47.
10 Interview des Kulturladens.
11 Bauer, R., Gerstenberg, Peschel, W., (Hg.), a.a.O., S. 190.

Baugenossenschaft »Rupertusheim«, gegr. 1918, Ecke Ganghofer-Gollierstraße, erbaut 1919–1921

Wohnhäuser der Baugenossenschaft »Rupertusheim«, die Häuser Ecke Bergmann-Gollierstraße wurden 1925/26 erbaut

hoferstraße, z. B. an der Tulbeck- und Bergmannstraße, zwischen Kazmair- und Heimeranstraße sowie an der Westend-, Guldein- und Barthstraße. Im Verlauf dieser letzten Bebauungsphase, die sich bis in die 30er Jahre erstreckt, werden nahezu alle freien Flächen des Viertels bebaut.

Für die katholische Baugenossenschaft begann dieser Bauboom schon erstaunlich früh. Pater Pius Eichinger und der Hilfsmonteur Franz Ebenberger gründeten am 9. Februar 1918 im Gasthaus »Westendhalle« die Baugenossenschaft »Rupertusheim München e.G.m.b.H.«.

85 Mitglieder des Katholischen Arbeitervereins zeichneten als Gründungsmitglieder. An der Ganghofer-, Gollier- und Geroldstraße wurden Grundstücke erworben. Nach Plänen des Architekten Ludwig Naneder wurde noch zu Ende des Jahres mit dem Bau der ersten drei Häuser begonnen. Bis 1921 war der gesamte Grund mit 250 neuen Wohnungen bebaut. Trotz Inflation konnte die Genossenschaft mit Unterstützung von Stadt und Kirche Grundstücke an der Gollierstraße kaufen. Ab 1925 wurden die neuen Parzellen Gollierstraße-/Bergmannstraße mit 10 Häusern bebaut.

Zehn Jahre nach ihrer Gründung, 1928, hatte die Genossenschaft 38 Anwesen mit 503 Wohnungen im Bestand. Dazu gehörten 16 Läden, die Buch- und Zeitungsdruckerei Gotteswentter, eine Weingroßhandlung und eine Enzianbrennerei. Gerda S. erinnert sich: »Hinter dem Rupertusheim war eine Enzianbrennerei, dort roch es immer ganz aromatisch nach Kräutern. Die Höfe von den Genossenschaftshäusern waren miteinander verbunden, das gab den Kinderspielen eine große verwinkelte und interessante Hülle. Über die Geroldstraße war die Manglerei Fuchs, wo die Mutter die Wäsche immer zum mangeln hintrug und an der Ecke, Gerold-/Tulbeckstraße befand sich der Schuster Meier. ... Der Schuster hauste in einem kleinen Zimmer ... er war als Nazigegner bekannt. Er wurde eines Tages abgeholt, und niemand hat von ihm wieder gehört.«[12]

1927 übernahm die Baugenossenschaft »Rupertusheim« die Häuser des Katholischen Arbeitervereins an der Tulbeck- und Ganghoferstraße, von da an hieß das Vereinshaus des Arbeitervereins »Rupertusheim«.[13]

Die Baugenossenschaft »Rupertusheim« war konfessionell orientiert, d. h. die Zugehörigkeit zur katholischen Kirche war nicht unbedingt Voraussetzung für die Unterzeichnung eines Miet- oder Pachtvertrages, aber das Klima unter den Bewohnern war von Kirchentreue und Frömmigkeit geprägt. 1932 wurde der kleine Lebensmittelladen in der Ganghoferstraße Nummer 18 von Evangelischen übernommen, die aus dem Norden kamen und eine Existenz in München suchten. Gerda S. erinnert sich: »Die Eltern waren evangelisch und hatten es im stockkatholischen Westend schwer. Als die Leute erfuhren, daß die Ladeninhaber evangelischer Konfession waren, ging die Nachfrage stark zurück. Die Mutter mußte manchmal kleine Kruzifixe küssen, die die Leute aus ihren Geldbeuteln holten, damit sie ein schönes großes Ei verkaufen konnte. Sie tat dies widerwillig. Der Vater hatte eine Nebenbeschäftigung, als Nachtwächter bei der Südbremse angenommen, damit die Familie ihren Lebensunterhalt bestreiten konnte. Dazu ging er um 6.00 Uhr abends aus dem Haus und kam nachts um 24.00 Uhr zurück. Morgens um 5.00 Uhr war er bereits wieder unterwegs, um den Einkauf in der Großmarkthalle zu tätigen.«[14]

Auch die anderen Baugenossenschaften konnten ab Mitte der Zwanziger Jahre mit dem Ausbau ihrer Anwesen fortfahren. Alle hatten mit weitaus größeren Schwierigkeiten zu kämpfen als die Katholischen. Der Münchner Magistrat mußte nach dem Krieg Massenquartiere und Notwohnungen zur Verfügung stellen, weil die Wohnungsnot drastisch zugenommen hatte. Eine Zeitlang wurde ein Zuzugsverbot über München verhängt, um der Situation einigermaßen Herr zu werden. Alle Wohnungen wurden zwangsbewirtschaftet, d. h. ohne Zustimmung des Wohungsamtes durfte kein Wohnraumwechsel vorgenommen werden.

Die Baugenossenschaft »München-West« begann 1924, ihr Grundstück in der Tulbeckstraße 52 zu bebauen. Im Herbst 1925 konnten 23 neue Wohnungen bezogen werden. 1926 kaufte die Genossenschaft ein neues Grundstück in der Westendstraße 119 und baute Wohnungen.

Die Mitglieder der Baugenossenschaft »Ludwigsvorstadt« bekamen 1928 eine Unterhaltungsbibliothek mit rund 1.000 Bänden. Es hat mehrere Leihbibliotheken im Viertel gegeben, die sich ab den 20er Jahren einer zunehmenden Beliebtheit erfreuten. Frau Rogati betrieb am Gollierplatz eine solche Bibliothek. »Viele von meinen damaligen Klassenkameraden haben gelesen.

Am Gollierplatz war ein kleiner Laden, nicht viel größer als mein Wohnzimmer, mit Regalen bis an die

---

12 Interview d.V.
13 vgl. Die Baugenossenschaft Rupertusheim, in: Luitpold Feidl, a. a. O., S. 13 f.
14 Interview d.V.
15 August Kühn, Westend-Geschichte, München 1972, S. 29.

Baugenossenschaft »Ludwigsvorstadt« an der Bergmannstraße, 1928/29, Gemeinschaftswaschküche

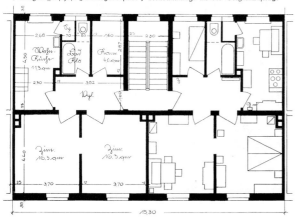

Wohnungstyp 3 mit 59,1 qm Wohnfläche, 4 räumige Wohnung, (19 Wohnungen)
Baugenossenschaft „Ludwigsvorstadt", Neubauanlage an der Bergmannstraße

*Grundriß einer modernen Kleinstwohnung der
Baugenossenschaft »Ludwigsvorstadt« an der
Bergmannstraße, 1928/29*

Decke. Da standen, in braunes Packpapier eingebunden, so an die zweitausend Bücher. Das war die Leihbibliothek von Frau Rogati, einer älteren, zierlichen Frau, die ein sehr gepflegtes Schriftdeutsch sprach, obwohl sie ganz offensichtlich Münchnerin war oder zumindest schon ziemlich lang hier gelebt hatte. Die verkaufte außerdem noch Schulhefte, Bleistifte, alles halt, was man so für die Schule brauchte. Und bei der haben wir uns ziemlich viel Bücher ausgeliehen, Karl May, Abenteuerromane und was es so eben gibt.«[15]

*Innenhof Ridlerblock um 1928, Baugenossenschaft
»Familienheim München-West«*

Wohnanlage »Ridlerblock«, Baugenossenschaft »Familienheim München-West«, Ansicht Gollierstraße 1925/26

Auch bei Herrn Aschmaier konnten Bücher geliehen werden, er hatte seine private Bibliothek in der Heimeranstraße 55.[16]

Die Genossenschaft »Ludwigsvorstadt« erwarb neue Grundstücke von der Augustinerbrauerei und baute 1928/29 die Blöcke Bergmann-, Kazmair-, Gerolt- und Heimeranstraße mit 167 »neuzeitlichen Kleinstwohnungen«.[17] Die Neubauten waren kein geschlossenes Geviert, sondern als parallele Blockreihen errichtet.

Zwischen den Grundstücken der »Ludwigsvorstadt« an der Gerolt- und Kazmairstraße, auf der Fläche des heutigen Georg-Freudendorfer-Platzes waren zu dieser Zeit noch die Gärten der Hackerbrauerei, die Anlage zog sich bis auf die Höhe der Anglerstraße.

Die Baugenossenschaft »Familienheim München West« baute, dank ihrer Verflechtung mit der Pschorr Brauerei, an der Westend- und Astallerstraße bereits 1919-21. Der Entwurf stammte auch von Ludwig Naneder.

1924 bis 1926 bebaute die Genossenschaft die »hinteren Teile« des Westends. Der sogenannte Ridlerblock entstand mit dem Wirtshaus »Familienheim« und sechs Geschäften. Mit dem Bau der Blöcke zwischen Landsberger und Barthstraße 1927-1929 endete die Bautätigkeit dieser Genossenschaft.

Seit 1915 war das Militär auf dem Ausstellungsgelände. Erst ab 1920 fanden wieder Fachausstellungen statt. Der allgemeine wirtschaftliche Aufschwung wurde auch auf der Verkehrsausstellung 1925 deutlich. Anläßlich dieser Ausstellung wurde der 41 Meter hohe Ausstellungsturm gebaut. Der sachliche rote Klinkerturm war ein »Wahrzeichen« des Viertels. In das hohe Turmrestaurant fuhr ein Doppelfahrstuhl. Von dort kam man über eine Wendeltreppe in den zweistöckigen Aussichtsbereich. Ein Rundumfernrohr vergrößerte die Sicht auf die Stadt und ihr Umland. Bis 22.00 Uhr gleitete immer der geister-

16 Interview d.V.
17 vgl. Die Baugenossenschaft »Ludwigsvorstadt«, in: Feidl, Luitpold, a. a. O., S. 27 ff.

Ausstellungsturm, 1925 erbaut im Rahmen der Deutschen Verkehrs-Ausstellung auf dem Münchner Messegelände, abgerissen 1970

159

hafte Lichtkegel über die Stadt. Der Betrieb wurde nur zu Zeiten von Ausstellungen aufrecht erhalten. Die vier Glocken, die elektrisch geläutet wurden, fielen gleich zu Beginn des Krieges dem vermehrten Rohstoffbedarf zum Opfer. Der Ausstellungsturm wurde 1970 abgerissen.[18]

Eine dauerhafte Einrichtung der Verkehrsausstellung blieb die Liliputbahn. Sie existierte fast 10 Jahre und fuhr ihre Passagiere vom Ausstellungsbereich durch den ganzen Vergnügungspark. 1934 ordnete der Stadtrat den Abbruch des Vergnügungsparks hinter der Bavaria an und ließ das Gelände in eine Grünanlage umgestalten. Bei dieser rigorosen Entscheidung spielte das Interesse der Bevölkerung überhaupt keine Rolle.

Zwischen 1927 und 1928 entstand an der Ganghoferstraße der große Wohnblock der Firma Moll. Der Bauunternehmer und Hausbesitzer Leonhard Moll hatte am Rande des Arbeiterviertels einen Block für den gehobenen Mittelstand gebaut. Die Wohnanlage hatte Tiefgaragen und war mit allen technischen Errungenschaften der Zeit ausgestattet. Der Wohnungszuschnitt war großzügiger als bei den zahlreichen neuen Genossenschaftshäusern. Wer hier wohnte, gehörte zu den »besseren Leuten«. Einer von ihnen war der ehemalige SPD Vizepräsident des bayerischen Landtags und SPD Vorsitzende, Erhard Auer. Er wohnte in der Ganghoferstraße 56, im dritten Stock.[19]

Die Bewohner des Viertels nahmen neugierig Anteil am Zuzug dieser »besseren Leute«, die im Westend eine Minderheit unter den Bewohnern bildeten. Katharina H. erinnert sich: »Da kam doch tatsächlich so eine ›Neue‹ vom Mollblock in unsere Klasse. (in die Ridlerschule, d.V.) Keine Schürze hatte die an, einen feinen Faltenrock und ganz feine Lackschuhe. Wir gingen damals immer barfuß, solange es einigermaßen ging und mit einer sauberen Schürze, die aber gleich nach der Schule wieder ausgewechselt wurde, gegen eine geflickte.«[20]

Unweit der Mollblöcke wurde 1927 das neue Postamt des Stadtviertels fertiggestellt. Am 4. September begann es seinen Betrieb als eigenständiges Postamt des Postbezirks Nummer 12. Erst 1971 wurde es dem Postamt in der Bayerstraße unterstellt.[21]

Kinoanzeige des Merkur-Filmtheaters

1927 wurde nach Entwürfen der Architekten Heilmann und Littmann eine jahrzehntealte Baulücke in der Gollierstraße 24a Ecke Ligsalzstraße geschlossen. Der Bau, ein Wohnhaus mit Kino im Erdgeschoß, beherbergte das erste große Lichtspieltheater des Viertels, das »Merkurtheater«. Das Kino kam Ende der Zwanziger Jahre sehr in Mode. Die Filmindustrie hatte Konjunktur, nicht zuletzt durch die Erfindung des Tonfilms. Die Anzahl der Kinos in Deutschland

[18] vgl. Wahler, J., Der Ausstellungsturm, in: Kalender des Kulturlades Westend, München o.J.
[19] vgl. Weyerer, Benedikt, München 1919-1933, München 1993, S. 220.
[20] Hess, Katharina, Unsere Schwanthalerhöh', München o.J., M.S.
[21] vgl. Vogt, F., Kleine Postgeschichte des Westends, München o.J., M.S.

MERKUR-FILM-THEATER

München, Gollierstraße 24a · Straßenbahn: Linie 19 und 22 Ganghoferstraße

Programm
Nr. 4

Verkaufspreis
10 Pfg.

CHARLIE
CHAPLIN
GOLDRAUSCH

This pamphlet is approved by Military Government ● Druck u. Verkauf durch Vorlage bei der Militärregierung genehmigt

Kinoanzeige des Merkur-Filmtheaters

Sehr speziell, aber weltbekannt

Die Mitglieder der Familie Strobel sind Nachfahren eines bis ins Mittelalter ahnenerforschten Geschlechts. Sie zeichnen sich durch besonderen Erfindungsreichtum, Ehrgeiz und Humor aus und sind, nicht zuletzt wegen dieser Eigenschaften, eng mit der Münchner Industriegeschichte verbunden. Das erste Unternehmen, das einer ihrer Sprößlinge in München begründete, war eine Veloziped Fabrik.[22] Jean Strobel, den seine Eltern eigentlich Johannes getauft hatten, begann seine Laufbahn als Mechanikus bei einer der beiden Münchner Nähmaschinenfabriken. Die Verbindung von Nähmaschinen und Fahrrädern bei der Herstellung war typisch im ausgehenden 19. Jahrhundert, nicht nur weil sich bei beiden Maschinen Räder drehen. Die Spezialisierung der Produktion ist eine junge Erscheinung.

war sprunghaft gestiegen, die Menschen sogen begierig die Leinwandillusionen auf, die sie für einige Zeit den Alltag vergessen ließen.

Das »Merkurfilmtheater« hatte Logen und Balkone und bot für fast 1.000 Zuschauer Platz. Die billigsten Plätze in den ersten drei Reihen kosteten 70 Pfennige. Bei der Jugend des Viertels waren diese »Rasierplätze« besonders beliebt, weil für die besseren Plätze das Geld nicht reichte.

In den Nachkriegsjahren fanden viele Konzerte im Merkur Filmtheater statt, weil die meisten Theater und Konzertsäle der Innenstadt zerstört waren. Das Publikum liebte vor allem die Sonntagsmatineen.

Werbung der Spezial-Nähmaschinen-Fabrik
J. Strobel & Söhne

---

[22] vgl. Strobel, O., Strobel, A., Heiss, W., Wiechmann, K., 75 Jahre Strobel, München 1958.

Spezial-Nähmaschinen-Fabrik J. Strobel & Söhne, 1920

Jeans Söhne, Oskar und Alfons, wurden auch Erfinder und Unternehmer. Alfons Strobel arbeitete viele Jahre im industriell sehr hoch entwickelten Sachsen, bei »Seidel & Naumann« in Dresden und bei »Wanderer« in Chemnitz. Sachsen war das Zentrum des deutschen Maschinenbaus. Die innovationsfreudigen Mitteldeutschen ließen dem jungen Konstrukteur großen Spielraum. Er konstruierte Motoren und Motorräder, die berühmten 4- und 6-Zylinder-Wanderer-Motoren sind federführend von ihm entwickelt worden.

Nach dem Ersten Weltkrieg rief das väterliche Unternehmen den jungen Mann zurück an die Isar. Gemeinsam mit seinem Bruder Oskar übernahm er das Unternehmen des 1914 verstorbenen Vaters.

1919 kauften die beiden ein Fabrikanwesen in der Heimeranstraße. Das Unternehmen nannte sich »J. Strobel & Söhne«, Spezial Nähmaschinen Fabrik. Die zur Produktionsreife entwickelte Pelznähma-schine wurde jetzt im Westend produziert. Sie war ein großer Erfolg. Auf den Leipziger Pelzmessen und der Internationalen Pelzausstellung 1930 machte die Firma große Furore mit ihrer neuesten Erfindung. Sie bekam weltweit Aufträge für ihre neue Maschine.

Die Brüder konzentrierten sich auf die Entwicklung von Spezialnähmaschinen. Im Zuge der Mechanisierung der Textilindustrie waren die neuen Strobelmaschinen sehr erfolgreich. Alfons Strobel hatte im Textilkernland Sachsen, besonders in Chemnitz, einen tiefen Einblick in die stürmische Entwicklung dieses Zweiges bekommen.

Ein ähnlich großer Erfolg wie die Pelznähmaschine wurde die 1925 von Alfons Strobel erfundene Rollpikiermaschine. Mit diesem Patent war es dem Erfinder gelungen, einen bislang nur durch Handarbeit befriedigend gelösten Herstellungsschritt zu mechanisieren. Die Strobel-Rollpikiermaschinen wurden fortwährend weiterentwickelt und in einer großen Vielfalt produziert. Die Strobels liefen mit ihren Pikiermaschinen sogar den Amerikanern den Rang ab.

Nach dem Tode Alfons Strobels 1934, übernahm der Bruder Oskar die Unternehmensleitung allein. Die Zwangswirtschaft der Nationalsozialisten und die zunehmende Rationierung der Rohstoffe bereitete dem Unternehmen große Schwierigkeiten. Oskar Strobel wurde wegen mangelnder Rüstungsarbeit von den Nazis schwer kritisiert. Dennoch gelang es ihm und den wenigen verbliebenen Mitarbeitern, die Fertigung in Gang zu halten, was wesentlich zur Erhaltung der hoch spezialisierten Produktion beitrug.

Der Vertrieb war infolge des Krieges zusammengebrochen, doch die Firma konnte ihre Spezialnähmaschinenproduktion nach dem Krieg in neuer Vielfalt wieder aufbauen.

Durch Höfe und Keller

Die großen Höfe im Inneren der meisten Genossenschaftsblöcke waren ein Paradies für Kinder. Besonders in den Schulferien und an den Wochenenden verschwand darin der Nachwuchs stundenlang, versunken in seiner Spiel- und Kinderwelt, die um so vieles reicher war als alles, was sie umgab. In den Ferien verreiste fast niemand, und Wochenendausflüge fanden höchst selten statt. Sie dauerten nie länger als einen Tag und führten nach Großhesselohe oder an den Flaucher, im Gepäck einen Liter Zitronenlimonade, ein Stück Brot und eine Roßwurst vom Komatz aus der Ligsalzstraße. Die Roßmetzgerei spielte eine wichtige Rolle für die Ernährung des Stadtteils. Das Pferdefleisch war billiger, und einem gut zubereiteten Sauerbraten traute man seine Verwandtschaft zum Roß kaum noch zu. Mit Knödelbeilage war dieser Braten ein Festessen auf der Schwanthalerhöh'.

Räuber und Schandi war eines der vielen beliebten Kinderspiele dieser Zeit. Die Räuber zu suchen, in wilder Jagd durch die Höfe und Keller der Genossenschaften, war eine aufregende Sache. Nachdem, besonders in den 20er Jahren, immer mehr »Wiesen« im Viertel bebaut wurden, verzogen sich die Kinder zunehmend auf das freie Gelände hinter der Bahnlinie, zum Saubauern draußen.

In den Ferien, wenn die Zeit zum Spielen lang war, ging's mit einem Handwagen, in dem die Decken und der Proviant waren, hinaus. Die Indianer und Trapper, die besonders durch Karl May's Bücher und Filme bekannt waren, gaben den Stoff für das Spiel. Während die Buben für den Angriff der feindlichen Stämme rüsteten, begannen die Squaws die »Zelte« in Ordnung zu bringen und den »Kriegern« eine Mahlzeit zu bereiten.[23]

Die wenigsten Kinder hatten in dieser Zeit ein eigenes Zimmer, nur einige Ältere besaßen eine Kammer mit 4 bis 6 qm, ein kleines, bescheidenes aber eigenes Reich. Das Spielzeug war ebenso selten wie die Kammer, vererbte Reste von älteren Geschwistern oder »besser gestellten« Verwandten waren das Glück der Kinderherzen, ebenso die Reklame und Sammelbilder in den Tee-, Kaffee- und Zigarettenpackungen. Franz G. erinnert sich: »Eine meiner schönsten Kindheitserinnerungen ist die Lektüre der -in der Vorkriegszeit- wöchentlich erscheinenden ›Kinderzeitungen‹ der großen Münchner Textilkaufhäuser. ... Das Kaufhaus Horn -damals am Karlsplatz an der Stelle des heutigen Kaufhofs – hatte eine Filiale in der Parkstraße, und jedesmal herrschte bei mir große Spannung, ob unter der Theke neben der Zahlkasse eine neue Nummer des ›Kiebitz‹ vorhanden sein würde, ...«[24]

Die Kinder von der Schwanthalerhöh' gingen in die Sportvereine, die im Viertel waren. In der Schrenkschule hatte der SV 1880 sein Domizil. Die Freie Turnerschaft München befand sich in der Landsberger Straße 70, im Gasthaus zum Turnerverein. Seit 1908 existierte die Abt. IV., Westend.[25] In diesem Verein gab es eine starke Kinder- und Jugendabteilung. 1933 wurde erst die Arbeit mit den Kindern und Jugendlichen und wenig später der gesamte Verein verboten.

Viele Kinder des Stadtviertels lernten ein Musikinstrument spielen. Die Schwestern der Kinderbewahr-

[23] Interview d.V.
[24] Gerstacker, Franz, a. a. O.
[25] vgl. Kulturreferat der Landeshauptstadt München, (Hg.), Empor zum Licht, München 1987, S. 71-81.

anstalten lehrten musikalischen Kindern Blockflöte und Gitarre. Klavier und Zither lernten inbesondere die Kinder der kleinen und mittleren Angestellten. Die Tradition, des aus dem Viertel stammenden Zitherkomponisten Georg Freudendorfer, wird bis heute von Hackbrettvereinen gepflegt. Er komponierte seinem Heimatviertel einen eigenen Marsch: »D' Schwanthalerhöher«.

Die Kosten für den Instrumentalunterricht waren häufig hart vom Haushaltsgeld abgespart. In den 30er Jahren wurde das Akkordeonspielen sehr beliebt. Willy Fruth gab in der Landsberger Straße Akkordeonunterricht in seiner Wohnung. Gerda S. erinnert sich, daß Ende der 30er Jahre sieben oder acht Kinder aus ihrer Klasse dorthin gingen. Später gründeten sie gemeinsam mit anderen Spielern ein Akkordeonorchester. Musikalische Kinder, deren Eltern keinen Unterricht bezahlen konnten, fanden Gelegenheit zum Singen in den Kinderkirchenchören des Viertels.

Seilspringen, Drallern, Schussern, Turnen an Teppichstangen, Verstecken hinter Aschentonnen blieben bei aller Muse die Hauptvergnügungen der Kinder. Das Verstecken wurde auch gern an anderen gefährlichen Stellen gespielt. Eine davon war bei den abgestellten Eisenbahnwaggons unter der Ganghofer Brücke.

Katharina H. fiel bei solch einem Abenteuer von einer Dampflock und schlug sich ein Loch in den Kopf. Sie erinnert sich: »Mein Vater packte mich und ging ganz rasch mit mir, nein, nicht zum Herrn Doktor, sondern zum Baader, ist man damals gegangen, mit so einer Sache. In der Gollierstraße war so einer. Rund rüber wurden die Haare wegrasiert, dann kam ein großes Pflaster drauf und damit war die Unfallsache erledigt. Zu Hause wartete die Mutter schon auf uns, mit einem Stück Stoff von einem alten Bettuch, der Kopf wurde richtig eingebunden damit, und ein paar Tage Bettruhe waren fällig.« [26]

Die Aufführungen im Rupertussaal und die späteren Dreharbeiten der Firma Arnold & Richter gaben Anregung zur Nachahmung. Im Hof der Baugenossenschaft »Rupertusheim« hatten die Kinder ein selbstgebautes Puppentheater, mit dem sie sich gegenseitig Vorstellungen boten.

Die älteren Buben hatten ihre »Blas'n«, eine Form der Kinderbande, mit der sie »Fraktionskämpfe« untereinander austrugen. Herr H. erinnert sich: »Aber dann hat's ja während der Nazi-Zeit so ›Blasen‹ gegeben. Die ›Henkerblase‹ ... zum Beispiel, mit dem ›Henker-Haarschnitt‹, so ganz scharf abgeschnitten – drum haben die ›Henkerblase‹ geheißen. In der HJ war das an der Tagesordnung: wenn einer so einen ›Henker‹ gehabt hat – lange Haare und ganz gerade abgeschnitten – dann haben sie ihm die ›Heumatte‹ bei der Hitlerjugend abgeschnitten.« [27]

Herbert Schneider erinnert sich an die Fastnachtskriege der Kinder des Viertels: »Als ich noch Hochwasserhosen trug und beißende Wollstrümpfe, lernte ich im ausklingenden Fasching von meinen Traller-Genossen und Strickhupf-Schwestern ein Verserl, das ich alsbald treuherzig fordernd meiner Mutter vortrug. Das Verserl war wie ein schmalzgebackener Diskus vom Land herein in die Hinterhöfe der Schwanthalerhöh' geflogen und lautete:

Lustig is die Fasenacht,
wenn mei Muadda
Küachl bacht,
wenn sie aber keine bacht,
pfeif i auf die Fasenacht!

In jenen sagenhaften zwanziger Jahren, in denen es mehr Suppenschulen gab als Gala-Diners und mehr Arbeitslose als Zweitanzugbesitzer, waren aber Küachl oder ›Ausgezogene‹ ein rar Ding, von denen der auf Wirsing und Kartoffeln getrimmte Magen nur in seinen kühnsten Blähungen zu träumen wagte. So zog denn auch die liebe Mutter ein nachdenkliches Gesicht und nadelte wortlos weiter an einem frisch gewaschenen Kohlensack, um den Malzkaffee und das Blutwurstgröstl, aus denen ich damals hauptsächlich bestand, als tapferen roten Krieger vom Stamme der Tulbeckstraßler einzukleiden und in die Schlacht gegen die bösen Astallerstraßler zu schicken.

Die Astallerstraßler, diese stinkenden Kojoten, hatte ich bis in die Jünglingsjahre hinein auf der

---

26 Hess, Katharina, Die Ganghofer Brücke, München o.J., M.S.
27 Interview von G. Gerstenberg.

Zaunlatte, dem bevorzugten Kampfgerät jener Zeit. Von dort, wo die wohnten, kamen, wenn der Westwind wehte, üble Gerüche, die allerdings von der Gummifabrik Metzeler stammten. Lange vermied ich es, durch ihre Straße zu gehen, wenn es aber unbedingt sein mußte, dann schlug ich den Kragen hoch und beschleunigte meine Schritte. Es ging nämlich die Mär, die Astallerstraßler langten aus den Kellerfenstern heraus und stählen einem im Vorbeigehen die Bandl aus den Schuhen.

Jedenfalls waren die Astaller Trapper dazumal ganz gefährliche Burschen und führten in den Faschingstagen einen erbarmungslosen Krieg gegen ihre unschuldigen Nachbarn im Osten. Mit Prügeln und Latten bewaffnet drangen sie immer wieder über unsere Grenzen, und das bloß, weil wir in ihrem Hoheitsgebiet Stinkbomben geworfen hatten.

Wer weiß, ob sie uns nicht gar bis zur Theresienwiese hinuntergetrieben hätten, wäre unser Anführer nicht der Angerer Simerl gewesen, der später die Silberne Nahkampfspange, leider aber auch eine künstliche Hand erhalten hat. Er verteilte uns so geschickt in die Flanken der Höfe und Durchfahrten, daß wir den Feind in die Zange nehmen und in die Flucht schlagen konnten.

So gefährlich wie sich das hier liest, war es aber nun nicht. Passiert ist bei diesen Kämpfen nicht allzuviel, abgesehen von den eingezogenen Schiefern, die aber bald kostenlos wieder auseiterten, wenn sie nicht vorher von der Mutter mit einer unter einem brennenden Streichholz desinfizierten Nähnadel herausoperiert worden waren.

Immerhin: Niemals hätte ich später einer Astallerstraßlerin die eheliche Treue versprechen können, ohne sie in trotziger Erinnerung an jene Bubenkämpfe immer wieder zu brechen !«[28]

---

[28] Schneider, Herbert, Fasenachtskrieg auf der Schwanthalerhöh, M.S.

[29] vgl. Sonderhefte des Institus für Konjunkturfoschung, Nr. 41, Berlin 1936, S.50 und Kuczynski, J., Geschichte des Alltags des Deutschen Volkes, Bd.5, Berlin 1982, S.29f.

»Im Westen(d) nichts Neues«

1929 begann mit dem sogenannten »schwarzen Freitag«, die erste weltweite Wirtschaftskrise. In New York war die Börse zusammengebrochen, und auch im Münchner Westend bekamen das die Menschen zu spüren. Die Krise geschah nicht abrupt, es gab Vorboten und Signale. Deutschland hatte, zur Belebung seiner Wirtschaft nach dem ersten Weltkrieg und für die Reparationszahlungen, Anleihen aufgenommen. Mit den billigen Importen aus den ehemaligen Kolonien war es vorbei, es mangelte der Wirtschaft an Rohstoffen. Amerikanische Dollar und englische Pfund waren in größerem Umfang an deutsche Kreditnehmer geflossen. 1929 gab es keinen deutschen Konzern, der nicht verschuldet war. Dazu kamen die schlechten Außenhandelsbilanzen, bei vielen Industrien war der Exportumfang stark rückläufig. Während der Welthandel an Fertigprodukten ständig zunahm, war Deutschland nur Zuschauer dieser Entwicklung. In Amerika und Japan waren die Produktionsverfahren stark modernisiert worden, so daß mehr und billiger produziert wurde. Viele Unternehmen versuchten, durch billige Löhne und Handarbeit mit der Entwicklung Schritt zu halten. Die deutsche Wirtschaft konnte nur eine Zeitlang ihr Defizit ausgleichen, dann mußten Entlassungen die Kosten wieder senken.[29]

Ende 1932 gab es in München Arbeitslosen- und Hungerdemonstrationen.

Josef S. erinnert sich an seine Arbeitslosigkeit: »Und da sind wir dann 1930, wie die große Arbeitslosigkeit war, wieder ausgestellt worden. Ich war bis 1934 arbeitslos. Dann bin ich zu einem Rüstungsbetrieb gekommen. Als die große Arbeitslosigkeit war, haben die meisten Chefs gesagt: ›Was willst – paßt Ihnen was nicht? Draußen warten 10 andere!‹ Dortmals war man als Arbeiter ziemlich rechtlos. Schauen's, ich hab z.B. 1932 in der Brauerei in der Flaschenfüllerei gearbeitet, 3 oder 4 Wochen, kurze Zeit nur. Und da haben wir um 4 Uhr den blauen Brief gekriegt, daß wir um 5 Uhr aufhören müssen. Kein Mensch hat da was machen können. Da haben so und so viele ausgestellt werden müssen. Mein Vater hat's erfahren, der war Maschinenmeister in dieser Brauerei. Da ist vom

Demonstrationszug der SPD – Sektion Westend am 1. Mai 1929, Westendstraße stadtauswärts, auf der Höhe des Anwesens vom »Saubauern«

Brauereiverband rausgegeben worden, daß jede Brauerei so und so viele Arbeiter entlassen müßte. Und das war im August, wo sehr viel Bier gegangen ist, wo sehr viel Arbeit war. ... Nachdem mein Vater verdient hat, habe ich überhaupt keine Arbeitslosenunterstützung bekommen. Ich war völlig angewiesen auf den Lebensunterhalt, den ich dann bei meinen Eltern gehabt habe. So was war sehr schwierig für einen jungen Menschen. Wir waren natürlich deprimiert. Mei, ich war bei meinen Eltern, ich hab da mein Essen gehabt. Aber im Turnverein haben wir verschiedene dabei gehabt, die waren ledig und haben niemanden gehabt. Die haben dann vom Wohlfahrts-amt Essenmarken gekriegt, eine hat 10 Pfennig gekostet.«[30]

1929 mußten in München 30 städtische Suppenküchen eingerichtet werden, die meisten von ihnen befanden sich in Schulen. Hunger war für die Menschen im Westend nichts Neues, an den konnte sich die Bevölkerung noch aus den letzten Kriegsjahren erinnern. Zenta S., berichtet: »Dann war da noch die Suppenschule (in der Bergmannschule, d.V.), das war doch die schlechte Zeit, 1929, Wirtschaftskrise, da wurde hier für die arme Bevölkerung, nicht für uns

---

[30] Interview des Kulturladens.

166

Bau der Evang.-Luth. Auferstehungskirche, 1930

Richtfest der Evang.-Luth. Auferstehungskirche am 16. 10. 1930

Schüler, Suppe gekocht. .... Die Schulspeisung ham wir selber bezahlen müssn, 10 Pfennig, 20 Pfennig, das war ja, als der Zusammenbruch in New York war.«[31]

Eine wichtige Tradition für die sozialdemokratische Arbeiterschaft im Westend war die Feier des 1. Mai. Die gewerkschaftlichen Errungenschaften wie Arbeitszeitregelung und Lohnabsprachen wurden in den Zwanziger Jahren durch die wirtschaftlichen Depressionen zunichte gemacht.

[31] Kapfhammer, G., Uhlig-Kapfhammer, P., Zinke, D., Bergmannschule in München (1891-1991), Erinnerungen an eine Hundertjährige, S. 15f, M.S.

Ein geistiges Haus

Die soziale Arbeit geschieht oft lange vor den Kirchenbauten. So war es auch bei der evangelischen Gemeinde im Westend. Als 1930 der Bau der evangelischen Kirche im Westend begann, existierte die erste Einrichtung der Evangelischen, ihr Kindergarten, schon 36 Jahre lang. Die Gemeinde hatte ein Altenheim, einen Kinderhort und eine Bibliothek im Stadtviertel. Seit 6 Jahren war sie Vikariatsbezirk.

Der Architekt German Bestelmayer war mit dem Entwurf der Pläne für den Neubau einer evangeli-

167

Die Evang.-Luth. Auferstehungskirche um 1931, Ansicht von der Geroldstraße

schen Kirche im Westend beauftragt worden. Er hatte bereits acht evangelische Kirchen gebaut. Er stimmte seinen Entwurf geschickt auf das schon vorhandene Ledigenheim ab, so daß ein gutes städtebauliches Ensemble entstand. Bereits seit 1921 gehörte der Bauplatz an der Geroldstraße, zwischen Gollier- und Kazmairstraße den Evangelischen.

Im Mai 1930 begann die Firma Moll mit den Aushubarbeiten. Die vielen arbeitslosen Gemeindemitglieder betrachteten argwöhnisch die Bauarbeiten. In der Gaststätte »Bürgerheim«, gegenüber der Baustelle, faßten einige von ihnen den Entschluß, den Mollbagger »unbrauchbar« zu machen, in der Hoffnung, dann gebraucht zu werden. Die Sache wurde bekannt, und das Pfarramt schaltete sich ein. Es

erreichte mit der Firma einen Kompromiß, der zu einer vermehrten Beschäftigtenzahl führte.

Am 16. Oktober feierten 2.000 Besucher das Richtfest. Ein Jahr später, am 25. Oktober 1931, konnte die Kirche unter großer Anteilnahme der Gläubigen geweiht werden. Der Festzug ging vom evangelischen Altersheim in der Westendstraße 125 zur Gollierstraße. Der Regen an diesem Festtag konnte die Freude der evangelischen Gemeindemitglieder über ein eigenes Gotteshaus kaum verderben.[32]

---

[32] vgl. 50 Jahre Auferstehungskirche, in: Kath. Pfarramt St. Benedikt, Kath. Pfarramt St. Rupert, Evang.-Luth. Pfarramt Auferstehungskirche München: Festschrift zum Jubileum 1981, München 1981, S. 83-107.

Manchem katholischen Zeitgenossen blieb das, was die »Anderen« in ihrer Kirche taten, lange Zeit ein Rätsel. Franz G. erinnert sich: »Der Weg zu ›meiner‹ Kirche (St. Rupertus, d.V.) führte mich an der evangelischen Auferstehungskirche in der Gollierstraße vorbei. Niemand hatte mir erklärt, was an dieser Kirche bzw. Religion anders war. So blieb beim Vorbeigehen immer ein leiser Zweifel in mir: Was geschieht in dieser Kirche? Wie geschieht es? Warum gehe ich nicht hinein? Darf ich es als Katholik überhaupt? Dabei lernten wir in der Familie eines nahegelegenen Lebensmittelgeschäftes, in dem meine Mutter einkaufte, ganz normale und freundliche Menschen kennen, die aber trotzdem anders bewertet wurden, weil sie eben nicht der katholischen Konfession angehörten. ... Erst in der Nachkriegszeit besuchte ich anläßlich eines Kirchenkonzertes die Auferstehungskirche und kam auch unbeschadet wieder heraus.«[33]

»Wer Hitler wählt, wählt den Krieg«

»Die SPD hat damals schon – 1930 – g'sagt: ›Der Hitler will den Krieg!‹ Und es war zum Voraussehen, weil er ja im ›Kampf‹ geschrieben hat, daß Deutschland ein Volk ohne Raum ist, so daß wir uns ausweiten müssen nach Osten. Viele sind in die Konzentrationslager gekommen, besonders Sozialdemokraten und auch Kommunisten waren da und solche von der damaligen Volkspartei, die ja damals geglaubt hat, der Hitler könnte sie verschonen und er könnte die Arbeiterbewegung vernichten. Und bis dann g'schaut haben, sind sie auch verboten worden und teilweise in die Konzentrationslager gekommen.

Und die waren natürlich sehr schlimm, diese Konzentrationslager! Das haben wir gewußt. Dadurch, daß wir bei den Gegnern waren, sind wir schon mit Leuten zusammengekommen, die draußen waren im KZ, und die nur zu den Vertrauten gesagt haben, wie es draußen zugeht, weil sie gewußt haben, wenn sie nur e i n Wort sagen, dann kehren sie nicht mehr zurück. Wir haben einen Fall erlebt: der hat in der Anglerstraße gewohnt, der hat nur eine kurze Bemerkung gemacht. Da haben sie ihn wieder verhaftet. Und nach acht Tagen ist den Angehörigen die Urne zugeschickt worden! Das kann die heutige Jugend nicht mehr erfassen, was Diktatur heißt, wenn jede Freiheit verloren geht.«[34]

Im Arbeiterviertel Westend waren die Nazis nicht sonderlich beliebt, obwohl sie auch hier schon seit Ende der Zwanziger Jahre »ihre Nester« hatten. Sie unterhielten im Viertel 22 Zellen und 5 Parteilokale, das »Augustiner Bierstüberl«, das »Ledigenheim«, das Gasthaus »Holzapfel«, das »Ridlereck« und den »Hackerkeller«.[35]

Frieda G. erinnert sich: »In der Buchbinderei (in der sie arbeitete, d.V.) haben's Parteibücher für die Nazis gemacht. Der Chef hat zu mir gesagt, wenn wir in der Schwanthalerhöh' von der SA was aufziehn, müssen wir im Trab durchlaufen. Weil, das ist das Glasscherbenviertel, die ziehn Dir unter'm Laufen die Schuhbandel von den Schuhen raus!«[36]

Am Wahltag, dem 31.7.1932 wurde gegen Abend die »Hohenburg« verwüstet, das Parteilokal der Kommunisten. »Die durch eine kleinere Schlägerei gereizte SA-Sturm 27 kam aus dem Parteilokal ›Ridlereck‹ heraus, auf einem Lastwagen mit ›Sieg Heil‹-Rufen vor die ›Hohenburg‹ gefahren, wo zunächst sämtliche Fenster zu Bruch gingen. Als sich Kommunisten und Nazis mit gezogenen Waffen auf der Straße gegenübertraten und gerade die Kommandos zum Angriff ausgegeben waren, verhütete die Schutzmannschaft mit blank gezogenem Säbel Schlimmeres.«[37]

Am 30. Januar 1933 hatten die Nationalsozialisten in Deutschland die Macht übernommen. Der Reichstagsbrand am 27.2.33 in Berlin diente als Anlaß, die Notverordnungen in Kraft zu setzten und damit die wichtigsten Grundrechte der Verfassung aufzuheben. Auch einige von denen, die die »schneidigen Jungs« von der SA und SS bislang bewunderten, wegen ihrer ordentlich gewichsten Stiefel, dem korrekten Aufzug und ihrer zackigen Art, begannen sich zu wundern. So

---

[33] Gerstacker, Franz, a. a. O.
[34] Interview des Kulturladens.
[35] vgl. Bleek, Stefan, a. a. O., S. 260.
[36] Interview des Kulturladens.
[37] Bleek, Stefan, a. a. O., S. 261.

hatte man sich das nicht vorgestellt, daß sie jetzt Feiertage abschufen, Gottesdienste verboten und Umzüge machten, bei denen sie Klosterfrauen als Puppen mitführten und dabei schrieen: »An den Galgen mit ihnen!«. »Was haben die ihnen denn getan?«. Zum Wundern blieb wenig Zeit. Die Nazis kehrten Deutschland mit einem eisernen Besen aus. Alles was ihnen nicht paßte wurde abgeschafft und ihnen paßte vieles nicht. Alle Parteien verboten sie und sämtliche Jugendorganisationen, dabei hatten gerade die jungen Wähler ihnen zum Sieg verholfen. Diese Politik war Kalkül, sie hatten die »Junge Generation« geködert mit Parolen wie »Kampf der Jugend gegen die Alten«, »… junge Generation zum Träger der Politik« und »Jugend an die Front« (1932). Der Wahrheitsgehalt der letzten Parole ist manchem erst im Schützengraben aufgegangen. 1936 verkündete Baldur von Schirach: »Der Gegensatz der Generationen ist heute überwunden« und Hitler wünschte sich eine »gewalttätige, herrische, unerschrockene, grausame Jugend«[38], die er brauchte und bekam.

Nur wenige Menschen besaßen die Klarheit und den Mut, die Nazis als Demagogen zu erkennen und danach zu handeln. Zur Einschüchterung der Menschen besaß der diktatorische Staat alle erdenkliche Handlungsfreiheit.

»Mein Vater wurde als Gewerkschaftssekretär fristlos entlassen und erhielt wochenlang als ›Staatsfeind‹ keine Arbeitslosenunterstützung.«[39]

Der Pferdehändler Otto Aster aus der Gollierstraße arbeitete gegen die Propaganda der Nazis im Untergrund. Er wurde bei der Gestapo angezeigt und war von 1935 bis 1936 Häftling im KZ Dachau.

Von der Kanzel der Pfarrkirche St. Rupert griff der Deutsch-Amerikaner Pfarrer Malcy, unerschrocken die braune Staatsmacht an. Zu seiner Sonntagspredigt kamen die Menschen scharenweise, viele mußten durch die offene Tür seinen Reden lauschen. Die Gestapo wagte es nicht, den amerikanischen Staatsbürger zu verhaften. Man unterließ aber keine Gelegenheit, ihn öffentlich zu schmähen.[40]

Wer die nackte Wahrheit nicht sehen und die Konsequenzen der zum großen Teil unverschämten politischen Reden nicht wahrhaben wollte, der hielt sich an die offiziellen Erfolgsmeldungen. Der Führer

Tür der Pfarrkirche St. Rupert, der Deutsch-Amerikaner, Pfarrer Malcy, trat mutig gegen den braunen Terror auf

war bereit, das deutsche Volk zum Sieg zu führen, nun lag es »nur noch am Volk«, ob es diese Chance wahrnehmen wollte. Diese Demagogie verfehlte ihr Ziel nicht. Die unruhigen Zeiten der Weimarer Republik hatten eine große Sehnsucht nach Besserung und Klärung der Verhältnisse genährt. Arbeitslosigkeit, Hunger und auch der Verlust der Spareinlagen durch die Inflation hatten die Menschen ausgebrannt. »Resignation und Angst machen stumm, dumm und taub.«[41]

Die Angst wurde auf vielfältigste Art verbreitet. Von der Drohung … dann kommst du nach Dachau, bis zum Mißhandeln und Verschwinden von Familienmitgliedern und Nachbarn. Annemarie L. erinnert sich:« Eines Abends war große Aufregung, weil ein Mann sich vom Balkon stürzen wollte und im Nachthemd hing er da und alle Hausbewohner standen im Hof (Ligsalzstraße 40, d.V.) und hielten die Hand vor den Mund. Aber zwei starke Männer zogen ihn zurück

38 vgl. Reulecke, Jürgen, Jugend – Entdeckung oder Erfindung, in: Deutscher Werkbund e.V. und Würtembergischer Kunstverein Stuttgart (Hg.), Schock und Schöpfung, Darmstadt und Neuwied 1986, S. 21-25.

39 Vogt, Fritz, Schmuck, Elisabeth, Ein Westendler erzählt, in: Alte Wirtschaften auf der Schwanthalerhöh', Teil 3, Vereinleben, München 1986, S. 32.

40 vgl. Vogel, Hanns, Kindheit zwischen Krieg und Frieden, in: Münchner Merkur Nr. 35/1992 S. 20.

41 Beck, Johannes, Sinneswandel, Frankfurt a.Main 1993, S. 65.

und seine Frau weinte jämmerlich. Er hatte seine Arbeit verloren, weil er nicht der NSDAP beitreten wollte. Er tat es dann doch, ging nach Nürnberg zum Reichsparteitag und nachdem er am Abend zuviel getrunken hatte, sagte er allen seine wahre Meinung und da kam er dann ins Krankenhaus, mit Verletzungen an Kopf und Leib, die man ihm mit Knüppeln beigebracht hatte.«[42]

Durch die Einführung der Zwangswirtschaft in Deutschland wurde die Arbeitslosigkeit in kürzester Zeit abgeschafft. Der Aufbau einer autarken Wirtschaft, unabhänig von Importen, schuf viele Arbeitsplätze. Die Produktion war nicht mehr marktwirtschaftlich, sondern »nationalsozialistisch« geregelt. Neben dem Wohungsbau benötigte der Straßenbau viele Arbeitskräfte.

Unter dem Thema »Arbeitsschlacht im Westend« begannen 1934 die Vorbereitungen zur Verbreiterung der Landsberger Straße. Der Stadtrat Kellner stellte die Verbreiterungsarbeiten als wichtigstes Projekt zur Arbeitsbeschaffung im Münchner Westen dar. Den Anliegern mußte die kostenlose Abtretung der Vorgärten schmackhaft gemacht werden. Die Vorgärten fielen der verbreiterten Fahrbahn zum Opfer. Die Agitatoren, unter Führung des Architekten Karl Riedl, wiesen besonders auf die Wertsteigerung der Grundstücke durch den Ausbau der Straße hin. 1936 begannen die Bauarbeiten. Die Häuser bekamen neue Wasserleitungen und Anschluß an die Kanalisation.

Im Zuge dieser neuen Verkehrserschließung wurde auch die Donnersberger Brücke neu erbaut. Bis zu dieser Erweiterung hatte sie eine Breite von 4,70 Meter, mit einer zweigleisigen Straßenbahnverbindung. Die Brücke war schon lange eine wichtige Verkehrsverbindung zwischen Neuhausen und Sendling. Im November 1933 begannen die Bauarbeiten zum Bau der neuen 24,5 Meter breiten Brücke. Ende 1935 war der Brückenneubau abgeschlossen.[43]

Die Heimeranunterführung wurde 1934 gebaut. Um der Dankbarkeit des Westendviertels für den Bau der Heimeran-Unterführung sinnfälligen Ausdruck zu verleihen« wurde am Gollierplatz der »Brunnen der nationalen Arbeit« aufgestellt.[44]

Mit den Nazis begann in Deutschland für die Bevölkerung eine Zeit der Pflichten. Die Pflichten nahmen ständig zu, während die Rechte in großem Umfang abnahmen. Für die Katholiken westlich der Trappentreustraße war es eine »Ehrenpflicht«, an der Grundsteinfeier der neuen Pfarrkirche »Maria Heimsuchung«, teilzunehmen. Am 1. Oktober 1933, dem Tag des Erntedankfestes, fand die Zeremonie zur Grundsteinlegung in der Westendstraße statt. Der Bau benötigte eine Pfahlgründung, denn ursprünglich war dort die größte und tiefste Sandgrube des Viertels, in der die Buben bis vor wenigen Jahrzehnten noch Kahn gefahren waren. Auf dieser, zu vielen Kinderträumen gehörenden Stelle, wurde die Kirche errichtet, vielleicht ist sie deswegen der »Maria Heimsuchung« geweiht. Im Frühjahr 1934 war der Rohbau der Pfarrkirche fertig. Im Oktober des gleichen Jahres wurde die Kirche von Kardinal Faulhaber eingeweiht. Anders als sonst, steht diese Kirche in einer Reihe mit den Mietshäusern an der Westendstraße, ihr Giebel ist nur wenig zurückgesetzt. In den Pfarrgemeinderäumen, die mit der Kirche errichtet wurden, fand 1948 ein Kindergarten und Hort, unter Leitung der Mallersdorfer Franziskanerinnen, seinen Platz.[45]

Wäre die wahnwitzige städtebauliche Planung Hitlers für München Wirklichkeit geworden, so würde es große Teile des Westends nicht mehr geben. Vom Stachus bis Pasing war eine nationalsozialistische Achse geplant, die ein Bahnhofsrondell etwa in Höhe der Donnersberger Brücke vorsah. Die breite Achse sollte rechts und links von Hochhäusern flankiert werden. Hitlers Wunsch, die russische Eisenbahnbreitspur bis zum Bahnhof zu führen, hatte den Planern größere Schwierigkeiten bereitet. Deshalb war das Rondell des Bahnhofs architektonisch eher zu einer »Ausgezogenen« geraten. Bis zum Zusammenbruch 1945 haben Architekten und Bauingenieure an diesem Projekt gearbeitet.

42 nach einem Brief von A. Larsen.
43 vgl. Pitschi, Andreas, Das Münchner Westend von seinen Anfängen bis zur Gegenwart. Eine ortsgeschichtliche Studie, München 1936, S.82.
44 vgl. Die Wünsche des Westendviertels, in: Bayerischer Kurier vom 4.5.1934, S. 6.
45 vgl. Pfarrgemeinderat Maria Heimsuchung (Hg.), 50 Jahre Pfarrgemeinde Maria Heimsuchung, München 1984.

*Landsberger- Ecke
Bergmannstraße,
stadteinwärts,
Verbreiterung der
Landsberger Straße,
1936, Zeichnung
Marcus Walleitner*

*Landsberger- Ecke
Bergmannstraße,
stadtauswärts,
Verbreiterung der
Landsberger Straße,
1936, Zeichnung
Marcus Walleitner*

172

Landsberger- Ecke Trappentreustraße, stadtauswärts, Auffahrt zur Donnersberger Brücke, Ausbau der Kreuzung 1936, Zeichnung Marcus Walleitner

Donnersberger Brücke, Auffahrt aus der Trappentreustraße um 1936, Zeichnung unsigniert

»An Juden und Polen kein Verkauf!«

Schilder mit solcher Aufschrift, befanden sich nach 1933 immer häufiger in den Schaufenstern der Geschäfte. Was bewog die Menschen, ihresgleichen auszugrenzen?

Die Nazis hatten eine eigene Rassentheorie entwickelt und den deutschen Menschen, den Arier, zum Herrenmenschen erklärt. Den Juden stempelten sie zum »Sündenbock«. Die nazistische Ideologie war simpel, sie brauchte einen Feind, gegen den sie das Volk aufhetzen konnte und der an den wirtschaftlichen und politischen Schwierigkeiten schuld war. Gleich nach der Machtübernahme riefen die Nazis zum Boykott gegen jüdische Geschäftsleute, Ärzte und Rechtsanwälte auf.

Wie überall in Deutschland, so lebten auch im Westend Juden. Einige von ihnen waren schon immer als solche in Erscheinung getreten, weil sie ihre Religion nach außen sichtbar pflegten, andere erfuhren von ihrer jüdischen Abstammung erst durch den neu eingeführten Ariernachweis, den jeder erbringen mußte.

Die Juden waren in Deutschland seit alters weitgehend von zünftigen Handwerken ausgeschlossen, deshalb fanden sie verstärkt im Handel ihre Existenz. Im Westend gehörten die meisten Kaufhäuser jüdischen Eigentümern: das »Kaufhaus Horn« in der Parkstraße, eine Filiale des großen Stammhauses am Karlstor, der »Sundheimer«, Ecke Tulbeck-/ Trappentreustraße und der »Levi« Ecke Schwanthaler-/ Parkstraße. Die Bewohner kauften hier Textilien, Stoffe, Kurzwaren und anderes.

Die Familie Moskowitz hatte in der Guldeinstraße und an der Ecke Astaller-/ Westendstraße ein Geschäft für Textilwaren.

Wer sich nicht dafür interessierte, ob ein Ladenbesitzer jüdisch oder nichtjüdisch war, bekam es spätestens am Morgen des 10. November 1938 deutlich vor Augen geführt. In der vorangegangenen Nacht hatten die zahlreichen Schlägertrupps der SA, vorwiegend die jungen, »feschen« Leute, alle Geschäfte von jüdischen Eigentümern demoliert. Die Schaufenster waren eingeworfen und die Auslagen zum Teil auf die Straße gezerrt. In ganz Deutschland brannten in der Nacht vom 9. auf den 10. November die Synagogen. Die Brutalität, mit der vorgegangen wurde, ließ keinen Zweifel. Der arische Rassemensch würde alle menschlichen Abgründe für seine Herrschaft benützen und vor nichts zurückschrecken. Vielen machte das große Angst, manche hatten sich dieses neurotische Denken schon selbst zu eigen gemacht und fanden es rechtens. Dennoch bewiesen einige großen Mut und halfen ihren jüdischen Nachbarn. Richard S. erinnert sich, daß seine Eltern den Textilkaufmann Aaron Moskowitz drei Tage nach dem 9.11.1938 in ihrer Wohnung in der Guldeinstraße versteckt hielten, ehe sie ihn zum Bahnhof begleiteten, in der Hoffnung, ihm möge die Flucht gelingen. Die Nazis haben Aaron Moskowitz und seine Frau in Auschwitz umgebracht.

Seit 1935 waren mit den sogenannten »Nürnberger Gesetzen« eine große Menge antisemitischer Verfügungen in Kraft. Juden durften nicht mehr in städtische Badeanstalten, Theater, Kinos, Bibliotheken usw.. Ihre eigenen Veranstaltungen mußten sie in diskriminierender Weise als jüdisch ausweisen. Viele von ihnen emigrierten, dabei wurde ihr gesamtes Vermögen beschlagnahmt, sie durften lediglich 10 Reichsmark ausführen. Bereits sieben Monate vor der sogenannten Reichskristallnacht, im April 1938, hatte der Staat eine Vermögensanmeldung aller Juden erzwungen. Die Reichskristallnacht war der Auftakt zur endgültigen Diskriminierung und zum Massenmord.

Am 12. November 1938 trat die Verordnung »Zur Ausschaltung der Juden aus dem deutschen Wirtschaftsleben« in Kraft. Ab 1.1.1939 durften Menschen jüdischer Abstammung kein Einzelhandelsgeschäft mehr betreiben, kein Handwerk ausüben, nicht als Vertreter tätig sein. Ihr Vermögen wurde »arisiert«, liquidiert oder »verwaltet«. Ihre Firmen waren »preisgünstig zu haben«, der Staat forderte 50% vom »Arisierungsgewinn« und machte zur Auflage, daß nichts mehr auf den ehemals jüdischen Besitz hindeutete.

Die privaten- und Ersatzkrankenkassen veröffentlichten »Verzeichnisse der nichtarischen und staatsfeindlichen Ärzte, Zahnärzte und Dentisten«. Die Krankenkassen schrieben z.T. ihre Mitglieder direkt an, mit der Aufforderung: »Suchen Sie sich einen anderen Arzt«.

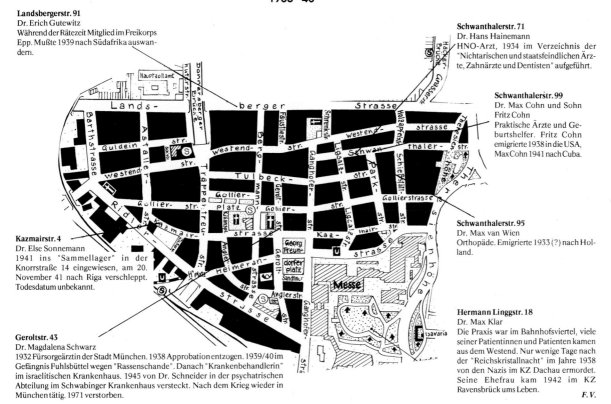

Jüdische Ärztinnen und Ärzte im Westend
1933 - 45

Landsbergerstr. 91
Dr. Erich Gutewitz
Während der Rätezeit Mitglied im Freikorps Epp. Mußte 1939 nach Südafrika auswandern.

Schwanthalerstr. 71
Dr. Hans Hainemann
HNO-Arzt, 1934 im Verzeichnis der "Nichtarischen und staatsfeindlichen Ärzte, Zahnärzte und Dentisten" aufgeführt.

Schwanthalerstr. 99
Dr. Max Cohn und Sohn Fritz Cohn
Praktische Ärzte und Geburtshelfer. Fritz Cohn emigrierte 1938 in die USA, Max Cohn 1941 nach Cuba.

Kazmairstr. 4
Dr. Else Sonnemann
1941 ins "Sammellager" in der Knorrstraße 14 eingewiesen, am 20. November 41 nach Riga verschleppt. Todesdatum unbekannt.

Schwanthalerstr. 95
Dr. Max van Wien
Orthopäde. Emigrierte 1933 (?) nach Holland.

Geroltstr. 43
Dr. Magdalena Schwarz
1932 Fürsorgeärztin der Stadt München. 1938 Approbation entzogen. 1939/40 im Gefängnis Fuhlsbüttel wegen "Rassenschande". Danach "Krankenbehandlerin" im israelitischen Krankenhaus. 1945 von Dr. Schneider in der psychiatrischen Abteilung im Schwabinger Krankenhaus versteckt. Nach dem Krieg wieder in München tätig. 1971 verstorben.

Hermann Linggstr. 18
Dr. Max Klar
Die Praxis war im Bahnhofsviertel, viele seiner Patientinnen und Patienten kamen aus dem Westend. Nur wenige Tage nach der "Reichskristallnacht" im Jahre 1938 von den Nazis im KZ Dachau ermordet. Seine Ehefrau kam 1942 im KZ Ravensbrück ums Leben. *F.V.*

Zusammenstellung von Fritz Vogt

Frau Dr. Sonnemann praktizierte in der Kazmairstraße 4. Obwohl sie in den Zwanziger Jahren aus der jüdischen Religionsgemeinschaft ausgetreten war, wurde sie, aufgrund ihrer »nichtarischen« Abstammung, Opfer der Rassenpolitik. 1934 stand sie im Verzeichnis der »nichtarischen und staatsfeindlichen Ärzte«. 1941 kam sie in eines der Münchner Sammellager, in die Knorrstraße 14. Dort wurden die Juden untergebracht, bevor sie nach Osten in die Vernichtungslager deportiert wurden.[46]

Zu den alteingesessenen und bekannten Ärzten gehörten die Cohns aus der Schwanthalerstraße 91.

Vater und Sohn waren beide praktische Ärzte und Geburtshelfer. Magarete H. erinnert sich: »Der Dr. Cohn, das war a ganz a kleines Mantschgerl … Meine Mutter hatte viele Gallensteine und wenn die an Anfall gehabt hat, dann bin ich nachts um drei nunter gegangen und hab bloß geläutet, Herr Dr. Cohn hat den Gocks aufgesetzt und ist mitgegangen. Der war sehr sozial, der hat viele Leute umsonst gepflegt.«[47] Dr. Fritz Cohn emigrierte 1938 nach New York, sein Vater Max Cohn führte mit seiner Frau mehrere Jahre ein Leben in der Isolation ihrer Wohnung. Auf die Straße konnten sich die beiden Alten mit ihrem Judenstern nicht mehr wagen. Ohne den Stern trauten sie sich nicht, es war für Juden bei Strafe verboten, dieses Stigma wegzulassen, die Cohns waren im Viertel zu bekannt. Eine ehemalige Zugehfrau versorgte

[46] vgl. Vogt, Fritz, Jüdische Ärzte im Westend, München 1993, M.S.

[47] Interview d.V.

die Beiden mit dem Nötigsten. Im September 1941 emigrierte Max Cohn, 75-jährig, nach Cuba.[48]

Die Abwicklung, wie die Emigration in der Verwaltungssprache hieß, hat im Hauptzollamt an der Landsberger Straße Herr Maul gemacht, nicht nur für die Cohns, sondern für viele der Münchner, die die Unterlagen zur Emigration bekommen hatten. Im Hauptzollamt war auch genug Platz für die Einlagerung des requirierten Besitzes.[49]

Es wurde für jüdische Bürger immer schwieriger, die Papiere für eine Ausreise aus Deutschland zu bekommen. Adolf Freiherr von Harnier war Rechtsanwalt und half vor allem vermögenden Münchner Juden bei der Organisation ihrer Emigration. Harnier hatte den Beitritt zu jeglichen NS-Organisationen abgelehnt und gehörte zu einem Bund des konservativen, monarchistischen Widerstandes. Der »Harnier-Zottkreis« bestand aus ehemaligen BVPlern, christlichen Gewerkschaftern, Anhängern der Bayernwacht und des bayerischen Heimat- und Königbundes. Josef Zott war aktives Mitglied dieses Widerstandsbundes, er war Bauaufseher und wohnte in der Geroldstraße 24. Der Kreis traf sich in Gaststätten und Privatwohnungen, getarnt als »Stammtischgesellschaft«. 1935 schleuste die Gestapo, den Spitzel »Theo« in den Kreis ein. »Theo« und Zott trafen sich in der Schweiz mit dem ehemaligen KPD Abgeordneten Hans Beimler. Beimler war gleich nach der Machtübernahme von den Nazis in das KZ Dachau verschleppt worden. Ihm gelang im Mai 1933 die Flucht in die Schweiz, wo er den weltweit Aufsehen erregenden Bericht »Im Mörderlager Dachau« veröffentlichte. Josef Zott bat Beimler, sein Flugblatt »Tausend Tage Drittes Reich« in der Schweiz zu drucken. Die Gestapo fing alle weitere Post ab, und brachte das Unternehmen zum Scheitern. Zott warb einige ehemalige SPD-Anhänger für den Kreis. Die Gestapo schleuste zwei weitere Spitzel in den Widerstandsbund. Am 3. August 1939 verhaftete die Gestapo 150 Personen aus dem Kreis des Widerstandsbundes. Josef Zott wurde am 16. Januar 1945 wegen Vorbereitung zum Hochverrat hingerichtet.[50]

Widerstandsgruppen im Westend gab es auch um die ehemaligen Sozialdemokraten Linsenmeier und Schober. Der Widerstand hatte wenig Chancen. Die totalitären Machthaber besaßen alle Medien und praktizierten eine strikte Pressezensur. Nicht alle Regungen gegen das Regime waren organisiert. So lasen die Bewohner eines Morgens auf dem Fußweg vor der Bäckerei Kögl »Kauft keine Wecken bei dem Nazi-Bäcken!« Das hatten einige Mutige in der Nacht auf das Pflaster an der Trappentreustraße geschrieben. Kögl war ein fanatischer Befürworter der neuen Machthaber. Er hatte sein Geschäftstransparent mit einem großen Hakenkreuz versehen.[51]

Zu den dunkelsten Kapiteln der Geschichte des Nationalsozialismus zählt die Zwangsarbeit. Im August 1944 waren mehr als 7,5 Millionen ausländische Arbeitskräfte im »Großdeutschen Reich« registriert, davon 2,1 Millionen polnische Staatsbürger.[52] Die meisten von ihnen waren nicht freiwillig nach Deutschland gekommen, sie wurden zwangsrekrutiert. In den Barackenlagern, nahe ihres »Einsatzortes« wurden sie wie Strafgefangene behandelt. Sie waren für die »deutschen Herrenmenschen« von »niederer Rasse« und wurden deshalb schlechter als Vieh behandelt.

Bei Kriegsausbruch 1939 wuchs, durch die Einberufung der Soldaten, der Bedarf nach neuen Arbeitskräften sprunghaft. Mit Werbekampagnen warb die Arbeitseinsatzverwaltung in den ›eingegliederten‹ Ostgebieten Menschen an. Doch der schnelle Rückgang der freiwilligen Meldungen führte bereits im Frühjahr 1940 zu zwangsweisen Rekrutierungen. Die Dienstverpflichtungsordnung vom 13.5.1942 schuf die Rechtsgrundlage dafür.[53] Die Bevölkerung wußte wenig über die Zwangsarbeiter. Daß diese Menschen schuldlos und gegen ihren Willen verschleppt worden waren, ahnten nur einige.

Im Westend gab es sieben Lager für Zwangsarbeiter. Im Kriegsgefangenenlager an der Landsberger

48 vgl. Vogt, Fritz, Jüdische Ärzte im Westend, München 1993, M.S.
49 Interview d.V.
50 vgl. Vogt, Fritz, Zur Ausstellung München – »Hauptstadt der Bewegung« 1994 im Stadtmuseum, M.S.
51 vgl. Vogel, Hanns, Kindheit zwischen Krieg und Frieden, in: Münchner Merkur Nr. 35/1992 S.20.
52 vgl. Heusler, Andreas, Zwangsarbeit, München 1991, S.11.
53 ebenda, S.14.

München Postamt 3   München, den 11. September 43

Abtlg. II

             Verhandelt

beim Postamt München 3 Abtlg II im Amtszimmer Nr. 103 um 12.15 Uhr :

Es erscheint die Pfarbn Paula S t e u e r ,und gibt an :
Seit Januar 1943 habe ich die beim Postamt Mchn 3 be -
schäftigten Ostarbeiter und Ostarbeiterinen zu den ein -
zelnen Dienstschichten aus dem Lager an der Landsberger
Straße (Sammellager Nr.6 /des Rüstungskmandos Nr.6) abzuholen .
Ich habe in dieser langen Zeit in steigendem Maße fest-
stellen müssen, dass das deutsche Lagerpersonal fast
jeden Tag zum Mittag-und Abendtisch Fleischgerächte zu sich
xxxxxx nimmt, dass weiterhin viele mit Wurst belegte Brote
von diesem Personal. verzehrt werden.Auch habe ich fest -
gestellt, dass insbesondere auch die Schreibmaschinendamen
fortgesetzt Zigaretten rauchenderen Packungen die gleichen
sind wie die die sonst nur an die Ostarbeiter ausgegeben
werden. Am 8.9.zwischen 17‰und 18.00 als ich wieder zum
Lager kam um die nächste Arbeitsschicht abzuholen,hatte
ich mir weil ich gerade starken Hunger ßnd nichts zu essen
bei mir hatte, in der Lagerküche ein Stück Brot erbeten.
AnStelle dieses Brotes erhielt ich eine Schmalznudel und
da ich Bedenken hatte diese Schmalznudel sofort zu essen,
weil das sicher bei den Lagerinsassen unangenehm aufgefallen
wäre,habe ich mir noch ein Stückchen Brot erbeten, das ich
sofort verzehrte. Am lo. 9. wieder abends zwischen
17.und 18.oo beobachtete ich wie der Lagerkoch in einer
Stielpfanne in der 1/2 Pfund Butter und reichlich Margarine
zerlassen wurden ,7 handgroße Schnitzel zubereitet wurde.
Ich stellte auch fest, dass diese Schnitzel wieder zum
Lagerpersonal (Lagerführer und seine Angestellten) ver -
bracht wurden.
Ichbringe dies deshalb zur Kenntnis des Amtes, weil ich
fast jeden Tag von den Ostarbeiter und Ostarbeiterinen
Klagen über die schlechte Verpflegung zu hören bekomme und
weil nach meinen Wahrnehmungen ohne Zweifel das verwaltende
Lagerpersonal das von mir beobachtete Schlemmerleben
nur deshalb so führen kann,weil den Lagerinsassen an
den diesen zustehenden Rationen ungerechtfertigte Abzüge
gemacht werden, die eben das verwaltende Lagerpersonl

*Eine Postbedienstete beschwert sich über die Lebensmittelunterschlagungen im
Zwangsarbeiterlager an der Landsberger Straße, September 1943*

177

Sommersporttag 1941, Belegschaft Metzeler. Der Sommersporttag gehörte zu den propagandistischen Erfindungen der NS-Ideologien, er hatte einen paramilitärischen Hintergrund.

Straße vegetierten Ostarbeiterinnen und Ostarbeiter. Das Lager wurde von der Firma Opel Häusler verwaltet, ein Teil der Insassen war bei der Münchner Post beschäftigt. 1943 beschwerte sich eine Postbedienstete über die dauernden Lebensmittelunterschlagungen und die Zustände in diesem Lager. Ein Teil der Menschen mußte im Freien übernachten, weil die Baracken derartig vom Ungeziefer befallen waren.[54]

---

[54] vgl. ebenda, S. 97 f.

NS-Gauleiter Wagner bei Metzeler, 1941. Der Besuch des NS-Gauleiters wirft ein Licht auf die Bedeutung, die das Unternehmen für die Kriegswirtschaft hatte.

Weitere Lager waren neben der Guldeinschule, das KZ-Nebenlager Bergmannschule, die Arbeitslager der Metzeler AG in der Ridlerstraße und Westend-

straße und die beiden Kriegsgefangenenlager in der Kazmairstraße.[55] An das Kriegsgefangenenlager der Metzeler AG in der Westendstraße Ecke Bergmann-straße erinnert sich Frau E.: »Da kann ich mich als Kind noch erinnern. . . . . da war ich vier Jahre alt . . . Da

---

[55] vgl. ebenda, S. 10.

179

war unter der Kriegszeit ein Kriegsgefangenenlager drin, Franzosen. .... Das war ganz spannend; weil wenn man da reingegangen ist, hast immer Angst gehabt, dann war da der Zaun rüber und so. Und der (ein Franzose, d.V.) war halt so nett, und da hat mir die Oma manchmal ein Butterbrot mitgegeben für ihn oder irgendwas...«[56]

Das Unternehmen Metzeler hat ab 1939 mit 85% seiner Produktion für die Rüstung gearbeitet. Viele Kriegsgefangene und Zwangsarbeiter wurden dazu benötigt. Nur die Rüstungsproduktion garantierte den Unternehmen nach Beginn des Krieges Rohstofflieferungen. Für jeden Materialbedarf mußte die Kriegsnotwendigkeit nachgewiesen werden. Metzeler produzierte Reifen für die Autos und Motorräder der Wehrmacht.

Der Kuckuck aus dem Volksempfänger

Die Vorbereitung des Krieges begann mit der Machtübernahme und geschah Hand in Hand mit dem Aufbau der nationalsozialistischen Zwangswirtschaft. Erkennbar war die Kriegsorientierung nicht nur am Bau der strategisch wichtigen Autobahnen, sondern auch an den Übungen zum zivilen Luftschutz. Bereits im Frühjahr 1933 war in München eine Wanderausstellung zu sehen, die die Organisation des zivilen Schutzes vor Fliegerangriffen zum Gegenstand hatte.[57] Im Sommer 1933 gab es weitere Veranstaltungen zur Vorbereitung und zum Ausbau des zivilen Luftschutzes. Der neue Reichsluftschutzbund organisierte am 5. und 6. August Werbetage, bei denen Papierbomben mit Sandsäcken abgeworfen worden, und für den neugegründeten »Bund« wurde dabei Geld gesammelt.[58]

Im September 1938 lernten die Münchner Schüler den Umgang mit der Volksgasmaske, Feuerpatsche, Löscheimer und anderen Utensilien des Luftschutzes, in eigens dazu organisierten Ausbildungen. Von solch einem Lehrgang mit Schülern der Ridlerschule berichtete die NS-Presse folgendes: »Wer seine eigene Gasmaske mitbringen konnte, war stolz darauf und andere versicherten, die Eltern bei Gelegenheit

um Anschaffung einer solchen zu bitten. Die Scheu, die viele vor der Gasmaske hatten, verwandelte sich im Verlauf des Kurses immer mehr in ein Vertrautsein mit ihr.«[59]

Der Kriegsausbruch, den mittlerweile breite Kreise der Bevölkerung befürchteten, kam dennoch für jeden Einzelnen überraschend.

Die Stadt München war wenig auf den Krieg vorbereitet. Von 169 geplanten Luftschutzräumen waren im September 1939 erst 34 fertig. Die vorgeschriebene all-abendliche Verdunkelung der Fenster erinnerte täglich die Bevölkerung an den noch weit entfernten Krieg.

Ab 1942 begann für München der Luftkrieg. Die deutsche Wehrmacht war zu dieser Zeit durch die Luftwaffeneinsätze an der Ostfront schon schwer angeschlagen, so daß eine wirkungsvolle Abwehr nicht mehr möglich war. Das Märchen von der Unbesiegbarkeit Deutschlands war strategisch bereits ausgeträumt, nun sollte die deutsche Zivilbevölkerung schmerzlich aus diesem Traum geweckt werden.

In der Nacht vom 19. zum 20. September 1942 wurden mehrere Gebäude in der Park- und Tulbeckstraße zerstört, es war der achte Luftangriff, den die Stadt erlebte. Frau Anna K. aus der Tulbeckstraße erinnert sich an diesen Angriff. Es war der Tag nach ihrer Hochzeit, sechs Bewohner der Parkstraße wurden unter den Trümmern ihrer Wohnungen begraben.

Am Gollierplatz drehte der Luftdruck einigen Bäumen die Kronen ab. Die Fenster der Bergmannschule und der Rupertuskirche zersplitterten alle restlos, einige Wohnhäuser und auch der Kindergarten St. Rupert in der Kazmairstraße 66 wurden teilweise zerstört.

Frieda G. aus der Westendstraße erinnert sich:« Wir haben ein gutes Haus gehabt. Wir sind nach jedem Fliegerangriff ... alle zu mir gekommen. Ich habe 1939 im September noch einen großen Radio

[56] Interview von G. Gerstenberg.
[57] vgl. Bauer, Richard, Fliegeralarm, Luftangriffe auf München 1940-1945, München 1987, S.9.
[58] vgl. ebenda, S. 10.
[59] ebenda, S.14.

Luftschutzübung für Kinder der Ridlerschule 1938, Zweifel und Ängstlichkeit stehen den meisten Kindern im Gesicht

gekriegt – und da hat man die ausländischen Sender hergebracht. Das war von der Funkausstellung in Nürnberg – oder wo – und da haben wir noch den Radio gekriegt. Das war eine Sensation! – Mit einem magischen Auge – und der Suchspirale! Und nach jedem Fliegerangriff horchten wir, was die sagen! Und die sind alle zu mir herein – wir waren immer so acht – zehn, waren hier. Dann ist's losgegangen. Der eine hat dann so angefangen (Klopfen) – das war der Engländer. – und der Russe hat geredet, auch in deutscher Sprache! – Und in der Früh' um 5 Uhr – wir haben ja keine Fenster gehabt – bloß Pappendeckel! – in der Frühe um 5 Uhr läutete es einmal – war ein Eisenbah-

ner, der ist um 5 in der Frühe heimgekommen. Dann läutet er, steht da draußen. Und dann sagt er: ›Sie Frau …, ich möcht' Ihnen nur sagen – wenn's sowas horchts, machen Sie es bitteschön leise.‹ Das Hören der ausländischen Sender war strengstens verboten«[60]

Im März 1943 begann die offizielle Evakuierung der Münchner Bevölkerung. Wer nicht zu Verwandten auf dem Lande gehen konnte, dem wurde Quartier von behördlicher Seite angeboten. Aber wer wollte schon seine Wohnung, seine Familie und Nachbarn verlassen? Ausgenommen von dieser Regelung waren alle Mitarbeiter von Versorgungsbetrieben, z. B. die Stadtwerker. Daß die Evakuierungsquartiere keine Sommerfrische bedeuteten, war allen Menschen klar, obwohl die Propaganda es vollmundig und idyllisch ausmalte. Vor allem die Kinder sollten mit der soge-

---

[60] Interview des Kulturladens.

181

*Parkstraße Ecke
Tulbeckstraße,
Luftangriff in der
Nacht vom 19. zum
20. September 1942*

*20. September 1942,
Hitlerjungen löschen
die Brandreste des
nächtlichen
Bombenangriffs am
Gollierplatz*

Gollierplatz, die ausgebombten Bewohner bewachen ihre Habe und warten auf die Zuweisung eines Notquartiers

nannten »Kinderlandverschickung« vor den Luftangriffen in Sicherheit gebracht werden. Ihnen versprach die Propaganda: »an den Quellen der Natur gedeihen und unvergeßliche Eindrücke von Volk und Heimat ... für ihr ganzes Leben gewinnen.«[61] Unvergeßliche Eindrücke gewannen die meisten Kinder, allerdings nicht von den Quellen der Natur, sondern von den Luftangriffen, zerstörten Wohnungen, getöteten Verwandten, Nachbarn und anderen grausamen Begleiterscheinungen des Krieges.

Am Abend des 21. Dezember 1942 wurde das Straßenbahndepot in der Westendstraße durch eine Minenbombe schwer beschädigt, viele Wagen brannten aus. Einen Teil der Ridlerschule zerriß eine Sprengbombe. Drei Kriegsgefangenenbaracken an der Ecke Westend-/ Zschokkestraße brannten total aus, in ihnen lebten vorwiegend Kriegsgefangene, die bei Metzeler arbeiteten.[62]

Ab 1944 wurden die Schulkinder der vier Westendschulen evakuiert. Die Bergmannschule war bereits seit 1940 geschlossen worden, um Kohlen zu sparen. Seither waren die Kinder und Lehrer in der Ridlerschule untergebracht. Das Schulgebäude an der Ridlerstraße war schon mehrmals bei Luftangriffen beschädigt worden.

Die Luftangriffe nahmen ab 1944 an Häufigkeit und Intensität ständig zu. Bei Fliegeralarm liefen die Sirenen, und bis Januar 1944 hat der Reichssender München mit einem »Kuckuck«-Signal den kommen-

[61] Bauer, Richard, a. a. O., S. 24.
[62] vgl. ebenda, S. 50.

Zerstörte Baracken des Kriegsgefangenenlagers an der Westendstraße, 1942

Straßenbahndepot Westendstraße, Fliegerangriff am 21. 12. 1942

den Luftangriff angezeigt. Später übernahm der Mittelwellensender Laibach, ein Notsender, die Luftraummeldungen. Die Menschen nahmen ihr Luftschutzgepäck, das offiziell aus einem Mantel und Wolldecken bestehen sollte, und liefen in den nächsten Keller. In der Regel war das der Keller des eigenen Wohnhauses, später, als die Angriffe länger und schwerer wurden, suchte die Bevölkerung zunehmend Schutz in den größeren Bunkern. Im Westend waren solche Bunker beim Augustiner und im Hauptzollamt. Sie galten als wesentlich sicherer als die Wohnhauskeller, in denen viele Schutzsuchende verschüttet worden waren.

Am 25. April 1944 wurde der bislang schwerste Angriff auf München geflogen, der vielen Münchnern

das Leben kostete. Frieda G. erinnert sich an diesen Angriff: »... und das Haus war bis zum 2. Stock herunter – mei das war schlimm, der Angriff war schlimm! Der Nachtangriff. Da hat der ganze Dachstuhl gebrannt – mit dem Vorderhaus. Da sind wir droben gestanden mit Kübeln ... da hat eine gewohnt im 3. Stock, die hat 300 so Gelatineplatten gehabt (Schellackschallplatten, d.V.) ... die haben gebrannt. Der Brandherd ging immer wieder an, wenn die Leute schon meinten es sei gelöscht.« Mit einem Zigarettenvorrat hat Frau G. dann die Ortsfeuerwehr bestochen die letztlich den Brand löschen konnte. ›Geh weg!‹ Hat der Kommandant gesagt. Hab ich gesagt: Wir werden allein nicht mehr fertig. Dann lassens wir's halt herunterbrennen. Tun sie ihre Män-

Die Schrenkstraße nach einem Fliegerangriff, 1944

45th Division News | EXTRA

WAR ENDS

The war in Europe is over. German land, sea and air forces have been surrendered to the Allies and Soviets effective at 12:01 a. m. Wednesday, May 9.

The announcement came simultaneously from Washington, London and Moscow. A representative of the German high command signed the unconditional surrender at 1:41 a. m. Monday.

After the signing of the surrender, all offensives were stopped, and Allied troops went into defensive positions to prevent unnecessary losses of life and casualties, which might have occurred at the hands of German troops not informed of the end of the war because of shattered communications.

Before the official surrender of the German high command, peacemeal surrenders of divisions and even armies had left German troops in action only in Czechoslovakia, where Patton's Third Army was conducting an offensive on a 110 mile front, and in Norway, where Quisling was demanding the German garrison resist to the end.

The complete collapse of German arms began with the Rhine crossings of all Allied Armies on the Western Front. General Eisenhower last Autumn had predicted the Germans would fight their last great battle west of the Rhine. and his prediction was verified. Swift armored thrusts and motori- zed infantry sped to every corner of the Reich, and then a meeting of the Third army with Russian forces cut Germany in two.

The Seventh Army lunged southward, capturing Bamberg, Nuremburg and Munich - - all actions in which the 45th Division played a prominent part - - slicing into the heart of the threatened „national redoubt", where it had been reported, Nazism would make a stand, protected by fanatical SS troops and natural barriers, against the world.

The end of the war came after two of its most prominent figures had met death. President Roosevelt, who led the American people both in preparation for the war and during more than two years of war, died without seeing final victory. Adolf Hitler, who led Germany into the greatest gamble in world history, is reported to have died without having to settle the stakes.

Germany declared war on the United States December 8, 1942, to fulfil an

(Continued on Page Two.)

Extrablatt vom Mai 1945 mit der Bekanntgabe der deutschen Kapitulation

ner wenigstens mal eine halbe Stunde zu uns rüber – da haben's eine Schachtel Zigaretten. Und dann sind die Männer gekommen und haben uns geholfen. Die Ortsfeuerwehr, die hat aus Gefangenen bestanden, mit so gestreiften Dingern... Uns war geholfen. Was hätten wir denn getan? Ich hab' aus'geschaut am andern Tag in der Früh'! – Wie ich da durchs Loch 'nausg'schaut hab' da hat die eine gesagt: Sagen sie mal, haben sie sich die Haare gefärbt? Ganz schwarz? .. Hab' ich g'sagt: Ja, da bin ich dazugekommen!. Die

186

war eben mit ihrem Rucksack im Augustinerbunker drin. Die hat nichts mitgekriegt.«[63]

Mitte Juli 1944 gab es fast täglich Luftangriffe, die nun tagsüber stattfanden. Der Ausstellungspark, das Künstlertheater und Teile der Astaller Straße wurden zerstört. Richard S. erinnert sich: »Gegenüber der Guldeinschule in dem Karree Schnaderböck-/ Guldein-/ Astaller- und Westendstraße befand sich innerhalb des Gevierts der Wohnblöcke die Blechfabrik Seidl & Mayr. Der Eingang war in der Schnaderböckstraße. Durch einen Bombenangriff morgens um 4.30 Uhr ist die Firma total zerstört wurden, wie ausgestochen, die Wohnhäuser blieben alle unversehrt. Die Firma hat gelochte Bleche für Waffen produziert.«[64]

Am 4. Oktober 1944 bekam das Westend seine bislang tiefste Kriegswunde geschlagen: »Vom Süden her flogen 400 Bomber unter dem Jagdschutz von weiteren 100 Feindmaschinen an. … Teppichabwurf auf Wohnviertel. Das Hauptzollamt erlitt einen Bombenschaden. Die Auferstehungskirche und die Benediktuskirche im Westend wurden zerstört. Bei Metzeler fiel die Produktion wegen eines Sprengvolltreffers total aus. Zahlreiche Sprengbomben zerstörten die Gleiskörper vom Hauptbahnhof bis zur Donnersberger Brücke.«[65]

Josef S. erinnert sich an diesen Angriff: »Am 4.10.1944 wurde das Haus ausgebombt. Der Angriff war zur Mittagszeit. Im Radio hatte die Bombenwarnung amerikanische Flieger aus Richtung Thalkirchen gemeldet.«[66] Vom Messegelände bis zur Landsberger Straße wurde ein Bombenteppich gelegt, der die Mehrzahl der Gebäude links und rechts der Ganghofer Straße in Schutt und Asche legte. Die Familie S. zog mit einem Handwagen, auf dem der Rest ihrer Habe war, nach Laim in die alte Grewestraße in eine Übergangswohnung. Bald danach richtete die Familie ihre Wohnung in der Tulbeckstraße notdürftig wieder her. Mit Blechteilen der abgeschossenen Flieger, die

auf der Theresienwiese gelagert wurden, haben Vater und Sohn die Schlafzimmerdecke abgedichtet, so daß die Familie wieder zurück konnte. Auch andere Mieter haben sich ihre Wohnungen notdürftig gesichert, um zurückzukehren.

Gerda S. ist mit ihrer Mutter bei Fliegeralarm häufig aus der Ganghoferstraße in den Augustiner Keller gerannt. Sie erinnert sich: »Am 4.10.1944, bei dem großen Bombenangriff auf das Westend, fiel auch auf die Augustinerbrauerei eine Bombe, da die Keller aber zwei Stockwerk tief waren, blieben die Menschen drin unverletzt. An diesem Tag waren Hunderte von Menschen in den Keller geflüchtet, mit Kind und Kegel und Kinderwagen. Oben wo die Pferde standen, waren die KZ-Häftlinge, die die Ausbesserungsarbeiten an den ständig bombardierten Gleiskörpern machen mußten. Für diese Arbeit wurden sie nach einer gewissen Zeit aus dem KZ entlassen, wenn sie überlebt haben. Die Häftlinge durften nicht in den Keller, wenn man vorbeiging hörte man sie: Brot, Brot sagen, die Mutter hatte immer ein Stücker'l für sie dabei gehabt. Das wurde ihnen hingeworfen, weil es niemand sehen durfte, Kontakt mit ihnen war strengstens verboten.«[67]

Die Schrenk- und die Guldeinschule wurden beide zu Ende des Jahres 1944 schwer beschädigt.

Am 25. Februar 1945 wurde der Kindergarten in der Kazmairstraße vollständig zerstört.

Der Luftkrieg hat in München 6.000 Menschen das Leben gekostet.[68]

Am 29. und 30. April 1945 marschierten die Amerikaner in München ein. Sie fuhren in endlosen Panzerkolonnen durch die Landsberger Straße. Einige Bewohner begrüßten die Sieger schüchtern mit schwenkenden Taschentüchern. Die Münchner Bürger erlebten seit vielen Monaten das erste Mal einen Tag ohne Fliegeralarm, ohne Sirengeheul oder Rundfunkwarnungen. Der Rundfunk hatte überhaupt aufgehört zu senden, Zeitungen erschienen nicht, nur Gerüchte kursierten unter der Bevölkerung über die herrschende Situation.

---

[63] Interview des Kulturladens.
[64] Interview d. V.
[65] Bauer, Richard, S. 116.
[66] Interview d. V.
[67] Interview d. V.
[68] vgl. Bauer, Richard, a. a. O., S. 34.

AUGUST KÜHN

Unverstaubte Erinnerung

Sein Vater war noch ein approbierter Bader und Friseurmeister und nebenbei Münchner, Schwanthalerhöher mit Verwandten auf dem Land. Er selber ist auch Schwanthalerhöher, Friseurmeister, aber nicht approbiert, und er wohnt auch nicht mehr in den eineinhalb Zimmern hinter dem Laden in der Parkstraße, wie es seine Eltern getan hatten. Richard hat mit seiner Frau und seiner Tochter schon zu Zeiten, die man die Wirtschaftswunderjahre nannte, gleich in der Nähe seines Friseurladens eine Wohnung in einem der damals sehr begehrten »Wiederaufbau-Häusern« bezogen, um die Ecke in der Schwanthalerstraße, wo diese so eng ist wie es einer Vorstadtstraße zusteht. Auch der Laden ist eng, kein Herrensalon, schon gar kein »Säluun«, wie sich solche in der amerikanisch geprägten Nachkriegszeit im Viertel aussprechen lassen mußten, weil es so »in« war.

Zu Richards Haarschneidekunden gehören viele, die aus dem Viertel abgewandert sind, Exilschwanthalerhöher wie ich, die ihm die Treue halten wie einem Hausarzt, obwohl er doch gar kein approbierter Bader ist, keine Blutegel im Schaufenster stehen hat in einer runden Glaskugel, keine Schröpfköpfe setzen oder zur Ader lassen kann, wie sein Vater es tat bis zu jenem Tage, von dem er seinen Stammkunden erzählt, manchmal nur und sehr selten. Richard hat auch schon seinen sechzigsten Geburtstag gefeiert. Er wird diese Geschichte nicht mehr allzuoft erzählen, die ihn sein ganzes Leben begleitet hat, dann wird er seinen Laden kündigen und in Ruhestand treten. Ein Gewährsmann gegen Kriege, gegen den Weltkrieg II wird verstummen . . .

»Es war der erste Bombenangriff auf München. Wir sind beim Fliegeralarm in den Luftschutzkeller und dann hat es schon gleich angefangen. Erst waren da Erschütterungen und weiter weg, aber lange hat es nicht gedauert, da war ein Krachen ganz nahe und mein Vater, der im ersten Weltkrieg als Sanitäter gewesen war und deswegen als Luftschutzwart eingeteilt war, der hat gesagt: Das ist in der Nachbarschaft!

Das Licht ist ausgefallen und gleich hat es noch einmal fürchterlich gescheppert. Das war unser Haus gewesen. – Wie wir dann hinauf sind, übers Treppenhaus auf die Straße, da hat man es gesehen, trotz dem Staub, der noch überall herum gewirbelt ist. Vom Laden meines Vaters war fast nichts mehr übrig geblieben und vom Haus fehlte die ganze seitliche Außenmauer. Die Wohnung war auch hin. Das war am 19./20. September 1942 in der Nacht. – Die Häuser gegenüber, da war an der Ecke die Wirtschaft gewesen, die standen nicht mehr da, nur noch ein Trümmerhaufen. Eine Metzgerei war auch dort gewesen mit einem lustigen Metzger, der uns Kindern reichlich Wurstanschnitte geschenkt hatte, wenn wir einem kahlköpfigen Musiker von der SA-Kapelle spottend nachgerufen hatten: »Platterter Semmelgeist von neunzehnhundertdreiunddreißig!« Und das Fuchs-Annerl mit ihrer vielleicht so um ein Jahr älteren Schwester, die Kinder vom Fuchs-Wirt, die waren im Keller unter dem Trümmerhaufen erstickt. Man holte sie heraus und bahrte sie auf dem Waschhaus im Hinterhof, das fast unbeschädigt stehen geblieben war. – Das Fuchs-Annerl hatte mir am Tag davor die Zunge herausgestreckt, verstohlens und herausfordernd zugleich, als ich von meinem Drittklaß-Lehrer mit einem Zirkular in ihre Klasse geschickt worden war. Ich war voller Neunjährigen-Stolz in die Mädchenklasse marschiert und das Fuchs-Annerl hatte mich durchschaut und meinen Auftritt damit verdorben. Mein Vater als Sanitäter hatte mitgeholfen beim Bergen der Bombenopfer und so kam ich in die Lage, das Fuchs-Annerl noch einmal betrachten zu können. Friedlich lag sie da auf dem steinernen Waschhausboden und man hätte meinen können, sie schlafe, wenn nicht ihre Augen gewesen wären. Graubrauner Staub bedeckte die geöffneten Flächen, ganz dünn überzog er das Weiße und das Blaue, kein Spott blitzte mehr zwischen ihren Wimpern hervor – da merkte ich, daß es das erste Mal ein Blick ins Gesicht eines toten Menschen war, denn zu schmerzhaft wußte ich ein einziges Staubkorn im Auge, unmöglich, meinte ich, wären dann die vielen, tausend Staubkörner auszuhalten.«

Richard kramte dann aus seinem Ladenschrank einige Fotos. Auf einigen war das zweistöckige Haus

*Parkstraße Ecke
Tulbeckstraße,
Fliegerangriff
am 19./20. 9.
1942*

*Parkstraße,
20. 9. 1942, den
ersten
Fliegerangriff
auf die
Schwanthalerhöh',
den Richard S.
als Junge
erlebte, konnte
er nie mehr
vergessen*

*Der Hof mit
dem Waschhaus
in dem das
Fuchs-Annerl
aufgebahrt war.*

zwischen den höher gebauten Mietshäusern zu erkennen, in dem schon sein Vater den Schwanthalerhöhern die Haare geschnitten hatte, vor und auch nach diesen abgelichteten Bombenschäden. Richard erzählt, wie dieser Bereich hermetisch abgesperrt worden war, am Morgen nach dem Fliegerangriff, wie er mit den Eltern zusammen in einer Schulturnhalle ein Notquartier bekommen hatte, einen Passierschein auch, der ihm das Betreten der für die Öffentlichkeit verbotenen Ruinengrundstücke gestattete, von dem Freund, der die streng verbotenen Aufnahmen machte. Es ist gut, daß sie entgegen der staatlich verordneten Propaganda gemacht wurden. Aber eindringlicher noch als diese entgegen strengster Strafbedrohung entstandenen Bilder künden die verstaubten Augen des Fuchs-Annerls in Richards Erinnerung von dem Grauen und den Schmerzen der Kriege, die sie unschuldigen Wesen bereiten. Eindringlicher als Pablo Picassos Gemälde Guernica.

190

»Wer hat den Käse durchs Westend gerollt ?«

»14 Tagen nach Kriegsende sind wir das erste Mal nach München gefahren und da ham' mir gesehen, mei' Mutter in der Schwanthaler Straße und mei' Schwester dort – denen geht's allen pfenniggut. Wir waren ganz erstaunt und dann haben's uns erzählt, wie's Zollamt gestürmt haben. Ein Bekannter hat gleich an' Karren organisiert g'habt und mir ham alles g'holt was mer tragen konnten, an' Schweizer Käs' ham's die Straßen lang g'rollt. Die ham dann a' zeitlang in Saus und Braus gelebt und ham miteinander getauscht.«[1]

Im Stadtviertel befanden sich drei große Lebensmittellager, die die Bevölkerung bei Kriegsende gestürmt hat. Eines davon war im Hauptzollamt, das zweite in der Augustiner Brauerei und das dritte Lebensmittellager gehörte der Firma Edeka und lag an der Ganghoferstraße, kurz vor der Eisenbahnbrücke.

Bei den Plünderungen von Hauptzollamt, Augustiner und Edeka-Lager war auch Gerda S. dabei. Im Hauptzollamt ergatterte sie einen Ballen Garn von dem sie später ihren Freunden Socken strickte. Bei Edeka haben Leute die Getreide- und Reissäcke über Feuerwehrleitern herausgeholt, andere habe die Säcke noch beim Heruntertragen aufgeschnitten, um eine Schürze voll zu ergattern. Im Augustinerkeller war ein Schuhlager in einem Gewölbe, viele haben nur zwei linke Schuhe erwischt. Dann brach ein Feuer aus und alles geriet in große Panik.[2]

Josef S. erinnert sich: »In der Augustiner Brauerei lagerten im Keller Fässer voller Wein, Rotwein, da san die Leute im Wein ersoffen. Bis wir zu dem Käse hingekommen san, da ham wir zwoa, drei Leichen wegräumen müssen. Mei' Bruder und i' wir ham an echten Schweizer Käse rauf gerollt, eine Eisenstange mitten durch. Den Käse wollten uns welche wegnehmen, da ham uns auch Amerikaner geholfen damit wir den Käse behalten durften, die ham uns nach Hause begleitet bis zum Geschäft. Zu Hause hat mein Vater den Käse tranchiert und an alle verteilt die Hunger hatten. In den letzten sind uns die Würm' neikomma, obwohl der in Essigtücher eingeschlagen war. Das Hauptzollamt war proppenvoll. Voller Stolz hab i' da zwei Ski organisiert. Wie wir da das erste Mal in Lenggries waren mit dem Fahrrad, mit die Ski da hab' ich festgestellt, daß der eine länger und der andere kürzer ist, da hab ich zwei verschiedene Ski g'habt, weiße mit Lederbindung und einen grünen Streifen drin, so richtige Wehrmachtsski. Mir war des wurscht, des is' ganga.

Dann ham'mer noch a Kiste aus dem Hauptzollamt g'schleppt. Da ham'mer a Brett auf der Schulter g'habt und da 'nauf die Kiste. Mei' Vater und noch einer vom Haus ham' mit Stemmeisen und Hammer die Kiste aufg'schlag'n, jeder hat sich schon gefreut, die ham schon das Brot hergerichtet g'habt, alle haben's gedacht das da a Wurscht oder a Dosenzeug drinnen ist. Wie die die Kiste auf hatten, war das lauter Zahnpasta, lauter Stückerl mit Zahnpasta, die warn alle einpapierlt, wie a harte Seife halt. Die Leit' warn enttäuscht, mei' Vater auch, der hat uns Deppen g'nannt.«[3]

Da liegt »Kies« unterm Asphalt

Zu den Wirren der Nachkriegsjahre gehörten die vielen Flüchtlinge. Die Menschen waren massenweise unterwegs. Viele hatten ihr Obdach verloren, und viele waren heimatlos geworden. Täglich kamen Suchmeldungen über den Rundfunk und die Presse. Ehemänner suchten Ehefrauen, Schwestern ihre Brüder, aber am tragischsten war das Schicksal der vielen herumirrenden Kinder, die ihre Eltern suchten.

Langsam begann der Wiederaufbau, Steineklopfen war wohl die am meisten ausgeübte Handarbeit der Nachkriegszeit. Mit den sauber geklopften Steinen wurden neue Häuser gebaut. Der Wohnungsmangel war unbeschreiblich. Viele Menschen hausten nur irgendwo. Der Hinweis: »Vorsicht – Keller noch bewohnt« sollte die Räumkommandos vor zu schnellem Handeln warnen. In der Bergmannstraße 15 wurden Notunterkünfte gebaut.

---

[1] Interview d. V.
[2] Interview d. V.
[3] Interview d. V.

191

Blick von der Ligsalzstraße auf die Augustinerbrauerei

Auf dem Gelände des Kindergartens St. Rupert, in der Kazmairstraße, wurde eine Baracke als Notkindergarten aufgestellt. Bis 1957 kamen 400 bis 500 Kindergarten- und Hortkinder täglich in die bescheidenen Räumlichkeiten.

Mit der Währungsreform im Jahre 1948 begann eine Wende, die durch einen langsamen wirtschaftlichen Aufschwung gekennzeichnet war. Bisher waren die Schwanthalerhöhler auch zum Hamstern aufs Land gefahren, denn die Lebensmittelrationen reichten nicht aus. Jetzt begannen sich die Schaufenster der Läden langsam zu füllen. Alles war sehr teuer, und Marken gab es auch noch.

Die Schwanthalerhöh' blieb ein Arbeiterviertel.

Die Firma Metzeler nahm nach kurzer Schließzeit, zur Entnazifizierung, wieder ihren Betrieb auf und produzierte bis 1980 im Westend. Einige der schlimmsten Brände dieses Unternehmens fallen in die Nachkriegsgeschichte. Die Bewohner trugen das mit Gelassenheit. »Daß es in dera Giftbude regelmäßig brennt hat«, wußten sie. Bei ihnen hieß es, Metzeler brennt auf und nicht ab, weil er hernach immer größer wurde. Metzeler entwickelte sich zu einem großen Konzern mit einer breiten Produktpalette. Das Unternehmen baute neue Betriebe »auf die grüne Wiese«, nicht nur in Deutschland.

Die internationale Bildagentur Magnum in Paris veranstaltete 1953 einen großen Fotowettbewerb mit dem Ziel, junge Leute aus aller Welt vorzustellen.

Den deutschen Beitrag gewann der Münchner Fotograf Herbert List. Das Mädchen, mit dem er seine Fotoserie gemacht hatte, war Fräulein Gerda aus der Ganghoferstraße. Die Fotoserien wurden weltweit veröffentlicht. Als die Süddeutsche Zeitung auf zwei Doppelseiten den deutschen Beitrag präsentierte, verlor Fräulein G. ihren Arbeitsplatz als Sekretärin auf dem Kriminalkommissariat. Ihre Eltern wollten sie am liebsten vor die Tür setzen, so peinlich war ihnen der Presseerfolg ihrer Tochter. Täglich kamen Liebesbriefe aus aller Welt. Ein Fremdenlegionär verließ seine Legion, weil er sie heiraten wollte. Aus Sizilien reiste kurzentschlossen ein Verehrer nach München und klingelte in der Ganghoferstraße, mit dem Wunsch, Fräulein Gerda zu ehelichen.

Brand bei der Firma Metzeler, 1956

193

Damals ging ein Zauber der Schwanthalerhöh' um die ganze Welt.

Viele Leute begannen sich nach Wohnungen in anderen Münchner Gegenden umzusehen. Der Wegzug hatte schon in den 30er Jahren begonnen und war durch den Krieg unterbrochen worden. Die schlechte Luft und die vielen »Wanzenburgen«, wie die Bewohner ihre Mietshäuser nannten, hatten die Sehnsucht nach etwas Grün und Komfort sehr stark werden lassen. Auf den 209 ha im Westend lebten 1955 noch 35.000 und 1958 nur noch 33.000 Einwohner. Immer mehr Fremde, die als Gastarbeiter nach Deutschland geholt wurden, zogen ins Viertel. 1979 lebten nur noch 26.844 Einwohner im Stadtviertel, davon waren 8.558 ausländischer Herkunft.

1958 gab es noch vier Kinos, zwei Wannenbäder, eine Sauna, 60 Bäcker, 49 Friseure, 41 Milchgeschäfte und 55 Metzger sowie 156 Wirtschaften und drei Tandler.[4] Die um die Jahrhundertwende entstandene, reiche Infrastruktur, war zu einem guten Teil wieder aufgebaut. Vom Auto bis zum Hosenknopf konnte man im Viertel alles bekommen. Selbst die »Weggezogenen« kamen regelmäßig zum Einkaufen in »ihr Viertel«, denn in den grünen Vorortbezirken war zwar die Luft besser, aber wenig Infrastruktur. Da ging man doch noch zum Friseur in die Parkstraße, weil der wußte, wie man das Haar haben wollte und kaufte gleich noch beim Metzger in der Tulbeckstraße den Leberkäs', der »draußen« vom Supermarkt ungenießbar war.

---

[4] vgl. Schneider, Herbert, Schwanthalerhöh', in: Münchner Merkur vom 26./27.4.1958.

Stammwerk der Firma Metzeler im Westend, 1963

Fräulein Gerda aus der Ganghoferstraße, internationaler Fotowettbewerb der Bildagentur
Magnum, 1953, Fotograf Herbert List

Das Ehepaar Schwemmer vor ihrem Lebensmittel- und Gemüseladen in der Ganghoferstraße 18

Diese »kloane Welt«, die hier noch existierte, die arm, unkomfortabel, aber sehr unterhaltend und nicht ohne Humor war, gehörte immer mehr der Vergangenheit an. Manche wünschten sich, die Zeit solle hier stehen bleiben, damit man immer wieder zu Besuch kommen kann.

Die Zeit blieb nicht stehen, im Gegenteil, sie legte »einen Zahn zu«.

1971 wurden die großen Bierkeller auf der Theresienhöhe abgebrochen. Ein Aufschrei ging durch die Münchner Bevölkerung. Die Schwanthalerhöh'ler nannten die neu erbauten Hochhäuser auf diesem Gelände liebevoll ihr »Kleinmanhattan« und versuchten so Verständnis für die Bausünden aufzubringen. Bisweilen packte sie aber die Wut und dann war schon mal vom »Affenfelsen« die Rede. Das neue Zeitalter begann, der Pschorr Vorstand sprach vom »Anschluß an die Zukunft«. Die Geschichte des zentrumnahen Wohnviertels hat hier ihre Geburtsstunde. Unter dem Motto »in diesem Filmtheater demnächst – ein Supermarkt« hielt der Discounthandel Einzug. Die qualmenden und stinkenden Fabriken zogen fort oder wurden stillgelegt. Die gründliche Renovierung der Substanz begann sich zu rentieren, denn die Luft war wesentlich besser geworden.

Fräulein Gerda vor dem elterlichen Geschäft.

HERBERT SCHNEIDER

Erinnerungen an die Schwanthalerhöh'

»Das Haus stimmt, die Hausnummer, das Gittertor, der Hof, der Baum darin, die Haustür. Das alles ist wie damals. Dann liest der Mann die Namen auf der Klingeltafel aus Messing. Und da ist auf einmal alles anders. Namen aus einer fremden Welt stehen dort. Türkische, italienische, serbische Namen. Dazwischen auch ein paar deutsche, die ihm aber nichts sagen. Endlich taucht doch noch ein vertrauter Name auf: Ziegelmeier, zweiter Stock Mitte – das letzte Aufgebot aus der alten Hausgemeinschaft. Zwei alte Leutchen, die den Absprung in eine bessere Wohngegend nicht geschafft haben, vielleicht auch aus alter Anhänglichkeit ans Viertel geblieben sind. Die Jungen, jetzt auch schon beinah Alte, sind alle fort, verstreut über Stadt und Region.

Der Mann taucht in das Halbdunkel des Hausgangs und steigt langsam die Treppen hinauf. Er könnte die Augen zumachen und wüßte dann immer noch, wann ein Absatz kommt.

Im ersten Stock bleibt er an der dritten Türe stehen. Darauf stand einst der Name Specht. Und der Specht Erich, sein Spezi, der ist gefallen in Rußland. So jung war er, daß er noch nicht einmal ein Mädchen gehabt hat. Der Mann fängt zu rechnen an. Der Frieden ist jetzt 48 Jahre alt, und der Erich war achtzehn; also wäre er nun ein guter Sechziger. Ob er ihn wohl erkennen würde, wenn er plötzlich aus der Tür träte?

Der Mann steigt die Treppe höher. Das Geländer fühlt sich gediegen an. Hartholz. Er erinnert sich, wie er sich oft, den Schulranzen am Buckel, drüberschwang und, den Abgrund auf der einen Seite mißachtend, hinabsauste.

Jede Türe, an der er vorüberkommt, erzählt ihm eine Geschichte, die Geschichte von braven, kleinen Leuten, ihren Anfechtungen und Schwächen. Aber auch von ihren Stärken. Hinter jenem Fußabstreifer zum Beispiel pflegte ein Ehemann zehn Jahre lang mit tapferer Geduld seine gelähmte Frau.

Endlich steht der Mann vor der Tür im dritten Stock, vor der Wohnung, die ihm im ersten Drittel seines Lebens Wärme und Geborgenheit gab. Ein Jugoslawe, mit einer Münchnerin verheiratet, wohnt darin. Drei Kinder sollen sie haben.

Im Grunde, denkt der Mann, sind diese Gastarbeiter noch ärmer dran als die Großväter, die einst als nachgeborene Bauernsöhne in diese Zinsburgen gezogen sind. Sie fanden wenigstens ein ähnliches Milieu und die gleiche Sprache vor. Jene anderen aber bleiben meist Fremde unter Fremden, ungeliebt, von Brotneid verfolgt.

Der Mann hat schon fast den Finger auf der Klingel, als er innehält. Was solls? Natürlich würde man ihn hereinbitten, ihm »seine« alte Wohnung zeigen. Doch was würde ihm das helfen?

Wo wäre die altvertraute Küchenkredenz mit der Essig- und Ölflasche hinter dem weißen Vorhangerl, wo der alte Regulator, wo seine Spielzeugschublade, wo die kleine Schwester, wo wären Vater und Mutter, und wo wäre schließlich er selber? Würde er nicht bloß mit leerem Gesicht herumstehen und weder sich noch seine Vergangenheit finden können?

Nein, er will alles so in Erinnerung behalten, wie es einmal war.

In den vierten Stock geht er nicht mehr hinauf. Dort wohnte der Schwaiger Franzl, der in den letzten Kriegstagen, noch keine siebzehn Jahre alt, in Bosnien umgekommen ist. Und eine gewisse Traudl mit zwei langen blonden Zöpfen und großen Glasschusseraugen, die sein Bubenherz mit krauser Zuneigung erfüllt hatte. Tempi passati. . .

Als der Mann die Treppe hinuntergeht, öffnet sich »seine« Tür, ein Bub mit einem schwarzen Wuschelkopf stürzt heraus, schwingt sich auf das Geländer und saust hinab.

Das Bürscherl hat Schneid! Ob das vielleicht auch einmal ein echter Schwanthalerhöher wird?«

AUGUST KÜHN

Hebräer in einem Arbeiterviertel Münchens?

Wie kommt es, daß man sich gemeinhin keine Juden als Bewohner eines Arbeiterviertels vorstellen kann? Ist es die Vorstellung – um nicht zu sagen das Vorurteil – vom Händler und Geschäftsmann, die man diesem Teil der Münchner fest zuordnet? Alte, sehr tief greifende Wurzeln hat dieses Vorurteil, aber ich bin weit davon entfernt, darüber wehleidig zu lamentieren. Doch es muß darüber nachgedacht werden, und zum Nachdenken gehören die realen Fakten, weil man sonst Gefahr läuft, in die falsche Richtung zu denken.

Im ausgehenden 18. Jahrhundert gab es in der Landeshaupt- und Residenzstadt München keine »Arbeiter« und kaum »Juden«, letztere hatte der blaue Kurfürst Max Emanuel 1715 aus der Stadt verbannt, erstere gab es noch nicht wegen des streng reglementierten Zunft- und Ständewesens in der Stadt, die Arbeit wurde von Gesellen, von Dienstleuten, Ehehalten, ja auch von unzünftigen Pfuschern getan. Unzünftige waren in den alten Vorstädten daheim, bei München in der Au und im Lehel, auch in den Dörfern Haidhausen und Schwabing. Sendling war bäuerlich, und die heutige Schwanthalerhöhe gehörte zu diesem Bauerndorf, sie hieß damals »Sendlinger Heide« und wurde erst nach Beseitigung des westlichen Stadtwalles unter Bayerns König Ludwig I. zur »äußeren Ludwigsvorstadt«.

Dessen Vater, der als aufklärerisch gelobte König Max I. von Bayern hatte, mit dem nachrevolutionären Frankreich verbündet zu dieser Zeit, 1805 ein »Regulativ« für die Juden in München und in Bayern erlassen. Er hatte den »Judenleibzoll« für die etwas 200 Leute dieses Kultkreises aufgehoben, die bei seiner Regierungsübernahme in München geduldet wurden und ihre Betstube im Tal in der Nähe des Weißen Bräuhauses hatten. Hatte er damit die Juden Münchens den anderen Bewohnern der Stadt gleichgestellt, zum Beispiel den Lutheranern, die nun ebenfalls an die seichte Stelle an der Isar ziehen konnten, die zuvor nur Katholiken offen gestanden hatte? Nun,

Einzelheiten regelte in diesem speziellen Fall die Münchner »Juden-Matrikel«. Sie regelte, daß nur jeweils der älteste Sohn eines Juden einen eigenen Hausstand gründen und heiraten durfte, weil »die Zahl der Juden sollte in der Regel nicht vermehrt, vielmehr nach und nach vermindert werden, wenn sie zu groß ist.« Ausnahmen gab es nur für solche »Hebräer« (so die amtliche Bezeichung noch im ganzen folgenden 19. Jahrhundert), die »für das wirtschaftliche Leben des Landes förderlich« waren. – Damit wurde eine gewisse, ganz bestimmte Auswahl unter den zuziehenden Juden getroffen, für das wirtschaftliche Leben des Landes sollten sie gut sein, für den Steuerertrag des königlichen Fiskus, wenn man ihnen schon keinen Leibzoll mehr abforderte.

Damit beginnt auch die Geschichte meiner Familie in München – noch nicht in der »Sendlinger Heide«, die war noch mit Auwald bestanden, und an ihrem Rande verlief die mit Fuhrwerken befahrene Landstraße in den Westen, nach Augsburg und Landsberg. Von einem an Bayern gefallenen, von Napoleon und dem Wiener Kongreß danach bestätigten und König Max I. belassenen Landesteil, von Fürth kam ein Joseph Kohn, Hebräer und wurde vom Magistrat als Konstabler angenommen, »weil der des Schreibens und der Mathematik kundig«. Das war noch in der kurfürstlichen Zeit, bevor Karl Theodor, der, nach dem der Stachus »Karlsplatz« genannt wurde, die Stadtumwallung durchbrechen ließ. Auf dieser Stadtumwallung hatte der Magistrat der Stadt im Kriegsfalle Verteidigungsvorkehrungen zu treffen, mit Kanonen, die von . . . Konstablern bedient werden mußten. Krieg war viel in diesen Jahren, 1800 rückte eine französische Armee über die Isar bis in den Ebersberger Forst, um bei Hohenlinden die verbündete Armee von Österreichern und Bayern zu besiegen. 1805 (dem Jahr des »Regulativs«) war dann Bayern mit Frankreich gegen Österreich verbündet, die Stadtartilleristen abgeschafft und ihre brauchbaren Mannschaften eingezogen in die königliche Feldartillerie.

Auch Joseph Kohn aus Fürth, Hebräer und gewesener Stadtkonstabler war davon betroffen. Der Schreiber des königlich-bayerischen Militärs schrieb seinen

Namen mit einem »u« und bei der Bestätigung seines Entlassungsgesuches 1814 mit einem »ü«, künftig also konnte er sich Joseph Kühn nennen, was unverfänglicher klang in den Ohren der unbeschnittenen, getauften Mitbürger. Im darauf folgenden Jahr gründete sich in München auf Grundlage des königlichen Judenediktes von 1813 die Isarelische Kultusgemeinde München, der Israel Hirsch Pappenheim und Eduard Marx vorstanden, und der Hesekiel Hessel als Rabbiner diente. Aber die beschränkte Zahl der innerhalb der Stadt zulässigen jüdischen Haushalte war voll – vermutlich mit den das Vorurteil vertiefenden Hebräern, die für das wirtschaftliche Leben des Landes förderlich waren, Handelsleuten und dem Gründer und Inhaber einer Privatbank. Joseph Kühn konnte sich in der Vorstadt Haidhausen ansiedeln, seßhaft machen nannte man es damals, und für seine dem Bayernlande geleisteten Dienste als Artilleriesoldat (hatte er die eisstarrenden Monate des napoleonischen Rußlandfeldzuges überlebt, war er beim infernalischen Aufstandsgeschehen in Tirol dabei gewesen oder hatte er den Parteienwechsel des Königreiches, das seine Heimat war, unter General Wrede bei der Stadt Hanau gesehen, wo man mit den zuvor feindlichen Österreichern von Napoleon eine Niederlage bereitet bekommen hatte?) wurde ihm für seinen weiteren Lebensunterhalt eine »Hucklergerechtsame« zuerkannt. Doch, das war schon ein Vorzug gegenüber anderen Juden, denn die Verordnung aus dem Jahr 1805 schränkte ausdrücklich das Hausiergewerbe für die Hebräer ein. Und Joseph Kühn muß ein fleißiger Mann mit seiner Rückentrage voll »Kurzwaren«, Bändern, Fäden, Garnen und Nadeln gewesen sein. Denn fünfzehn Jahre später war er wohlhabend genug geworden, war Steuerbürger, dem es möglich war, seiner von Fürth ebenfalls nach München kommenden Nichte, seinem »Geschwisterkind Bürgschaft zu leisten« für ihren Zuzug in die Stadt.

Auch diese Urgroßmutter meiner Mutter, mit Vornamen Jentte, nannte sich in München nach ihrem Bürgen und Onkel Kühn, behielt diesen Namen, bis man sie auf dem alten, mauerbewehrten Friedhof in Talkirchen begrub, denn sie bekam keine Heiratserlaubnis mit ihrem Lebensgefährten Lazarus Beer, dem Holzhändler, der sich ebenfalls unverfänglicher

Louis Hess nennen ließ. – Was hatten sie denn, diese Müncher Juden des 19. Jahrhunderts, niemand verfolgte sie mehr wie im Mittelalter, niemand mehr vertrieb und enteignete sie? Weshalb also tarnten sie ihre Familiennamen? War nicht sogar einer aus Lazarus Beers Familie, Michael Beer als Dramatiker in die allerhöchste Gunst von Majestät, von Ludwig I. gelangt? Freilich, Bayern waren sie keine, die Beers, sondern Berliner. Aber dies war eben der Unterschied; als Preuße konnte einer, wenn er genügend Geld besaß, auch heiraten, wenn er schon einen verheirateten älteren Bruder oder Vetter hatte. Die Kinder von Lazarus Beer und Jentte Kühn kamen aus diesem Grunde aber ledig, illegitim zur Welt.

Sie nannten sie August, Wilhelm, Fritz, und zur Entbindung ging Jentte Kühn zur Vermeidung größerer bürgerlicher Schande aufs Land, ebenfalls auf dem Lande und für Kostgeld ließ sie ihre Kinder von einem Kleinhäusler aufziehen, fernab von München, wo die erste Eisenbahn des Königreiches gebaut wurde. Bald gab es eine zweite Eisenbahnstrecke, in südliche Richtung verlief sie etwa auf der Linienführung der heutigen Ganghoferstraße über die Sendlinger Heide, an der Ecke Westendstraße etwa stand ein Bahnwärterhäuschen.

Längst vergessen ist dieses Häuschen, und ich weiß nur davon, weil dies die erste Unterkunft meines Urgroßvaters auf der Schwanthaler Höhe war, der Anhöhe nach Sonnenuntergang zu, die zu seiner Zeit langsam und beständig über die innere Ludwigsvorstadt her besiedelt wurde mit all jenen Leuten, die diese neuen Arbeiten des herankommenden Industriezeitalters verrichteten: Kesselschmiede in der Lokomotivenfabrik, München hatte bald zwei davon, Schienenleger an der Strecke . . . – mein Urgroßvater war ein Schienen- und Streckenarbeiter zuerst, bis er dann späterhin zum Hallenmeister der Güterhalle im Hauptbahnhof der königlich-bayerischen Staatsbahn aufstieg.

Ganz der bayerischen Tradition der Namensgebung folgend erhielt sein ältester Sohn wieder den Vornamen August, wie er selbst, der aber wurde schon auf der Schwanthalerhöh geboren, unter Zuhilfenahme einer Hebamme, die es da auch schon gab in der äußeren Ludwigsvorstadt, droben, wo die Bavaria als erzenes Wahrzeichen stand und den dort angesiedelten kleinen Leuten ihren monumentalen Rücken zukehrte.

Von diesem Urgroßvater bekam ich von meiner Mutter erzählt, er hätte noch die jüdische Haar- und Barttracht getragen, die Wangen nicht ausrasiert, noch nicht »gall« gewesen, wie man es jiddisch sagt von einem, der glattrasiert ist. Der Großvater hingegen pflegte nur mehr den Bart auf der Oberlippe, wie es viele seiner Zeitgenossen taten. Ob er, wie der Urgroßvater, zum jüdisch-konservativen Ohel-Jakob-Kreis gehörte, der seine eigene Synagoge an der Kanalstraße eingerichtet hatte, ist sehr zweifelhaft. Mutters Vater ist jedenfalls am Samstag in die Innenstadt hinein, zum »Kirchgang« in die Hauptsynagoge nahe dem Stachus beim Künstlerhaus, es hat ihm sicherlich nichts ausgemacht, daß dort eine Orgel spielte. 1861 war das Gesetz der Judenmatrikel aufgehoben worden, dieser zweite August Kühn konnte ungehindert seine Anna März heiraten, mußte in den hellblauen Rock der königlichen Armee schlüpfen für eine Wehrpflichtzeit, durfte auch dem sozialdemokratischen Wahlverein beitreten nach der Aufhebung der Sozialistengesetze des Ministers Feilitzsch, er war gleichberechtigter Bürger Münchens. Wenn es ihn danach verlangte, konnte er sich, den Weg in die Innenstadt ersparend, nach einem Neunstunden-Arbeitstag, am Freitagabend ins »Minjan« gehen, in die Sabbatandacht von mindestens zehn jüdischen Männern, die ein Textilhändler in der Parkstraße ermöglichte, indem er dafür Platz schuf, daß er die Regale seines Lagerraumes etwas zusammenschieben ließ. Dieser zweite August Kühn war Drucker bei der Zeitung, den »Münchner Neuesten Nachrichten«. Ich habe ihn nicht mehr kennenlernen können, er starb in den Jahren nach dem Ersten Weltkrieg und nachdem Bayern durch den Juden Kurt Eisner zur Republik geworden war. Er hatte diese Republik verteidigen wollen und war dabei verwundet worden, draußen an der Landsbergerstraße am Rande seines Stadtviertels, möglich daß dies seine Lungenerkrankung so sehr beschleunigt hatte, daß er seine Frau und die noch nicht erwachsenen Kinder allein zurückließ in der Stadt, die schon bald zur »Hauptstadt der Bewegung« werden sollte.

Als ich 1945 in diese Hauptstadt zurückkehrte, war von der Bewegung nicht mehr allzu viel übrig geblieben. Aber auch von dem jüdischen Anteil von etwa zwei Prozent der Bevölkerung war beim Einmarsch der amerikanischen Besatzungsgruppen lediglich noch ein Rest von 83 Personen vorhanden. Die anderen etwa zehntausend Münchner jüdischen Kultusses, jüdischer Tradition, wo waren sie geblieben? Die staatsbestimmende Bewegung der Unmenschlichkeit hatte sie zunächst beschuldigt, an der Kriegsniederlage und dem damit verbundenen Elend die Schuld zu tragen. Dafür hatte man sie nach der Machtübernahme ihrer erst seit 72 Jahren gewöhnten Rechte beraubt, dann ihres Eigentums, ihrer Wohnungen. Juden mußten in die Räume einer stillgelegten Zigarettenfabrik in der Lindwurmstraße umziehen, wo auch der Andachtsraum nach dem Abbruch der Hauptsynagoge und dem Niederbrennen der Ohel-Jakob-Synagoge eingerichtet wurde.

Diejenigen Juden Münchens, die nicht früher in Konzentrationslager gesperrt worden waren, wurden zum »Abtransport in die Deportation in Polen« an wenigen Lagern in München konzentriert, in der Knorrstraße, im Zwangsarbeitslager Lohhof, im Kloster St. Michael in Berg am Laim, gekennzeichnet mit einem gelben Stern, gut sichtbar an der Kleidung zu tragen bei empfindlichster Strafe – dreiundachtzig von zehntausend Sternträgern waren übriggeblieben. Und nur ganz wenige kehrten aus den Stätten der Schoa, der Todesengel, wieder zurück in den folgenden Jahren.

Eine Zeitlang nach dem Zweiten Weltkrieg betrieb Isaak Gorin, geboren in einem östlichen Land, an der Ecke Kazmair- und Ligsalzstraße seine Schächterei, seinen jüdischen Metzgerladen mit eigenem Schlachthaus im Hinterhof. Eine Querstraße weiter in der Ligsalzstraße war 1907 meine Mutter zur Welt gekommen, im Hinterhaus, im Vorderhaus war die Pferdemetzgerei Komatz gewesen. In der Kazmairstraße wurde 1936 ich selbst geboren, in der Wohnung der Hebamme Höltzel beim Kiliansplatz. Auf mich wirkte, genau so wie auf meine Schulfreunde von der Schwanthalerhöhe, der Schächter Isaak Gorin in diesen Nachkriegsjahren fremd mit seinem Patriarchenbart, seinem knöchellangen, stets etwas mit Blut befleckten Metzgerschurz – aber er hatte ein Herz für seine nichtjüdischen Nachbarn. Kaum einer meiner Mitschüler ging an Gorins Laden vorbei, ohne daß er nicht von dem herangewinkt und mit einem Stück Blutwurst beschenkt worden wäre.

Beim Schächten fällt Blut an, das nach den jüdischen Speisengesetzen zum Genuß verboten ist – für meine Mitschüler war Gorins Wurst in dieser Mangelzeit, da alle Lebensmittel rationiert waren und nur gegen amtlich verausgabte Marken gekauft werden konnten, eine ausgesprochene Köstlichkeit – aber der Isaak Gorin war ihnen trotzdem ein Fremder geblieben, bis er irgendwann um 1950 in die USA zu entfernten Verwandten übersiedelte. Und der Händler mit Bettwäsche namens Ungar mit seiner weit unauffälligeren Erscheinung in seinem Lädchen gegenüber der fensterlosen Brauereihinterseite der Augustinerbrauerei, der Abi Rubin, Gaststättenbedarfsvertreter aus der Astallerstraße, der Spirituosen- und Weinhändler Punim von der Holzapfelstraße, fremd sind sie ihnen geblieben...

Mir hat Isaak Gorin nie ein Stück seiner Blutwurst geschenkt. Aber er ist mir vertraut noch nach so vielen Jahren. Und ich bin daheim in der Schwanthalerhöh, wo ich geboren bin, meine Mutter, mein Großvater...

Was sind denn das für Leute, die 1992 an die graue Rückfront der Augustinerbrauerei in der Westendstraße schmierten: »Juden raus!« – Nein, ich habe es eingangs versprochen, keine Wehleidigkeit, aber Kampf der Unwissenheit, auf daß sich keiner mehr auf sie berufe.

Karin Just

Liebeserklärung ans Westend

Wie schreibt man eine Liebeserklärung an ein Stadt-viertel? Was sind eigentlich Liebeserklärungen?: Ein Mensch legt seine Gefühle offen, die ein anderer in ihm auslöst, bringt sein Bedürfnis in Beziehung zum geliebten Objekt, indem er dessen Vorteile rühmt. Und wenn es eine ehrliche Liebeserklärung ist, verschweigt er auch seine Hoffnungen und Erwartungen nicht, die er an diese Beziehung knüpft.

Folglich sollte ich mein Bedürfnis in Bezug zum Westend setzen.

Rosenheimerin von Geburt, mit jahrzehntelanger Lebenserfahrung in dieser aufstrebenden Mittelstadt, war ich mit 35 aufs Land gezogen, weil ich die geschäftswütige Hektik meiner Heimatstadt nicht mehr ertrug. Zu beobachten, daß die Menschen sich zusehends mehr an den Schaufenstern orientierten statt an ihresgleichen, war mir zu schmerzhaft geworden. Vor der permanent aufdringlicher werdenden Konfrontation mit einer ausufernden Warenfülle, die mir ständig einreden wollte, ich wäre kein Mensch, ohne mein »Outfit« den stets wechselnden Moden anzupassen oder meine Wohnung mit all dem zu füllen, was »man« halt so braucht, war ich zwischen die Bäume geflüchtet. Schön war es dort. Aber auch einsam. Denn die Menschen, die um mich herum wohnten, lebten in ihrer kleinen Welt, und alles von außerhalb drang nur durch TV und schwarz-braune Tageszeitung gefiltert zu ihnen vor, mit den entsprechenden Auswirkungen auf Seele und Geist.

Nach über vier Jahren studienbedingten Aufenthalts in Hamburg blieb mir nur eine Wahl. Ich mußte nach München ziehen.

München, als erlebte Großstadt, schien mir die Übersteigerung meiner Rosenheimer Erfahrungen. Niemals könnte ich in diesem Moloch glücklich leben. Davon war ich überzeugt. Aber meine Arbeit war mir wichtig und auch einige Menschen, die in dieser Stadt lebten. Dafür wollt ich diese in Kauf nehmen. Angst hatte ich vor ihr, die mir bis dahin in erster Linie von ihren Verkehrs- und Verkaufsadern her eine bedrückende Erfahrung war. Zwar kannte ich auch einige Plätze, die eigentlich sehr schön sind: Teile Schwabings, Haidhausens, Giesings. Aber auch diese Schönheiten überwuchert der unserer Gesellschaft innewohnende Zwang, Waren in möglichst schnellen Umlauf zu bringen. Zwar klingt die angestrengte Aufforderung zum Kauf anders in Schwabing als z. B. in Giesing. Da schlägt schon ein gewisses Lokalkolorit durch. Jedoch die Dringlichkeit der Warenpräsentation ist überall die gleiche. Und die Menschen scheinen auf den öffentlichen Straßen und Plätzen nur geduldet zu sein, um der Angebotsfülle die entsprechende Nachfrage entgegenzubringen.

Dann kam ich ins Westend. Wohnraum war angeboten. Ich besichtigte, zweifelnd ob der Bedingungen. Aber als ich wegfuhr, nahm ich das Klappern meines Fahrrades als das lauteste Geräusch in einer der Hauptstraßen dieses Viertels wahr. Das machte mich neugierig. Und am nächsten Morgen kam ich zurück und schaute. Und ich sah, hier ist es anders.

Was ist anders?

Auch im Westend wird verkauft, gehandelt. Aber die meisten Schaufenster hier machen den Eindruck stiller Behäbigkeit. So als beharrten sie trotzig auf der längst vergessenen Funktion, Waren in erster Linie zu präsentieren, weil diese *gebraucht* werden, nicht, weil sie *verkauft* werden müssen. Ihre Botschaft lautet: Wenn Du Hunger hast, hier gibt es was zu Essen. Wenn Du frierst, wir haben Kleidung für Dich. Tropft Dein Wasserhahn, wir wissen Abhilfe. Hat die Oma Geburtstag, dann kriegst Du hier einen schönen Blumenstrauß. Und willst Du etwas wissen, hier sind die Bücher, die es Dir erklären. Es ist, als würde mir im Westend die Entscheidung darüber, was ich brauche, selbst überlassen. Das ist wohltuend, denn es nimmt mich ernst in meinen eigenen Bedürfnissen. Ich muß mir nicht absonderlich vorkommen, wenn ich all den Schnick-Schnack, der im Rest der Stadt angeboten wird, nicht will. Im Gegenteil: Oft stehe ich vor den wenigen Auslagen im Westend, die feilbieten, was »man« heutzutage so braucht, wenn man sich im Strom der Zeit bewegt. Da kommt mich dann nicht etwa Neid an, weil ich mir nicht leisten kann, was da ausgestellt ist. Eher ist es eine Art Mitleid mit denen, die diesen »schönen Schein« brauchen, um sich als Mensch zu fühlen.

Denn das Besondere am Westend ist gerade, daß es hier so viele lebendige Möglichkeiten gibt, sich seines Mensch-seins zu versichern. Begünstigt wird das dadurch, daß das Viertel sich wie eine Art Insel in diese große Stadt München einbettet. Die Großstadt-Wogen scheinen sich an seinen Grenzen zu brechen und ihre Gewalt durch die umgebenden Magistralen an ihm vorbeizuleiten. Das macht es möglich, daß im Westend selbst die Menschen das Bild bestimmen. Und die wirken nicht wie von Zeitnot, Waren und Verkehr getriebene Glückssucher, sondern einfach wie Leut, die hier leben. Das alles hat mir von den ersten Tagen an das Westend zur Heimat gemacht. Und wenn man Augen und Herz offen hält, bietet sich bei jedem Gang durch die Straßen das weite Spektrum wirklichen Lebens.

Da sind die grünen Hinterhöfe der Genossen-schafts-Häuser, in denen die Kinder noch spielen und rumtollen dürfen und das auch tun. Sicher auch oft zum Leidwesen manch ruhebedürftiger Bewohner. Doch das gehört dazu. Menschliches Leben ist selten von stiller Harmonie. Wichtig ist: Kinder sind hör- und sichtbar im Westend, nicht nur in den Wohnzellen vor Fernsehmaschinen verwahrt.

Und ebenso ist es mit denen, die auf den anderen Pol des Lebens zugehen. In keinem anderen Viertel dieser Stadt habe ich so viele Menschen gesehen, die sich – zwar manchmal nur noch mühsam, aber doch in Ruhe – auf den Straßen ihres Viertels bewegen. Und die Ruhe und Selbstverständlichkeit ist möglich, weil sie nicht von Autos und hektischem Treiben gehetzt werden und einer Atmosphäre, die ihnen an jeder Ecke entgegenschreit, daß sie überflüssig und uner-wünscht sind, weil sie das Leistungs- und Nützlich-keitsprinzip dieser Gesellschaft nicht mehr bedienen können und wollen. Diese Alten sind im Westend in einer Weise wahrzunehmen, der man anmerkt: es ist *ihr* Viertel. Sie sind hier geboren oder leben schon lange Jahre hier, und viele von ihnen werden wohl auch hier ihre letzten Tage verbringen können, dank dem Genossenschafts-Wohnungsbau, der nicht nur Wohnrecht sichert, sondern auch andere soziale Zusammenhänge möglich macht denen, die solche pflegen wollen. Außerdem wirkt der genossenschaft-liche Wohnbestand wie eine Barriere, die sich der Radikalsanierung des Viertels entgegenstemmt. Das läßt meine Hoffnung wachsen, daß – wenn das Haus, in dem ich wohne, nicht umgewandelt wird – ich vielleicht die Chance habe, hier alt zu werden.

Weniger zuversichtlich können da wohl diejenigen sein, die wesentlich zur mir wohltuenden Atmosphäre des Westends beitragen: die WestendlerInnen, die keine deutsche Staatsbürgerschaft besitzen. Ihnen sitzt die Rechtlosigkeit als permanente Bedrohung im Nacken und zwingt sie dazu, sich möglichst wider-standslos mit den verrottenden Altbaubeständen als Wohnraum zu bescheiden. Auch dies mag ein Grund sein, weshalb sie die Straßen und Plätze des Viertels mit ihrem Leben füllen.

Und diesen Umstand kann und will ich nicht verges-sen, wenn ich dieses öffentliche Leben, das hier herrscht, als wichtigen Aspekt meines Wohlbefindens anspreche. Denn ich bin im Westend nicht als Touri-stin, ich lebe hier. Folglich können mir die Lebensbe-dingungen meiner Nachbarn nicht gleichgültig bleiben.

Zu Beginn meines Westend-Daseins schienen mir die schwatzenden Männer in und vor den Kebab-Imbissen und den Parks, die Kinder-hütenden, lachenden und schimpfenden Frauen, die so gar nicht duckmäuserisch braven Jugendlichen auf den Stra-ßen, die Kommunikationsecken vor den Gemüseläden u. ä. genauso als exotische Zutat wie die offen einseh-baren Schneiderwerkstätten, die Schaufenster orien-talischen Gepräges mit ihren Bauchtanz-Utensilien neben unsäglichem Plastik-Kitsch und garantiert voll-synthetischen Kleidungsstücken. Mittlerweile habe ich diese voyeuristische Haltung verloren. Das heißt nicht, daß ich nicht mehr hinschaue. Im Gegenteil, ich tue das mit großer Lust, weil es ein sinnliches Erlebnis ist. Aber es ist keines, das ich als Zugabe verstehe oder als eine Art Urlaubs-Ersatz, sondern das Viertel ist mir ohne diesen Teil nicht mehr vorstellbar und wünschbar.

Und auch deshalb liebe ich das Westend: Es hat mir viele Anstöße gegeben darüber nachzudenken, wodurch die Grenzen meiner Toleranz bestimmt sind. Denn als sogenannte Intellektuelle findet man im Westend auch viele Punkte des Widerspruchs zum eigenen Denken und Handeln. Plastik-Kitsch und patriarchale Familienstrukturen sind mir ein Greuel. Aber heute weiß ich, daß viele der Menschen, denen ich hier begegne, mich bedauern würden, weil mich zwar unzählige Bücher umgeben, aber keine eigenen Kinder, geschweige denn ein Ehemann. Trotz dieser unterschiedlichen Bedürfnisse und Möglichkeiten *mit*einander leben zu können, in Achtung voreinander, das macht die Besonderheit des Lebens aus im Westend. Und wenn sich Silvester um Mitternacht an der Bavaria oder zum Internationalen Fest im Sommer auf dem Gollierplatz unterschiedlichste Menschen aus dem Viertel zusammenfinden, um gemeinsam zu feiern, dann fühle ich mich dort sehr warm und aufgehoben.

Manchmal hab ich mich gefragt, ob meine Liebe zum Westend nicht Ausdruck dafür ist, daß ich eine Lebensweise konservieren will, die längst zum Aussterben verurteilt ist.

Konfrontiert mit den Verhältnissen in unserem Land meine ich heute, daß sich im Westend keine Lebensweise der Vergangenheit widerspiegelt, sondern die einzige, die uns noch eine Zukunft möglich macht.

Unterschiedliche Lebensformen werden notwendigerweise hervorgehen aus einer gesellschaftlichen Entwicklung, die einheitliche Milieus zunehmend zerstört. Daß damit nicht nur die Bedrohung altgewohnter Sicherheiten verbunden ist, sondern auch eine Chance Neues zu leben, ist das Gegenteil von nostalgischer Verzückung. Darin besteht eine Aufgabe, der ich mich stellen möchte. Nicht allein sicherlich, dazu ist sie zu groß. Aber ich habe in diesem Viertel eine ganze Menge Menschen gefunden, die das gleiche Ziel haben. Und das hat meine Gefühle gegenüber dem Westend aus der Höhe euphorischer Verliebtheit auf eine ganz reale menschliche Basis gestellt, die eine Perspektive möglich macht.

Bibliographie

150 Jahre Pschorrbräu 1820–1970. München 1970.

Das Kinderheim und die Vinzenz Konferenz St. Ruppert. München 1956. M. S.

Denkschrift. Die Schaffung eines Ausstellungsplatzes auf der Theresienhöhe. München 1904.

Die Geschichte des Augustiner-Klosters und der Augustiner-Brauerei zu München. München o. J.

Führer durch das Collosalgemälde der Sendlinger Bauernschlacht, Christtag 1705. München o. J.

Geschäftsbericht der Baugenossenschaft Ludwigsvorstadt. München 1916.

Kleine Postgeschichte des Westends. München 1985. M. S.

München – Ein sozialgeographischer Exkursionsführer. Regensburg 1987.

München im Wandel der Jahrhunderte. Bilder aus der Sammlung Proebst. München 1957.

Pasing. Stadt vor der Stadt. Die Entwicklung 1800–1938. Buchendorf 1984.

»Unser Verband steht fest« 100 Jahre Gewerkschaft Nahrung-Genuß- Gaststätten. München 1987.

Auer, Matthias, Laimer Chronik. München 1983.

Bauer, R., Gerstenberg, G., Peschel, W. (Hg.), Im Dunst aus Bier, Rauch und Volk. München 1989.

Bauer, Richard, Fliegeralarm. Luftangriffe auf München 1940–1945. München 1987.

Bauer, Richard, Zu Gast im alten München. München 1982.

Bauer, Richard (Hg.), Geschichte der Stadt München. München 1992.

Bleek, Stefan, Quartierbildung in der Urbanisierung. Das Münchner Westend 1890–1933. München 1991.

Bott, Gerhard (Hg.), Leben und Arbeiten im Industriezeitalter. Eine Ausstellung zur Wirtschafts- und Sozialgeschichte Bayerns seit 1850. Nürnberg 1985.

Deckert, Günter, Die denkmalgeschützten Münchener Zollbauten, in: Stein auf Stein, 1981.

Dekanat München (Hg.), Evangelisches Gemeindebuch München, Stuttgart 1953.

Dönges, Reinhard, Beiträge zur Entwicklung München. München 1910.

Faltlhauser, Kurt, Im Münchner Westen. Von der Wies'n bis Aubing. Dachau 1989.

Fisch, Stefan, Stadtplanung im 19. Jahrhundert. München 1988.

Gebele, Joseph, Das Schulwesen der kgl. bayr. Haupt- und Residenzstadt München. München 1986.

Geipel, R., Heinritz, G. (Hg.), München – Ein sozialgeographischer Exkursionsführer. Regensburg 1987.

Gerstenberg, Günther, Spaziergang durch's Westend. M. S.

Grobe, P., Die Entfestigung Münchens. München 1970.

Haus für Bayerische Geschichte (Hg.), Politische Geschichte Bayerns, Band 9. München 1989.

Heckhorn, Evelin u. Wiehr, Hartmut, München und sein Bier. München 1989.

Herz, R. u. Hagebrod, D., Revolution und Fotografie. München 1918/19. Berlin 1988.

Heusler, Andreas, Zwangsarbeit in der Münchner Kriegswirtschaft 1939–1945. München 1991

Horn, Heinrich u. Karl, Willibald, Neuhausen, München 1990.

Huber, Heinrich Dr., Anfänge und Aufstieg des Münchner Brauwesens, in: Brauwelt, Nr. 47, Nov. 1952,

Igerl, Franz (Hg.), 100 Jahre Bergmannschule, München 1991.

Kahn, Julius, Großindustrie und Großhandel. München 1913.

Kapfhammer, G., Uhlig-Kapfhammer, P., Zinke, D., Bergmannschule in München (1891–1991), Erinnerungen an eine Hundertjährige. M. S.

Kath. Pfarramt St. Benedikt, St. Ruppert, Evang.-Luth. Pfarramt, Festschrift zum Jubiläum 1981. München 1981.

Kirchner, Josef, Die Bavaria wird einst im Mittelpunkt Münchens stehen, in: Münchner Revue und Fremdenrevue, Nr. 27, 1904, S. 3–4.

Klass, Gert von (Hg.), Metzeler, Metzeler Aktiengesellschaft. München 1964.

Köhle, Sieglinde, Kleine Münchner Stadt-Geschichte, München 1991.

Köllmayr, Frieder, Unser München, antifaschistischer Stadtführer. Roderbergverlag 1983.

Krauss, M., Prinz, F. (Hg.), München, Musenstadt mit Hinterhöfen. München 1988.

Kroneder, Jos., Sendling und der südwestliche Stadtteil von München. München 1881.

Kühn, August, Westend-Geschichte. München 1972.

Kühn, August, Zeit zum Aufstehen. Frankfurt 1975.

Landeshauptstadt München (Hg.), Arbeit ist das halbe Leben. München 1992.

Landeshauptstadt München (Hg.), Empor zum Licht. München 1987.

Landeshauptstadt München, Sozialreferat Sozialräumliche Folgen der Sanierung im 20. Stadtbezirk Schwanthalerhöhe/ Westend. München 1988.

Lanzhammer, Hans, Alt-Sendling und München. München 1980.

Liebl, Anton, Die Privateisenbahn München – Augsburg, in: Miscellanea Bavarica Monacensia, Heft 103. München 1982.

Liebl, Christian, Starke Männer und 's letzte Fuchzgerl, in: TZ, 1. Juli 1986

Lossow, von, Das evangelische Gemeindehaus Westend in München. 1962. M. S.

Megele, Max, Baugeschichtlicher Atlas der Landeshauptstadt München. München 1951.

Münchner Eislaufverein e. V. 1883 (Hg.), Arena-Eisbahn. München 1912.

Münchner Messe- und Ausstellungsgesellschaft (Hg.), Vom Ausstellungspark zum Internationalen Messeplatz. München 1984.

Nölbauer, Hans, F., München. Eine Geschichte der Stadt und ihrer Bürger von 1854 bis zur Gegenwart. München 1992.

Panghofer, J., Bavaria, München 1854.

Pankratz, Fried, Historischer Atlas von Bayern. Teil Altbayern, H. 11/12, München 1958.

Pfarrgemeinderat Maria Heimsuchung (Hg.), 1934–1984 50 Jahre Maria Heimsuchung. München 1984.

Pitschi, Andreas, Das Münchner Westend von seinen Anfängen bis zur Gegenwart. Eine ortsgeschichtliche Studie. München 1936.

Rattelmüller, Paul Ernst, Die Bavaria, München 1977.

Reber, Franz, Bautechnischer Führer durch München, München 1876.

Roth, H., Ein Jahrhundert Pschorrbräu 1820–1920. München 1921.

Schmelzle, Hans, Das bayerische Zollwesen im 18. Jahrhundert. Oberbayerisches Archiv 56, München 1912.

Schmuck, Elisabeth, Vogt, Fritz, Alte Wirtschaften auf der Schwanthalerhöh'. Teil 1. München 1984

Schmuck, Elisabeth, Vogt, Fritz, Alte Wirtschaften auf der Schwanthalerhöh'. Teil 2. München 1985

Schmuck, Elisabeth, Vogt, Fritz, Alte Wirtschaften auf der Schwanthalerhöh'. Teil 3. München 1986

Schuckall, Walther, Die Entwicklung der Arbeits- u. Lohnverhältnisse in der Löwenbraubrauerei 1875–1914, in: Arbeit ist das halbe Leben. München 1992.

Selig, Heinz Jürgen, Münchner Stadterweiterungen von 1860 bis 1910. München 1978. M. S.

Selig, W., Wandel in der Einteilung der Stadtgebiete. Münchner Stadtarchiv o. J., unveröffentlicht.

Sendtner, R., Das Grundwasser in den einzelnen Stadtteilen. München 1894.

Spengler, Karl, Münchner Straßenbummel. München 1960.

Spengler, Karl, Schönes altes München. München 1965.

Sepngler, Karl, Zwischen Versailles und Ismaning. München 1974.

Stölzl, Christian, Kurfürst Max Emanuel, Bayern und Europa um 1700. München 1976.

Toussaint, Angela, Der Münchner Hauptbahnhof. Dachau 1991.

Turn- u. Sportverein München 1860 e. V. (Hg.), Hundert Jahre Turn- u. Sportverein München. München 1960.

Verein Bayerischer Architekten und Ingenieure (Hg.), München und seine Bauten. München 1912.

Vogels, Hans (Hg.), 1200 Jahre Pasing. München 1963.

Vogt, Fritz, Droben auf der Schwanthalerhöh' und hinten im Westend. München 1987

Wasil, Heinrich, Münchner Tram. Düsseldorf 1976.

Weber, W., Arbeitsverhältnisse in der Münchner Brauindustrie. München 1922. Diss.

Wohnungsgenossenschaft München-West e. G. (Hg.), 75 Jahre Wohnungsgenossenschaft München-West, München 1986.

Zauner, Franz, P., Münchens Umgebung in Kunst und Geschichte. München 1911.

Bildnachweis

Landesvermessungsamt: Vorsatz 13, 24, Nachsatz

Stadtmuseum München: 10–12 15 o., 28, 91, 172, 173

Heckhorn E., Wiehr, H., München und sein Bier: 14, 29

Hacker-Pschorr Archiv, München: 14, 15 u., 16, 31, 32 o., 51, 52 o., 52 u., 53 o.

Kulturladen Westend: 18, 20, 33, 39 u., 40, 42, 46, 49, 53 u., 54, 55–60, 63, 67, 72, 73 u., 76 r., 78 r., 79 o., 83–87, 94 o., 95 o., 101 o., 105 o., 106, 109, 123, 124, 126, 128, 151, 155, 157 u. l., 166, 175, 178, 179, 192

Sammlunbg Probst: 23 o.

Bundesbahndirektion München: 23 u.

Staatliche Museen, Kupferstichkabinett, Berlin: 22

Privatbesitz: 27, 44, 47, 64, 66, 73 o., 74, 75, 76 l., 77, 78 l., 70 u., 80, 92, 94 u., 95 u., 105 u., 110, 125, 127, 160, 161 o., 190, 191, 193, 195, 196

Stadtarchiv München: 17, 30, 32 u., 43, 45, 48, 61, 113, 129, 181, 182, 183, 184, 186

Verkehrsmuseum Nürnberg: 36, 37

Katholisches Pfarramt St. Benedikt: 39 o., 41, 185

Bergmannschule München: 67

Metzeler Reifen GmbH: 69–71, 194

Kath. Pfarramt St. Rupert: S. 89, 90, 170

Kindergarten und Kinderhort St. Rupert: 96–98

Monacensia: 100 l.

Archiv Wohnungsgenossenschaft München-West: 108, 157 o., u. r., 158

Internationales Institut für Sozialgeschichte Amsterdam: 152

Archiv Strobel: 161 u., 162

Evang.-Luth. Pfarramt Auferstehungskirche München: 167, 168

Hauptzollamt München: 115–117, 119, 120

Augustiner Bräu Wagner KG: 50

Deutsches Museum: 26

Münchner Messe- und Ausstellungsgesellschaft mbH und Münchner Stadtmuseum (Hg.), Vom Ausstellungspark zum Messeplatz, München 1984: 100 r., 101 o., 102 o., 159

Archiv Münchner Messegesellschaft: 102 u., 103 r.

Holland D., Gustav Mahler und die Münchner Philharmoniker, München o. J.: 102 u.

Staatsarchiv München OPD Archiv: 177

MÜNCHEN

NYMPHENBURG

BRUNNER FORST

KÖNIGLICHER GRÜNWALDER FORST

FORSTENRIEDER PARK

7000 mètres